2019 [笔会文粹]

这无畏的行旅

文匯出版社

目 录

辑 一

刘亮程　　后父的老　／3
甫跃辉　　大命　／7
傅月庵　　过小日子　／16
当　当　　日本小正月的"爆竹节"　／20
南　帆　　让芒果树留在原地吧　／27
徐慧芬　　穷日子，富日子　／32
张　蛰　　乡村英语　／38
孙　洁　　我的老城厢，我的少年路　／43
张宪光　　老师是以陪伴青春为业的人　／46
黄咏梅　　小旗　／51

辑 二

刘　铮　　因借书而绝交的那个人　／57
陆建德　　吃土豆的人　／60
沈　芸　　他给我的赞同、表扬和冷水　／66
王　晔　　马悦然先生的翻译课　／72

杨　扬	天地间一个素雅的人 / 77
厉震林	吴贻弓与中国电影现代化运动 / 82
吴丽娱	东四二条胡同，我们共同的记忆 / 86
张斯琦	忆王家熙先生 / 91
刘庆邦	听林斤澜说汪曾祺 / 101

辑　三

芳　菲	这无畏的行旅 / 109
吴剑文	他小心抚慰身怀绝技的人 / 126
叶兆言	麻姑山与麻姑碑 / 130
李　翰	所耽爱与美，难负是深情 / 135
李宏昀	林黛玉与"留得残荷" / 140
闫　晗	贾宝玉，爱仅仅如此 / 145
刘晓蕾	每个人心中都有一部《红楼梦》 / 150
山　谷	一见钟情的古典教案 / 159
汪涌豪	飘落山谷的玫瑰花瓣的声音 / 163
陈　沐	是隐居，更是对生活的关注和参与 / 168

辑　四

| 孙小宁 | 去往唐招提寺的路 / 175 |
| 朱丽丽 | 敦煌艳阳下 / 181 |

韩天衡　　三登泰岳　/ 189

李　黎　　没面子的何绍基　/ 195

［日］夫马进　赵　晶　译

　　　　　　宝池山庄藏书记　/ 202

谷曙光　　福冈中国书店访书记　/ 205

胡　瑾　　巴黎珍本书店"朝圣"记　/ 212

潘　敦　　上海西餐二三事　/ 221

黄开发　　北京渐远的叫卖声　/ 225

邢小群　　牟宜之的雕像与石碑　/ 231

吴建国　　一个退役海军航空兵的回忆　/ 235

辑　五

胡晓明　　中国文章学之"专""转""传"　/ 241

孟　晖　　海昏侯的蒸馏器　/ 246

刘摩诃　　杜甫真的糊涂到橘柿不分？　/ 256

陈晓兰　　过境："可疑"的访客　/ 262

王　群　　"发挥"不是"发泄"　/ 267

郑培凯　　爱上爱丁堡　/ 272

严　锋　　科幻是一种希望　/ 276

李　皖　　归来还是少年？　/ 281

辑一

刘亮程

后父的老

我很小的时候,奶奶就已经老了,我们一家养着奶奶的老,给她送终。奶奶去世后,轮到母亲老了,但她不敢老,她要拉扯一堆未成年的孩子。现在我五十多岁,先父、后父都已经不在,剩下母亲,她老成奶奶的样子了,我们养她的老,也在随着母亲一起老。因为有她在,我不敢也没有资格说自己老。老是长辈享有的,我年纪再大,也是儿子。真正到了前面光秃秃的没了父母,我成了后一辈人的挡风墙,那时候,就可以心安理得地老了。

但老终究是不容易的一件事情。

记得有一年,我陪母亲回甘肃酒泉老家,在村里看望一个叔叔,院门锁着,家里人下地干活去了。等到大中午,看见两个老人扛农具走来,远看着一样老,都白了头,一脸皱纹。走近了,经介绍才知道,是叔叔和他的父亲,一个六十多岁,一个八十多岁,活成一对老兄弟,还在一起干农活。

我父亲没有和我一起活老。

我八岁时父亲去世,感觉自己突然成了大人。十三岁时,母亲再嫁,我们有了后父,觉得自己又成了孩子。后父的父母走得早,他的前面光秃秃的,就他一个人,后面也光秃秃的,无儿无女。我们成了他的养儿女,他成了我们的养父。

我十八岁时,有一天,后父把我和大哥叫在一起,郑重地给我们交代一件事。后父说,我已经五十岁的人了,你们两个儿子,该操心给我备一个老房(棺材)了。这个事都是当儿子要做的。说后面的张家,儿子早几年就给父亲备好了老房。

备老房的事,在村里很常见,到一户人家院子,会常看见一口棺材摆在草棚下,没上漆,木头的色,知道是给家里老人备的,或是家里老人让儿子给自己备的。棺材有时装粮食、饲料,或盛放种子,顶板一盖,老鼠进不去。

我们小时候玩捉迷藏,也会藏进老房里,头顶的板一盖,就仿佛到了另一个世界,外面的声音瞬间远了,待到听不见一丝声响时,恐惧便来了,赶紧顶开盖板爬出来。

家里的老人也会躺进去,试试宽窄长短,也会睡一觉醒来。

其实这些老人都不老,五六十岁,六七十岁的样子,因为送走了前面的老人,自己跟着老上了。

老有老样子,留胡须,背手,吃饭坐上席,大声说话。一般来说,男人五六十岁便可装老了,那时候儿女也二三十岁,能在家里挑大梁,干重活。装老的目的,一是在家里在村里塑造尊严,让人敬;二是躲清闲,有些重活累活,动动嘴使唤儿女干就可以了。

也是我十八岁那年,后父开始装老,突然腰也疼了,腿也困了,有时候抽烟呛着,故意多咳嗽两声。去年秋天还能背动的一麻袋麦子,今年突然就不背了,让我和大哥背。其实我们两个的劲加起来,也没他大。

这无畏的行旅

我后父打定主意，要盘腿坐在炕上，享一个老人的福了。

可就在这个节骨眼上，我大哥外出开拖拉机，我外出上学，留在家里的三弟四弟都没成人，指望不上，后父只好忘掉自己已经五十岁的年龄，重活累活都又亲手干了。

后父盼咐我们备的老房，也因为种种原因，一直没有做。其间我们搬了三次家，第一次，从沙漠边的太平渠村搬到天山半坡上的元兴宫村，过了些年又搬到县城边的城郊村，后来又搬进县城住了楼房。想想也幸亏没给后父备老房，若备了，会一次次地带着它搬家，但终究没有一个安放它的地方。

后父活到八十四岁，走了。

距他给我和大哥交代备老房那年，已经过去三十四年。

后父去世时我在乌鲁木齐，晚上十二点，家人打来电话，说后父走了。我们赶紧驱车往回赶，那晚漫天大雪，路上少有车轮，天地之间，雪花飘满。

回到沙湾已是半夜，后父的遗体被安置在殡仪馆，他老人家躺在新买来的棺材里，面容祥和，嘴角略带微笑，像是笑着离开的。

听母亲说，半下午的时候，后父把自己的衣物全收拾起来，打了包，说要走了。

母亲问，你走哪去，活糊涂了。

后父说要回家，马车都来了，接他的人在路上喊呢。

后父在生产队时赶过马车。在临终前的时光里，他看见来接他的马车，要把他接回到村里。

可是，我们没有让一辆马车把他接回村里。我们把他葬在了县城边的公墓。

但我知道，他的魂，一定被那辆马车接走，回到了故乡。我们在县城的殡仪馆为他操持的这一场葬礼，已经跟他没有关系。公墓里那个写有他名字和生卒日期的墓碑跟他没有关系。在离县城七十公里的老沙湾太平渠村，他家荒寂多年的祖坟上，他几十年前送走的老母亲的坟墓旁，一定有了一串轻微的脚步声，一个儿子回到了那里。

甫跃辉

大 命

这是三十年前的生死豪赌,赌的是我的一条命。

高考前夕,我看着模拟考成绩一次比一次好,不由得踌躇满志。吃饭时,大姑妈却迟疑着,说:"你小时候……嗯,现在能考上一般的本科就很不错了。"我有些愕然,才意识到,大人们并未淡忘这事。然而,我记不得多少了。多数情节,是从爸妈口中得知的。

爸妈曾经一遍又一遍讲起这事,当着自家人或亲朋好友的面。你讲一个情节,我补一个细节,一遍遍讲述后,那些早已消逝的日子仿佛获得了无限的延展性,比真实的生活还要真实。我像是在听别人的故事,又像是凭借了言辞的灯火,望向那记忆不能烛照的昏昧渊林。我已经分不清,哪些细节是自己真正记得的;哪些细节,是因了爸妈的讲述而想象的。

这件事发生时,我才三岁多——

某一天,我感冒了。到县城医治,护士扎针多次,都没能命中静脉,阿爸和护士吵了几句,来了一个手法娴熟的护士,说血管太细,将针扎进了我的脑门。我至今记得,我半躺在街边小诊所的藤椅上,翻眼看头顶晃荡的吊针管子。大姑妈来了,问我想吃什么。我说想吃罐头。不多时,大姑妈买来一个菠萝罐头,摇一摇,玻璃罐里一瓣一瓣黄色的菠萝,在糖水里沉浮。我抱着罐头,继续翻眼看头顶晃荡的吊针管子。

这个情节是如此深切地印刻在我的脑海。我一直记得,这是后续的治疗,然而,妈坚持说,这是之前的事了。灾厄的到来,是在这之后三四个月。

那天,家里割谷子(水稻)。早上起来,妈给我用开水泡了一碗白米饭,米饭里放了稍许白糖。我用勺子舀了饭,却没吃进嘴里,而是鼻子额头到处抹。妈让阿爸看。阿爸蹲下,捏住我的手,将勺子喂进我嘴里,刚一松手,我又将勺子抽出,鼻子额头到处抹。爸妈忙带我到县医院,初步诊断后,怀疑是脑炎,须得立即作进一步检查。家里正割谷子,那是半年的收成啊,怎么办呢?爸妈决定先带我回家。回到家里,一家人忙得脚不沾地,一天里收尽了田里全部的谷子。到得晚上,爸妈再次将我带到县医院。

抽血,抽脑脊液,种种化验做下来,确定无疑了,是脑炎。

我住进病房。后来,想起这病房,我总想起初中宿舍,光线昏暗,床铺拥挤。病房里住了六七个小孩,最大的不过十来岁,得的都是脑炎。爸妈说,那年脑炎很"流行"。陪护的大人们或坐或站,让本已拥挤的病房愈发拥挤。我躺在靠窗的位置,窗后一座小山——近三十年后,我陪妈到县医院看牙齿,特意查看,住院楼后是否紧挨着山。我的记忆没错,还真挨着,是几十米高的石鼓坡。

不久后,病房里又住进一人。大概十四五岁,是个大孩子了。妈说,他刚住进来那晚,病房里沉闷的气氛,被这孩子的妈妈打破了。也不管别人愿不愿意听,她大着嗓门说,我家小娃没事的,他爸取钱

这无畏的行旅　**8**

去了,家里不缺钱,我们医得起……然而,到第二天晚上,也不知道他们家的钱取来了没有,那孩子已然断气了。女人哭得声嘶力竭,孩子由沉默的父亲横抱着出门,长长的腿耷拉着,碰到门框上。妈说,她和外婆吓坏了,忙用裹被的带子将我的一只手绑在床头,生怕我的"魂灵"跟了那死孩子走。

刚开始习练小说这种虚构的技艺,这段记忆便难以阻遏地跳出来,成为小长篇《刻舟记》里的一个重要细节:

> 我漫长生命中第一个来访的记忆正如一片孤零零的胚芽……窗户被一座矮矮的山塞满了……一个女人从玻璃窗下端走上小路……她缓慢地往上走,两只手费力地托着一个白布单包裹的孩子,孩子已经死去多时,小脑袋沿她的手臂垂下,小小的脸蛋浮现出青草的颜色。床上的孩子清楚地看到了这张跟他一模一样的脸,同时感到自己正缓慢上升,跟躺在摇篮里没什么两样,甚至比那还要舒服……

这情境固然有许多小说化的演绎,但现实里,我确有这么个模糊的印象。一个女人抱着死孩子上山。也许只是一个女人抱着一包肥料上山。是我把肥料附会成了死孩子?肥料,死孩子,于宇宙来说,有什么本质的区别呢?

我的病况持续恶化,日日高烧难退。退烧针打了,没什么效用,得物理退烧。然而,医院里冰块奇缺。怎么办呢,阿爸只好出门买冰棒。整整一箱冰棒倾倒在我光溜溜的身上,冻得我皮肤通红,嘴唇发紫,仍然没把烧退下去。这细节,我隐约记得起来的,冰棒散发出的香甜、冷冽的气息仿佛仍升腾萦绕在周身。那是我平日里想吃又吃不到的冰棒啊。现在,只能眼睁睁看着它们化成水。

有天晚上,某种我必需的药告罄了——爸妈说了具体是什么药的,我记不得了。怎么办呢?这时候,给我打针的护士说,她家里存有这药的。阿爸问小护士,能不能去她家里拿药。小护士同意了。就这样,阿爸骑单车,带着小护士往她家里赶。路不近,又没路灯,只有一轮月亮朗照大地。拿了药赶回医院,已经是三四个小时以后。

突发情况一个接一个。多年以后,爸妈讲起来,仍然提心吊胆。然而,我最终大难不死,又让他们得以轻松地说笑。比如,爸妈说,我刚进医院,医生过来检查,看到我的脚掌特别宽,竟找了尺子来量。阿爸很恼火,说你们不忙着看病,怎么忙着看脚啊。——爸妈讲述这事儿时,不再气恼,反倒笑出声来。再比如,我刚住下第一晚,在床上搞了件大事。爸妈没在医院待过,全然不知如何处理。情急之下,把我抱起,卷了床单,换到没人的隔壁床上。次日护士来查房,发现情况,捂着鼻子,连连问,哪个干的啊?昨晚住这儿的是哪个啊?爸妈心中有愧,又难免有种恶作剧的快乐,只能别过脸去,装作毫不知情。

这几件事里的护士,是同一位么?爸妈没说,我也没想起来问。爸妈和那位救急的护士一直有联系,几年前,我还去看过她。在县城路口接我的,是她二十岁出头的女儿。三十多年前,她还没到她女儿如今的年纪。她叫李保翠。现在大概已经退休了吧?

我的病况,仍在不可遏止地加重。每次挂吊针,我都浑身疼痛,痉挛成一团。爸妈看在眼里,疼在心里。然而,能怎么办呢?家里世代务农,爸妈连医学名词、药剂名称都很难记清,更不认识什么有名

这无畏的行旅　10

望的医生。

又有人走了。家属哭声一片。外婆再次将我的手腕绑在床头。

爸妈发现,旧的人抬出去,新的人抱进来,进进出出,竟没有一个人是治好了走的。

阿爸每天到水房打开水,渐渐和烧水师傅熟识了。爸妈常常说起他,却从没说过他的名字。这位我不知名姓的烧水师傅,向阿爸介绍了个人,姓杨,名剑中,在县城中药铺卖药,偶尔也给人看病。病笃乱投医,阿爸觉得通过"熟人"介绍的人,更值得信任吧,便托烧水师傅请杨医生来看看我。到了晚上,杨医生果然来了,望闻问切一番,开出几味中药。此后每隔一两天,杨医生便会悄悄在夜间过来。阿爸拿了中药,到开水房,托烧水师傅帮忙煎药,煎了几道,浓缩成近乎糊糊状的一小碗,偷偷端到病房给我喝。

之所以这么偷偷摸摸的,是因为杨医生说,不能让县医院的医生们知道。如果他们没医好的病人,让他医好了,大家今后就不好见面了。

几天后,我渐有好转之色。爸妈自然很高兴,然而,医生来了,一针下去,我又痛得全身痉挛,蜷成一只大虾。一天,医生打完针,又要从我的脖颈处抽血化验。爸妈悄悄让我喊疼。我一喊疼,爸妈就挡在我面前,不让抽血。

终于,爸妈做出一个重要决断:出院。

医生非常不解,说如果你们家执意出院,这小孩顶多还能活三天。三天!这两个字一再出现在爸妈的讲述里。后来读到海伦·凯勒的《假如给我三天光明》,我立马想到的就是这个。三天,三天光明,三天生命。阿爸问,那如果不出院呢?还能活几天?医生不说话。

爸妈是怎样的心情,犹疑?伤心?绝望?他们没有讲。

爸妈抱着我,毅然决然往医院外走。

爸妈带我去找杨医生——这是爸妈一遍遍讲述的重点。妈说,他们找到杨医生所住的小区,上楼后,站在门口,敲门,没人应答,再敲门,还是没人应答。是不是赶街去了?阿爸决定到街上去找找,又恐杨医生回来后错过,就让妈抱着我,守在楼梯口。妈看着阿爸下楼,转出小区,到街上去了。这时,听见有开门声。杨医生端个痰盂,从门框里走出来。杨医生回头看妈一眼,完全不认识的样子。妈和杨医生虽然见过,却没说过几句话,和他打交道的主要是阿爸。妈一时慌乱,杨医生转过头去,走向走廊另一端,从别的楼梯下去了。妈忙冲大街上喊阿爸,不多时,阿爸跑回来了,气喘吁吁上楼。

"他一直在里头!才端着个痰盂出来了……"妈在复述这句话时,仍然是焦急的语气。不多时,杨医生端着痰盂,上楼来了。见到阿爸,杨医生才说,"哦,是你们家啊。"杨医生对不认识的人上门,一直是心存警惕的。

阿爸说了出院的事。杨医生说,不让抽血是对的,再这么折腾下去,小娃哪里受得了。阿爸问杨医生,还有救吗?杨医生又一番望闻问切,说,吃他的药,保管我"一个月自己吃饭,两个月下地走路"。爸妈听了自然高兴,又不免有些狐疑。

我们一家住到外婆家。骑单车从县城到外婆家,用不了半小时。我们住二楼,为了吃药方便,煎药的炉子也放在二楼。每天要煎好几次药,药渣被外婆扔到路上去,让行路人踩踏。在外婆看来,踩踏的人越多，我身上的病就能被带走越多。白天黑夜煎药，楼板长时间受热，有一天，竟烧起来了！所幸扑救及时。挪开炉子，楼板上破了黑乎乎一个洞。

炉子挪到了楼下石阶边。炉子一天天烧着，药罐子一天天咕嘟咕嘟着。药喝完了一碗还有一碗，一碗比一碗浓稠，一碗比一碗苦涩。每喝完一碗药，我会用一柄黄铜小勺喝糖水（抑或麦乳精？），多少可以甜一甜嘴。小勺在唇齿间留下一股浓重的金属味儿，让我久久不能忘却。中药的苦涩，似乎已深入了黄铜的内部。

汤药如海，药海无涯。这天中午，我不愿意喝了。喝那碗药，就如逼迫我纵身入海。

记忆里，这是在家中耳房发生的事。但是妈说，这时还在外婆家。我们都清楚地记得，阿爸给了我一巴掌。阿爸是木匠，常年干活，手又糙又重，打在脸上，我的鼻子涌起一股咸腥味儿。就记得这味儿。我没向爸妈求证，当初是否真的流了鼻血。

妈说，本来她也恼我不喝药的，阿爸打了我一巴掌，她又很心疼，心头被"针扎了一下"。大姑妈也说阿爸，怎么下手那么重。

我大概是哭了吧？记不得了。只记得那一大碗中药，终究没能避开。

一个月自己吃饭，两个月下地走路。杨医生所说的，一一应验。

爸妈不忿于县医院医生们对我的判决，特意带我去医院看那位小护士李保翠。看到我走进医院，医生们很惊诧，"这小娃，还活着，真是命大啊！"

我走路时屁股一扭一扭的。爸妈问杨医生，"阿会是后遗症？"

都担心,我今后走路会像得过小儿麻痹症的人那样。杨医生让我再走几步,"没事的,针打多了,屁股疼而已。"又过了些日子,我走路正常了。爸妈总算松一口气。然而,爸妈又似乎一直没完全松下这一口气。直到我十七八岁了,他们看我走路,有时还会觉得,是不是有些"与众不同"。

爸妈更担忧我的智力,常说,他们从没想过我读书能成器。妈说,我不到一岁就会说话了,这场大病后,我整个人都呆滞了。在他们看来,脑炎是脑子上的病,智力受损是没法避免的。就连我自己,也时常怀疑,自己记忆力的差劲,是否当归因于这病。

高考后不久,收到复旦大学录取通知书,爸妈带我去看杨剑中医生。他已经是七十多岁的老人了,在县城一处僻巷开了一爿诊所。爸妈让我喊杨医生大爹。大爹背靠着一排排中药柜,站起来打量我,问爸妈,"这就是当年那个小娃?想不到,想不到……"

病人不时来访,大爹坐在夏末明艳的日光下,和他们慢慢地说话,慢慢地开方子。病人们似乎也不着急,说话和动作也都是慢慢的。日光在诊所对面土坯墙上慢慢地移动。我很莫名地想,我当年真的被救过来了吗?我还活着,这是真的吗?

如果当年换作是我,我会做出和爸妈一样的决断么?我想,大概率是不会的。

经过多年科学教育的我,对中医总是抱持很大的怀疑态度。鲁迅先生在《父亲的病》里,写到中医那些匪夷所思的"药",同样是我所不能理解的。我明白,西医没治好我,中医治好了,只能说明当年西南偏僻小县的西医水平实在有限,或者说,是我格外运气好,碰到了一位医术高明的中医。我没法以一己经验评判中医西医的是非优劣。我能说的只是,我活了下来,从前前后后死了十来个人的病房里,独自一人活了下来。

  这样的结果,时时提醒我,活着,是多么偶然,多么珍贵。

  三十多年前,病房里那十来个孩子,我已无一有记忆。但他们终究是和我有过那么一段极为重要的交集的。他们都活在我赢来的每一个日子里。每当我对"生命"困惑不解,对"生活"疲于应对,我不免会想,或许正有十来双眼睛,在遥远的地方注视着我。

傅月庵

过小日子

之一

几乎每天都会从市场经过,却从没看过这么多漂亮的白带鱼。

白带鱼,日本人称"太刀鱼",因其身形绝似武士刀。幼时有种游戏,两人相背,两手肘相勾,轮流背起对方,谓之"煎白鱼",颇怀疑也是日本殖民统治时期的遗留物。

白带鱼一年四季都有,而以秋冬肥美,此时体型较大较肥,称"肥带",其余季节体型较小,称"瘦带"。因为产量多,价格相对便宜,自来为庶民之家餐桌常见鱼类,并且多半干煎料理。

做法也简单:带鱼长条切块,沥干,略蘸盐,下锅干煎即可。但因皮薄,极容易煎破,遂有种种"撇步"(窍门),譬如微微敷上一层蛋汁,譬如初下锅油要热等等,但其实多半得靠实战揣摩方见功。

少时母亲煎白鱼,常出状况,拣食碎块,小孩抢得不亦乐乎,父亲不免嫌弃:"怎么煎破了?"大约"国中"之后,母亲手艺纯熟,火候掌控得宜,白鱼便煎得香喷喷,难得失手了。昔日早餐多食白粥,常搭以昨夜剩余干煎白鱼,边吃边拔刺,一块可配两碗粥,滋味格外香美,至今难忘。

"秋风起兮木叶下,吴江水兮鲈正肥",古人因此有"莼鲈之思",那是江南文人的一点乡情。至若吾辈岛民,曳尾泥涂之余,所最念想者,无非一两块香煎白鱼耳。

之二

周公——叫姬旦那位,不是老诗人周梦蝶——是周武王的弟弟,武王死了,儿子姬诵继位,是为成王,年纪小,由叔叔姬旦辅政。成王调皮,不好管教。周公把儿子伯禽带进宫里,陪住陪读,还陪打,就是《礼记》所称"成王有过,则挞伯禽"。一来让成王感到羞惭,二来也责备当大哥的伯禽没带好成王。张公吃酒李公醉,天底下竟然有这么不公平的事!

周公制礼作乐,这一"陪打"习俗遂流传了下来。印象里似乎一直到清末,陪溥仪读书的一帮小兄弟,"带头大哥"调皮捣蛋了,依然还得挺身而出,代替受罚挨板子。祖宗立下的规矩,传统呗。

这传统似乎不太文明,但其实西方也有。至少十六世纪的英国,不只宫廷,有钱的贵族家里,都设有一名 Whipping Boy(替罪羊),这小孩出身多半不太好,有吃有穿有住的代价,就是替小主人挨鞭子。1987年著名的纽伯瑞(Newbery)童书大赏,金牌奖作品名为 THE WHIPPING BOY,讲的就是一个名叫 Jemmy 的挨鞭童偕同小主人离家出走,最后结成好友的故事。

"我中华古已有之"这句话,如今反讽意义多于其他,可 Whipping Boy 确确实实中华古已有之,还领先几千年哩。

之三

老崔退伍总在七八十年代吧。吆喝几名弟兄在台北铁路淡水线圆山站旁酒泉街开起店来了。卖的是故乡山东民食——蒸包。简单说，就是长得像饺子的小包子，不是蒸饺也不是小笼包，两不像，自成一格。由于料好实在，纯瘦肉剁成内馅，不加葱姜蒜，仅以酱油、盐、糖调味，格外受欢迎，一下子红了起来。据说，当时老爱趴趴走的蒋经国也曾是座上客。

老崔本名崔书棠，很文雅，本人却不是这样，"那个老崔啊，骂起人来真凶、真难听啊……"今时若你常去如今已迁到捷运"中山国小"站、"新兴国中"对面巷内的"老崔蒸包店"，坐着边吃边喝边听男女伙计边包边聊，总会听到他们的回忆，仿佛一群老兵追述军中岁月。

但老兵崔书棠毕竟远去，接手的是徒弟，迁居了还维持老招牌，一如跑到台湾还不忘故乡美食。卖的也是老样子，偌大一家店只卖蒸包跟酸辣汤，蒸包有牛肉、猪肉两种，酸辣汤只有一种，素的，红萝卜丝、豆腐丝、干丝、蛋花勾芡而成，简单至极，全凭功夫让人难忘。

店里有一幅字，端楷"老崔蒸包"，一笔不苟，落款是葛香亭，台湾老牌演员，予人印象同样一丝不苟。看着字，追怀往事，出生于苏北徐州的他，好像也曾在中华商场开过一家"徐州啥锅"，赚钱其次，主要用以消解乡愁；更往深处想，便要把"崔书棠"想成"崔福生"的长相，老崔嘛……

曾好事上网到处搜寻"蒸包"，蒸饺有、汤包、小笼包、生煎包……都有，可找不到"蒸包"，至少在网络没相似的。濒临绝种食物！？遂想起龚自珍那两句诗："落红不是无情物，化作春泥更护花。"

——故乡早已不是故乡，都留下来丰饶这块岛屿了。

之四

看十二强棒球赛。

上下半局换场时,从书架随手抓了一本书翻翻,《道元禅师教示男人生存之道》,读过的旧书,诠释日本永平寺道元禅师语录的。

边看球边翻读,颇有意思,其中一句,略略能懂,却没他说得这么好:

今日是至今为止最好的一日。

也无风雨也无晴是心境怀抱,有风有雨也有晴是人间真实。都蛮好!

另一句不是不懂,对一辈子以虚荣心为驱动力的家伙,大概得好好思索,随时自我提点了:

去除期待获得世人赞赏的心。

这是结论,道元禅师语录原是这样说的:

爱名较犯禁为甚,犯禁是一时之非,爱名是一生之累。愚而受之,须舍之。

人到某种年纪,爱钱之心很容易就转淡,看开了或不得不,都有可能;爱名之心却常转浓,老想到身后事,怕被人忘了,于是鬼鬼怪怪,闹出许多难看的事来,真是可怕也可悲。——"埋掉,拉倒";"忘记我,管自己生活"。为什么鲁迅值得尊敬?遗嘱这几句说明一切。这人一辈子不含糊!

当当

日本小正月的"爆竹节"

日本小正月有个与火有关的传统仪式,大多数地区管它叫"どんど焼き"(dondoyaki),也有部分地区称它为"左义长"(sagicho),日本小学馆出版的《日中辞典》把它译作"爆竹节"。那些迎接年神用的精美年饰,如门松、注连绳(草绳、草环)等,完成了各自的使命,都将汇集在这一天化作祛邪消灾的烈火和送神归天的神烟。

"爆竹节"这个译法容易让人联想到中国春节震耳欲聋的鞭炮。虽然这活动确实间接地受到了中国传统的启发,也确实在古书上留下"爆竹"两个汉字,但它从不放烟花爆竹,气氛也更为肃穆,"咚——,咚——"是火中青竹燃爆的声响。"爆竹节"既是送神也是新春的祈祷活动:祈愿新的一年无病无灾、举家安康、五谷丰登、繁荣昌盛。这是个以社区为单位的集体活动,从冲绳到北海道,几乎所有地区都保持了这一传统。

这本是古时农耕村落的一种仪式。古人把这仪式选在农历正月第一个满月日,也就是正月十五的夜晚,因为农历的小正月正值万物回春、农作开始之时。汉字"年"的语源是"禾",所以,日本人自古就把年神视为主管五谷丰登的神灵。年神每年都会带来新

"魂"(新生的力量),新年里它被千家万户迎进家门,据说就停歇在年饰之一的"镜饼"上(一种两层相叠、形同古镜的圆饼状年糕)。把神送走以后的一月二十日,由一家之长或一社之长破镜分饼,分享年神留在镜饼上的神力。明治六年(1873)开始,日本改用阳历。从此,农历正月里的一系列传统活动,包括"爆竹节"都"迁"进了阳历一月。

我们学区的小学是市里少数几家把这一传统纳入本校年度活动的学校之一。三十年前,因为学校的一位"老土地"家长和地区民生委员的积极奔走,这个古老的传统才得以走进校园,走进一届又一届小朋友的心里。

我们学校的"爆竹节"分"送神归天"和"余火烤米团"两个部分。传说吃了圣火烘烤的米团,一年没病没灾,即便身子被圣火映照,也会有同样的效果。因为这活动是三年级社会科讲义《过去的生活》的一部分,所以,烤吃米团自然就成了三年级小朋友享有的"特权"。

每年新年一开学,学校就会发出通知,告知当年"爆竹节"的点火时间和年饰的回收地点。除了年饰,也回收"失效"的玩偶达摩和新年习字,后者日语叫"書初"(kakizome)。大正月挥毫习字赋诗,在日本属新年的吉利事。日本人"迷信":当新年习字随火苗高高蹿起时,习字者的书法水平也会随之大大提高。

搞"爆竹节",有不少准备工作。除了筹措稻草、竹子和松枝等燃料,张罗烤米团用的树枝也是件耗时费事的活儿。烘烤米团需要一百多根近两米长的树枝,要长得直还至少带三个分叉的,好叉米团。日本公立学校有个叫作PTA的组织(以家长为主的教师家长联合会),每年那百多根树枝,都是我们学校PTA的新老会长们挑美女似的一根一根从校园的树丛里精选出来的。"上蹿下跳"一根根锯下不算,还得把叉米团的一头稍稍削尖,然后交给PTA的女士们"整枝":剪去多余的分叉,检查有没有扎手的地方。

三年级的妈妈们负责做米团,一做就是三四百个。一根树枝分叉三个,要准备一百数十根的份呢。搞这活动的大多数地区都是一根树枝叉一个米团,为什么我们地区一定要拘泥于三个呢?记得指导这活动的民生委员说过:三个米团,一个为自己,一个为家人,一个为朋友,重视团结互助是我们地区的传统。除了做米团,妈妈们还要熬糖汁,因为米团本身淡而无味(还硬邦邦的)。每年给三年级小朋友吃的是淋上特制糖汁的"蜜大拉西团子"(mitarashi-dango)。糖汁由水、砂糖、酱油和淀粉烧煮而成,三年级老师提供的配方,似乎特别味美。

最"光荣的任务"是在"爆竹节"当天为年神搭建"小屋",他老人家将从那里出发。老师当天要上课,这事每年都落在了PTA新老干事和地区的民生委员身上:女士们负责把学校回收的几大箱年饰"解体":取下不宜燃烧的塑料饰件和铁丝部分,男士们则在"老前辈"(当地民生委员)的指导下为神建房。

"小屋"呈圆锥形,中间竖着一根高达十米左右的巨竹。巨竹从头到脚包着易燃的松枝,上半段还挂着大大小小的达摩,沉得抬不起头来。巨竹的下半段被松枝里三层外三层裹得厚厚实实,像个粗壮的巨人。"小屋"的骨架由青竹、木枝混搭而成,上面层层铺着"解体"完毕的年饰和一捆捆稻草,回收来的新年习字"镶嵌"其中。"小屋"搭建完毕后,PTA老会长恭恭敬敬地在里面放上了两块黑乎乎的石头。那是我们地区的"道祖神",又称"塞之神"。"塞"与"歳"日语同音,所以每年都请来"扮演"年(歳)神。

我们神奈川以及山梨、长野、新潟等县有信奉"道祖神"的传统,这个信仰一直和"爆竹节"紧密结合在一起,所以"どんど焼き"(dondoyaki)又叫作"道祖神祭"。听老人说:我们的先人相信人之初性本善,之所以后来会变成干坏事的恶人,是因为受到了外敌的诱惑或胁迫(流行病也是"外敌"的一种)。所以,从前村口村界都供有"道祖神"(界碑),以保护自村免遭外敌入侵。请"道祖神"光临"爆竹节",图的就是在新年之初,借地区守护神之力和火焰自古就有的驱邪消灾的力量,净化每个人的心灵,加强彼此间的凝聚力。

这个质朴的信仰,在大力推举国家神道的明治时代差点遭殃。当时,一声令下"神佛分离"(这之前神社归寺院管辖),各地还搞起了有点像十年浩劫中的"排佛毁寺"运动。"道祖神"属佛教范畴,"道祖神祭"因此被下令取消。估计是百姓急中生智,硬把"道祖神祭"的源流和平安时代宫中小正月的"爆竹节"(称"左义长")"挂"在了一起,才得以逃过一劫,流传至今吧。

每年的"爆竹节"都放在上午第二节课后的大休息时间段里进行。点火二十分钟之前,全校师生已在操场集合。操场的周围站满了一起来送神的居民,附近幼儿园、保育园的小朋友静静地坐在上风向。每年,园长们都带大班的小朋友来这里感受日本的传统文化。

十点半,点火仪式开始。先由地区的民生委员代表简单地介绍这个活动的意义,校长接着话茬向所有助力者致谢之后就宣布点火了。只听"嘭"的一声,火苗从小屋窜出,很快引燃了周围的松枝干草细竹。伴随着"咚——、咚——、噼里啪啦"的声响,黑黑的灰烬在风中飞舞。火焰借着干草松油和劲风扶摇直上,在场的人都被圣火的威势镇得屏息静气。一眨眼,"小屋"已是一片火海,不到十分钟就烧得没了形骸,只剩低头弯腰的巨竹在空中摇晃,吓得挂在上面的达摩们一个个瞪大了眼睛。火舌越蹿越高,突然,小朋友们喊了起来:"达摩着火了!"PTA老会长们见状顺势将巨竹慢慢放倒,可怜的达摩这下彻底掉进了火堆。"噼里噼里、啪啦啪啦",想必达摩在一阵痛苦的煎熬之后,也追年神而去了。

当火势减弱时,三年级的小朋友们乐滋滋地举着叉有米团的长枝登场了。在大人们的指点下,他们把叉着米团的一头小心翼翼地伸向余火。"哇,好热啊","糟糕,我的米团碰掉了!"小朋友们兴奋地嚷嚷着。这当口,三年级的家长们已端出长桌、放上餐具、热好了糖汁。当小朋友们扛着热乎乎的米团回到桌边,家长们赶紧帮他们取下烫手的米团放进本人的饭盒,再淋上几勺糖汁。有个经常挨训的"皮大王",居然想到省下一个米团带回去让妈妈尝尝,听得大家都很感动。看来圣火确实有净化心灵的效果。

吃烤米团虽然并不是"爆竹节"的本意,但小朋友们因此而记住了这个传统。从前,在日本大多数地区,这活动的主角是中学以下的儿童,因为儿童既是神的使者,也是地区的未来。在活动准备阶段,大人小孩各有分工一起忙活,促进了男女老少的交流和地区的团结,同一住区,有一种"融融大家庭"的感觉。我们学校的那些PTA新老会长们,想必就是在这样的环境里长大的吧……

一晃，孩子小学毕业已有五年。去年，当我翻出越积越多的年饰准备参加"爆竹节"时，意外地得知：因为种种原因，我们学校不得不给这个传统活动画上句号。这些年，随着周围的水田不断变为宅地，搭建"小屋"的材料，如稻草、竹子等已经越来越难以觅到。记得以前连续几年，做"小屋"主心骨的巨竹都是从一位PTA老会长家的院子里砍来的。另一大原因，是附近居民对烟和灰的抱怨。每年"爆竹节"之前，学校都要向居民"书面打招呼"，由老师们挨家挨户把信投到附近居民的信箱里。随着学校周围住宅的密度不断增加，烟灰的"受害面"也在年年扩大。我们市里，有这传统的小学和神社，已因为同样的理由相继"偃旗息鼓"，我们学校能坚持三十年已属"长寿"。我因为曾经为学校的PTA服务多年，所以才知道每个环节藏着多少辛苦，才知道要持续这个众人期盼的传统，需要多少人几十年如一日默默无偿的付出。就说那"圣火"吧，每次都是学校的老校工，在众人散尽后，独自留守火堆数小时，在寒风中默默地拨弄着，直至彻底熄灭，然后埋进土中。

为了不使传统悠久的"爆竹节"在小朋友们的心中仅仅留得个"焚烧年饰、烘烤米团"的简单印象，在去年最后的"爆竹节"上，校长特地和大家一起重温了这个传统的起源和目的。校长说：我们每个人作为个体是很弱小的，但是，和伙伴在一起，大家共同经历了"爆竹节"这样的仪式，每个人的心中就会生出一股强大的力量，从而能够保护自己、保护家人和同伴。所以说，"爆竹节"真正的目的，在于加强地区的团结和让每个人获取抵御邪恶的强大之心，这是先人的智慧。至于吃烤米团和烧习字呢，校长补充道，那不过是"爆竹节"派生出来的想法而已。

常听人说日本人团队意识强,聚在一起力无穷等等。原来,这种意识的培养和像"爆竹节"这样的传统仪式密切相关呢。

日本民间保留着许许多多历史悠久的传统仪式,有的已成为观光热点和地区特色。这些仪式,大凡和神的信仰有关,也是凝结住民、维系社区发展的重要手段。但是,如何使这些古老的传统在现代生活中存续下去呢?我们学校"爆竹节"的"命运"也是日本各地共同的担忧。

南　帆

让芒果树留在原地吧

乔迁新居是一件乐事,但搬家工程繁琐累人。沉重的家具可以交给腰圆膀阔的搬家公司工人,转移书架上的书籍却十分耗神。众多书籍一册册装入纸箱,用胶带细心封好,纸箱的重量令人绝望。满头大汗忙碌了一阵直起腰来,一个尖锐的问题突如其来地摆在面前:那些带不走的怎么办?——例如庭院里的那几棵树。我知道,太太正在为庭院中央的那一棵芒果树伤感。

所谓的庭院,不过是屋前十来平米见方的一块小空地。太太将这里建设为自己的农业王国。她网购了几片竹篱围了起来,摆上木制的、紫砂的或者陶瓷的花盆,空地的边缘用砖头和石块垒成一尺宽的沟槽,然后千方百计运来泥土填满。于是,一段袖珍型的田园生活开始了。

她不知从哪弄到一套小农具,例如木柄只有一尺长的锄头和铲子,时常蹲在那儿挖或者刨,继而播撒各种植物种子。这么小的一块地先后种植过茶花、无花果、地瓜叶、三角梅、秋葵、丝瓜、芭乐、发财树、玫瑰、炮仗花、芥菜,以及一些我叫不出名字的玩意儿。我在乡村当过几年农民,曾挥舞十字大镐开荒种地,对付的是一望无际的水稻和山坳里深不可测的烂泥田，对于庭院之中这些鸡零狗碎的花花草草根本不屑一顾——除了那棵芒果树。

芒果树是太太从果树市场买来的，据说是泰国的亚热带品种，果实肥大，饱满多汁。起初她打算将这棵树种在空地的东北角，但邻居不太愿意，因为芒果树长大之后可能将树枝伸入他家院子的领空。于是太太把芒果树种在空地的正中央。接纳芒果树的土坑是油漆工和果树店老板共同挖出来的，两个人对于土坑深度的理解产生了严重分歧，据说两人几乎当场打起来。芒果树种下的那一天，太太用卷尺量了树干的周长。她的结论是，这棵芒果树目前与她的胳膊一般粗细。我到达现场的时候，芒果树已经亭亭玉立，嫩绿的树叶上骄傲地闪烁着午后的阳光。听着太太两眼发光地描述未来芒果丰收的盛大景象，我不禁一怔，内心涌起无功受禄的惭愧之情。

夏季如期到来，可是芒果树非常平静，上面根本没有任何果实。第二年夏天，芒果树仍然毫无动静。这期间我时常被打发到空地上为诸多植物浇水。竹篱围出的小天地日复一日欣欣向荣，三角梅、芭乐和丝瓜、秋葵竞相表演，该开花的开花，该结果的结果，只有芒果树仿佛睡着了，丝毫不想为世界贡献一些什么。令人气恼的是，社区里另一些人家的芒果树纷纷挂果。那些芒果树仅是本土品种，果实瘦小，而且核大肉少，但只要枝叶之间有那么几粒小芒果若隐若现，那一家主人就可以站在路边用超常的音量夸耀他们的肥沃土地和种植技术。太太终于犹犹豫豫地开始和我商讨芒果树不孕不育的问题。我问：你确定买的是芒果树？她表情坚定地点头，并说在市场第一眼看到这棵芒果树时，她明明看到树枝上还挂着一颗芒果。既然如此，那就耐心等待吧。或许，这个来自泰国的家伙只是

这无畏的行旅　　**28**

有些水土不服？

我仅仅当过半吊子的短期农民，太太基本不信任我的观点，她更热衷于在互联网上请教各路高人。一个网友的建议是，对着树干猛砍一刀，有了创伤的果树才会积极养育后代。这种观点如同从某本心理学教科书上抄下来的，似乎包含了励志、创伤记忆、浪子回头或者痛苦令人成熟的意味。太太将信将疑，她试着砍了芒果树一刀。事实证明，心理学的巫术并未奏效，尽管我没有看出树干上的刀疤在哪里。

太太曾回访那个果树市场，试图找到卖主求证芒果树的真实身份。但她失望了，市场已经拆除，变成街头公园。表明身世的历史线索彻底掐断，这棵芒果树于是来历不明，身世成谜。这时太太迅速地回归一个传统角色——一个溺爱的母亲：她不懈地给芒果树增添营养，犹如喂养一个来自灾区的瘦弱孤儿。一个朋友拎来了两麻袋的草木灰，她慷慨地往树根倒了半麻袋。我未曾见过如此奢侈的施肥，担心过量的肥料会把芒果树烧死，太太却对我的劝告嗤之以鼻。

芒果树并未显示消化不良的症状，而是长得人高马大，茂密的树叶在夏季晚风中哗啦啦作响。然而，这并非好事。台风光临的季节，树大招风，芒果树所有枝叶都成了甩不下的负担。呼啸的疾风转过山坳浩浩荡荡地卷地而来，芒果树总是首当其冲。庭院里的各种植物无不知趣地蜷缩起身子倚在竹篱上，俯首帖耳，战战兢兢；只有呆头呆脑的芒果树茫然地站在风口，被一记又一记的重拳打得踉踉跄跄。每一场台风过后，我都得费尽气力把芒果树搀扶起来，重建它的生存信心，重塑它站立于庭院中心的尊严。有一天我想出一个办法：在芒果树的腰眼锯出一个小缺口，斜斜地支上一根木棍，这个简陋的装置终于让芒果树可以迎风伫立,但我的关怀和设计并未赢得芒果树的回报。果实在哪里?风和日丽的时候,芒果树如同一个手握文明杖的绅士潇洒地站在那儿,它似乎从未费神想一想我为什么如此殷勤,它又该做些什么。

一天的傍晚,我偶尔看到太太蹲在那儿用小锄头在树根处刨了一个坑,然后从兜里掏出一个鸡蛋埋下去。我不由大喝一声:你在干什么?

太太直起身来,理直气壮地回答:给芒果树过生日。每年芒果树落户我们家的日子,我都给它喂鸡蛋过生日啊。

我愕然无言。芒果树过生日,还要吃一个鸡蛋?岂有此理!

太太补充说,鸡蛋是她从自己的早餐之中节省下来的。她言下之意是,我没有必要像审计官员那样唠叨,伙食费并未超标。我曾经生活在饥馑的年代,对于鸡蛋怀有强烈的景仰之情。现在居然连芒果树都有资格享用,是可忍孰不可忍!尽管谴责太太没有借口,但是,我仍然无法按捺内心的愤怒:这个世界怎么能怂恿一棵吃鸡蛋的芒果树年复一年地不劳而获?

幸而不久之后,太太终于愿意和我同仇敌忾。那天太太站在芒果树下恶狠狠地威胁说,如果今年夏天还是没有果实,就要将它砍掉。太太认为芒果树听懂了,因为一个奇迹很快悄悄出现——芒果树突然长出了一批新叶。仔细一看,树枝上确实左一簇、右一簇地涌出色泽鲜嫩的叶子,暗红或者浅褐色的。这一批新叶特别阔大,大小几乎接近一个成人的巴掌。几天之内,巴掌大小的新叶覆盖了整个树冠;远远望去,整棵树如同新烫了一个时髦的发型。然而,奇迹到此为止。疯长了满树新叶之后,令人期待的故事又毫无理由地停下来,直至深秋,果实仍然是一个遥不可及的悬念。

乔迁新居多少有些突然。新居也有一块面积相当的小空地,我们打算尽量将庭院里的各种植物移过来,芒果树当然在计划之中。尽管这棵芒果树始终没有出息,它仍然是我们的家庭成员。然而,计划的执行遇到了很大困难。芒果树的树干已经有小腿那么粗,树身高达二十多米,根须深深地扎入地下,怎么挖掘和搬运?一个内行人建议动用吊车,而且需要请一个园林工程师当顾问。这种做法当然有些夸张,又不是什么奇特的名贵树种。

或许还是让芒果树留在原地吧。太太有些不愿意,她觉得我们离去后,芒果树必定会陷入极度悲伤——仿佛一个被突然无情地抛在陌生旷野里的人,孤独和痛苦于是连绵不绝。这就过分了,一棵树而已。风也罢,雨也罢,真正的树是不会惧怕离别,也扛得起所有的伤痛。这棵芒果树或许大器晚成,积攒多年的能量明年也许就可能果满枝头。生而为树,扎根于土,它不会四处游荡,而我们则可以随时前来探访,即使许久不见,也仍然心存一念,觉得有一个亲戚留在原地,随时等着我们。

真的是这样吗?芒果树沉默不语。

徐慧芬

穷日子,富日子

　　上世纪五十年代我还是个儿童,有关那时一些吃的记忆仍未褪去,有些往事至今回味无穷。那时我的外公还很健朗,他是当家人,客堂里挂着一本大日历,一些时令节气日,他都用笔圈起来,到了这一天,家里的吃食便与往日有些不同。他还有一本簿子,专门记录一些故去亲人的忌日,以及他们生前有关吃食的喜好。我印象最深刻的是给我的外婆过周年。周年前几日,外公就要叮嘱家人准备起来,主要是采购一些鸡鸭鱼肉等荤菜,素菜自家田里有。外公在食材的选用和加工上很考究。比如做红烧肉的肋条,要取哪段,吃口才好;馄饨芯里的肉,要用梅花肉,才嫩。这都有讲究。有的菜他担心别人做不好,就要亲自下厨。有一次我见外公从厨房出来,好像不开心,后来才知道,新来帮佣的阿姨,把做红烧肉的一块肋条,一块块切得不整齐,不入外公眼。外公叹道,落手太快了,实在不像样!我当时想,只要烧得好吃,不整齐也没关系呀。好多年后读到孔夫子"肉割不正不食"句,想起外公,不由会心一笑。或许这里有对食材加工采取粗暴态度,缺乏专业精神的一种不满吧?

　　外婆的周年日这天,亲朋好友都来了,他们携带着不同的礼物,都是吃食。有桃红纸裹着的云片糕;有竹篾编的小黄篮里盛着的苹果或生梨;有的拎一盒蛋糕,纸盒里装有八只小蛋糕。这些礼品的包装都很简单朴素,用今人的眼光来看,未免有些寒酸。

烧过香磕过头,宴席开始。客堂里摆了两张八仙桌,孩子们另有小方桌伺候。上桌的菜,都用瓷碗瓷盆盛放得扑扑满。有刚刚从蒸笼里端出来、身上冒着汗似的红烧肉,有切得如铁铍砧大小般的咸肉,鸡和鸭都是整只上桌。鱼要么是糖醋黄鱼,要么是大汤黄鱼,带鱼是不上台面的。有时候还有走油蹄髈、爆炒鳝丝、白切山羊肉、草头圈子、河蚌炖豆腐等。素菜则是当季田里的时令菜。菜虽然丰富,但只数通常不会过十。

五十年代的生活想来还比较安逸,故此大人们常借着由头,花心思操办一些吃的事情。这些事情做得很隆重,会让我这样的小孩认为,先人的纪念日或节气日,就是大家可以聚一起多吃几样好小菜。

那年月虽是食材不缺,但人们多是崇尚节俭,平常餐桌上,也就两三个菜,即使家宴多下来的剩菜,明后天会烧烧煮煮继续吃。人们对吃饭有一种恭敬的态度,我们家对小孩也有很多规矩。比如,吃饭时一定要捧住饭碗,吃完后碗里不许剩饭粒,搛菜时筷子不能在菜碗里翻来翻去,饭桌上不能喧闹等等。

五十年代末,副食品供应一下子紧张起来,手头有钱也买不到货,但正所谓"乍贫难改旧家风",老外公一年里还是要勉力操办几次家宴待客,只是台面上少了荤菜多了素菜,而亲戚们仿佛比之前来得还要多,多是为了能满足一下空虚的胃。

六十年代开端,各种吃穿用大都要凭票供应,日子变得艰难,外公已经去世。我和弟弟妹妹们渐渐长大,胃口也变大。以往家里惯例，烧饭总要多烧点，以备客人突然上门有饭吃。但此时只能是候分克数下米，每顿饭分吃得精光，还觉未吃饱。父亲买了一些搪瓷小碟，菜出锅了由我平分到每个碟子里，分菜人最后一个拿。这是一项考验眼力的活，我的工匠精神，常让弟妹们围绕着分好的每碟菜，左顾右盼，选了这碟又觉得那碟多，真是难分伯仲。

那时家里还有保姆，她的口粮要大家分担。为了增加一点吃食，有一次不知父亲从哪里搞来了一小车南瓜，堆了小半间屋，于是餐桌上顿顿就有南瓜。有一回，母亲做了一顿别样的晚饭给我们吃。把南瓜切成小块多加水先煮熟，接着再放一块老豆腐和一把切碎的卷心菜老叶，这些都熟了，再舀一勺籼米粉，投进锅里，接着用筷子不停在锅里搅拌。这锅三不像的晚饭，因为量大，大家可以多吃点。

到了六十年代中期，人们的心思都放在"抓革命"上，吃的事情好像是无关紧要了，但孩子们闹嘴馋是不可避免的。我们村上有户租房人家，家有四个正在长身体的男孩，做父亲的是个炉前工，夜班回来常常小睡一会儿，就骑着自行车带着下水穿的橡皮衣，到郊外野河浜里去摸鱼，改善家里伙食。他家屋子小，夏天的晚餐桌常放在屋外。我两个弟弟看到了常回来向我妈通报：他家今天吃螺蛳了！他家今天又吃鱼了！有一天夜里，这位炉前工来敲我家门，送来几条河鲫鱼，我妈大为感动，要拿钱给他，他连连摆手说：阿嫂，我不能收你钱的，收了钱我就变成投机倒把了！

我妈收了鱼，作为回礼，后来做了一些菜肉圆子，端给他家。那天傍晚，野在外面的两个弟弟冲进门大嚷，你们快去看，阿三阿四打起来了！我出去一看，他们家最末两个相差一岁的男孩扭在地上滚来滚去。原来我妈给他家的圆子是按照他家人口每人两个，这天因

这无畏的行旅

为阿四晚到家,阿三就把阿四的两个圆子偷吃掉一个,阿四知道了,气得就在阿三的腿上咬了一口,阿三被咬疼了,打了阿四一记耳光,这就炸了马蜂窝,边上人怎么也扯不开这对冤家。

　　七十年代,人们开始意识到抓生产的重要性了。物资供应虽仍要凭票,但民间多了偷偷交易的所谓"黑市"。黑市上只要多花钱,也能买到猪肉禽蛋等副食品。我家有个亲戚是北京人,当时他家有个儿子正谈恋爱,那小子笼住女友的办法,就是让她常来蹭饭。而他母亲得知儿子的女友哪天会到,总要准备点肉,哪怕是一碗炸酱肉丝面。某天儿子携女友突然驾到,儿子见桌上没肉,就嬉笑着问他母亲:妈,今天卖肉的怎么没撞上您?他妈妈的幽默一点不输儿子,回答说:明天你爸发工资,后天就撞上了。这话传到我们家,让我们几个孩子经常学舌。

　　那时我家在六十年代被收掉的一份宅基地,也归还了我们。因为有了田种了菜,就常有亲戚上门,摘点菜带走。物资宽松了点,亲朋好友上门来,留顿饭也不再是很难的事情了。我父亲有个朋友,星期天下午常登门,我们几个孩子都爱听他讲故事说趣闻,他的故事往往讲到我家厨房飘出香味时就刹车了,然后起身要走。我们又哪能放他走?这样,每回他留下吃饭时总要念叨一句:哎呀呀,我又要拐饭吃了!

　　我记得有一次餐桌上有两样东西让这位爷叔赞不绝口。一样是油鸡坳,另一样是糟蛋。这是我妈到一家著名的南货店里买来的。两样东西都装在柜台上摆置的大玻璃瓶里,顾客携器具来零拷。鸡坳菌极鲜,浸在黄澄澄的油里,连油都鲜得要掉眉毛似的;糟蛋是用生蛋浸在酒糟里泡制,蛋将化未化,和白色的糯米糟混沌一团,呈现出讨人喜欢的奶黄色,醉人口眼。这两样东西若是搭粥吃更妙,后来市场上就不大见了。几十年后网购流行,我在网上买过一款号称是极品糟蛋,但这糟蛋已不是那糟蛋了,还买了一瓶标注原味的油鸡坮,舌尖上也已尝不出记忆中的味道了。确实,有些过去心心念念想吃的东西,如今到嘴已不觉其妙了。是现在人的嘴巴刁了?是食材原料不正宗?是传统制作工艺的失传?众说纷纭。

进入八十年代,改革开放万象更新。粮票布票等虽然还要用,但物资供应要比七十年代大大丰富了。人们的肚子里有了油水,粮食也就吃不多了。城市家庭几乎家家都有多余的粮票,街头巷尾就有一些农村来的人,提着竹篮里的鸡蛋,来换粮票。想来农村粮食还是紧张。后来国家经济形势全面好转,粮票一下子取消了,我家多出来的几百斤粮票全作废了。

那时我们兄弟姐妹也到了谈婚论嫁的年龄,家里常有"毛脚"光临。有一天我弟弟的女友,在外参加活动,中午不想在外面吃饭,顺道往我家来了。晚上弟弟问我妈,侬弄了点啥菜?伊吃得开心吗?我妈说,我看伊今朝胸膛口挂了三把钥匙了!啥意思?弟弟很奇怪。我妈答:开心、开心、真开心!这三个开心,全赖那时家里已有了一台叫"万宝"的冰箱,冰箱里存放了一袋生鸡腿。油炸鸡腿,是那年月上档次的美食。

到了九十年代,国家实施的一系列惠农政策已见成效。一切有关吃用的票证都取消了,副食品市场琳琅满目,各种进口商品也相继登陆,大小餐馆到处闪亮登场。大家开始讲究吃的质量,老百姓到大饭店吃饭也成了寻常事。样样东西买得着,这让我妈的厨艺大发挥,烹饪的积极性前所未有,餐桌上的丰富超过了五十年代外公在世时的风光。

　　时至今日，中国绝大部分老百姓已经不再为吃穿发愁了，即使收入不高的家庭，吃点荤菜喝点牛奶又有啥稀奇？在外作业的农民工、快递小伙，随便一顿盒饭，里面也有荤有素。这光景早已赛过从前穷人羡慕地主富裕的那句话——"地主家真有钱，他们天天吃饺子！"前几天我到菜场买鸡蛋，一个摊位上，各种鸡蛋还有鸭蛋、鹅蛋、鸽蛋、鹌鹑蛋，样样有。我对女摊主说，你家东西真全啊，你各种蛋可以随便吃。谁知她说，做这个生意，俺早吃厌了……听此言，想从前，真让人生出不知今朝是何年之感。

　　生活富足了，浪费现象也跟着来。穷日子富日子都尝过的老妈，见现在有人胡乱丢弃食物，总要叹一声：真罪过啊！"一粥一饭，当思来处不易；半丝半缕，恒念物力维艰"，这样的古训，根植在她九十多岁的脑中。有时电视上看到国人餐桌上大肆浪费的镜头，老妈会很生气地斥道：真是好了伤疤忘了疼，日脚好过了，开始作了！而后会发出这样的疑问：这样浪费下去，假如再来荒年灾害怎么办？现在世界上是不是人人都吃上饱饭了？问得好啊！今天的人，确实需要温故察今而望远。

张　蛰

乡村英语

你可能不信,在我的那所乡村中学里,1979年就有英语课。

真的,我们1979年的9月就有英语老师。一个高高瘦瘦,嘴上刚泛起点意思的小男人神情紧张地站在我们面前。慌张、羞涩、胆怯又想做主的样子,太可笑了。刚上初一的我们本来也很紧张,要学说外国话嘛,可是看他手足无措目光不知往哪里放的窘态,我们哄地笑了,教室顿时开了锅。

我们一反应,英语老师的脸刷一下全红了,连握着课本的手指都微微颤抖。教室更乱,王八一把自己一身横肉压到同桌身上,王龙海拍桌子,郭二毛扔书,女生堆里有人受了惊吓尖叫,更多的人哈哈傻笑着看热闹。校长实在看不下去,从教室外看热闹的人堆里挤出来,推开教室门维持纪律。校长说:"小齐老师,英语你学问最大,这些个毛头小子,你不用怕。"他又转向我们训斥道:"现在是上课,严肃点儿!"于是教室里安静。

教室里一安静,齐老师好像更紧张,但看得出来他在极力控制。我想齐老师不是怕我们,他是怕窗户外那些挤挤挨挨看稀罕的大人脸。齐老师憋了好一阵子还是没说话,我们就又开始有细碎的声音,正当声音又要大时,他终于哼哧了一声。他一哼哧,我们立马安静下来,充满期待。然而不幸的是,这个刚刚中师毕业的十七岁小男人这回又被我们的眼神吓到了,他不仅手指颤抖,脸红,而且脑门上有汗冒出来。正在我们也开始有点暗暗替他着急的当口,十七岁的小齐老师突然大吼一声:"Class begin!"我们愣了,不知道他啥意思。小齐老师赶忙解释:"这是上课的意思,以后我说class begin,班长就说stand up,stand up是起立的意思。"好奇怪的声音啊,好玩儿!我们都非常非常非常兴奋。齐老师说:"那我们练习一遍,注意——class begin!"全班"腾"地站起来了,班长没吭声。齐老师说班长是哪个,王万里举手,齐老师对着他连说几遍stand up。"再来一遍。"齐老师说,"同学们听到班长发令再起立,班长同学注意了——class begin!"这一回我们都等班长,班长"腾"地站起来,半天发不出声音,脸憋得像刚才的齐老师。齐老师鼓励他:"大胆说!"王万里憋啊憋,最后发出来的是"嘶——扑!"没人不笑得肚子疼。

第一堂课,齐老师教了我们"上课""起立""同学们上午好""老师上午好"。之所以能学这么多,齐老师教了我们一绝招——用汉字注音。用今天的话说,真是脑洞大开啊,每个人各显神通,虽然汉字写得五花八门,但混在一起说关键看气势,你是注"顾的毛妮替切"还是注"古得摸你踢旗"不重要,重要的是我们越吼越响亮。校长非常满意。

把英语学成"哎""逼""希"是接下来的事情了,我们越来越喜欢。齐老师非常投入地教了我们一学期,然后走了,据说是县中急需英语教师,他被调去了县中。我们很气愤地改学了数学,整整一个学期啊,如何忍受?诅咒县中的学生个个笨蛋,最好能被英语字母噎死。再有一个英语老师来上课，是一年后，我们已经忘了英语长啥模样，重新从"顾得摸你"开始。

到王义龙老师教我们英语时已是高二，没人再用汉语注音了，因为文章越来越长。王老师胡子拉碴，走路缓慢，脸膛透黑，说话慢条斯理。他第一堂课开口对我们说的话是："我听说，你们都很聪明……那我们就来看一看……Class——begin……"一句话说完足足要半分钟。老师们上课一般都会提前，起码上课铃响人会走进教室。王老师不，他不会准时上课，他只会准时在预备铃响时走出办公室。从办公室到教室六十米不到的距离，他松啊松啊地晃着来，脚底板从不离开地面，右手食指与中指间夹着一根烟，吸一口，咽下，缓缓吐掉，再吸一口，缓缓吐掉，如此循环往复，到教室前门时上课铃早就响过了。他并不急于进教室，先把头探进教室看一眼，转回身去再深吸最后一口烟，猛地吐掉，然后才在教室门外用他的男低音开说："Class——begin……"我们要等他慢慢踱上讲台，站住，扶扶黑框眼镜，抬头望着下面时，班长再喊"起立"。他最初还慢条斯理地对我们说："今天敲铃铛的老王，又把上课铃敲早了。"后来天天如此，他也就懒得再说。

王老师学俄语出身，据说五十年代从北师大俄语系毕业，教英语是半路改的。英语中所有带wh开头的单词，王老师一律发"瓦"音，比如What他要读成"瓦特"，不知是不是与俄语发音有关。他的课节奏缓慢，但不拖沓，条理清晰，极易懂，没多话。

给我们上了一年课，王老师只让我们笑过一次。学《皇帝的新装》一课，读到"have nothing on"时，王老师停下来，眼神少有的诡异色，但脸又是严肃的，看着我们，缓缓地说道："have nothing on，也就是说,皇帝光着个腚!"我们全张着嘴看着他,意思我们也知道,可是王老师一表达,感觉就是不一样,有一种别样的幽默在。稍一停顿,一秒钟的样子,我们似乎睡醒了一样,教室里爆发出掀翻屋顶的大笑。等我们的笑停住了,王老师还在喃喃自语:"皇帝光着腚,在大街上走,光着腚走在大街上……真是个幽默!"紧接着,他忽然像个孩子似的朗声大笑,旁若无人,我们倒愣了。现在想想,他的青春一定有过他人不知的秘密,不然,何以会在我们那个河漫滩上的乡村中学落草教书。

这个老男人,不修边幅,一头乱发,把衣服穿得邋里邋遢,一个冬天不换衬衣,头油把棉袄的领子浸透,始终穿一双翻毛的军用棉皮鞋,长期抽焦油很高的劣质香烟后浑身散发着熏人脑子的臭味。王老师住在学校给他的一间平房里,那平房就在我们教室后窗百米不到的地方,与学校医务室挨着。他进屋就关门,离开就锁门,那间房子没见来过其他人。我们也不见王老师与其他老师有什么交往,总是一个人独来独往。那时候学校的几棵大梧桐树下,夏秋季节的下午天天是争上游的扑克牌场,连校长都亲自上阵。王老师从不参与其中,连观战的意思都没有;他不是在办公室伏案看书,就是晃在路上或者把自己关在了那间房门的后面。有人说,王永存高三毕业到学校拿大学录取通知书时遇到王义龙老师,上前打招呼,王老师居然不认得他,后经努力回忆,说好像有点印象。这个说法让人不解,王老师虽只教了我们一年英语课,但几乎每节课他都会在有人没能回答出问题后慢条斯理地说这么一句话:这么简单的问题,怎么会这样?王永存你来回答。一年过后,他居然不认得那时天天挂在嘴上的学生。

1985年，我们都从那所乡间学校离开，有的回了家，有的又去上了学。我到南京，大学英语第一课用英语作自我介绍，刚说了一句"各位早上好"，就被我们既年轻又漂亮的女老师打断，她笑吟吟地用标准美国口音问我："你从徐州农村来？"我很讶异，但瞬间释然，用汉语注音、地方方言发音学习的英语太有地域感了，她之前一定遇到过如我一样的学生。我六年中学，学了五年英语，先后有六位英语老师教我，乡村英语的痕迹再也无法抹掉。想来，其他如我者当亦如是。

　　有一首歌词说：你曾是自在如风的少年，归来的时候，是否还有青春的容颜？几十年过去，曾经如风的少年肯定早已不存在青春的容颜，但只要开口说英语，向着那些英语老师们鞠躬问早安，我想依然会是"顾的毛妮替切"！

孙　洁

我的老城厢,我的少年路

前不久被各种写了"再见老西门"煽情字样的微信标题刷屏了,很是惊讶了一阵,后来知道是"黄浦区508-514地块",便很快释然了。虽然老西门早就不是老西门了,但是"拆老西门"是要翻天的,既然只是一个黄浦区的数字地块,拆了就拆了吧。再想想,南市区都消逝了十九年了,老西门,其实早就告别过了。

又看到一篇"老周望野眼"的公众号里的文章《黄浦少年路,茫茫人间路》,一时心有戚戚焉,零零散散地想起少年时代在少年路边的如烟往事。

弄堂里长大的小孩,起跑线就是弄堂,所以完全没有"赢在起跑线"的概念。那弯弯绕绕、一到春天就开满了夹竹桃的弄堂,那一放学就背着书包散去,女生成群结队去跳橡皮筋、男生三五成群去打康乐球的人间天堂。少年路就是在错落的弄堂接弄堂的老西门边上,各种曲曲折折的弹格路当中,一条最不起眼的小路,从路头到路尾不到一百米。这路本来就已经歪歪斜斜先天不足了,穿出路口,迎面是个小便池,一年到头臭气熏天。

这条小路,现在已经被"边缘化"到被改了名字,叫"黄浦少年路"了。验明正身的话，首先你不是少年路，其次你不是南市，什么也不是了。

读小学的时候，少年路上住了教体育的徐老师，黄家阙路住了教英文的马老师，老西门一条什么弄堂穿出去，住了教数学的邵老师。不管老师还是同学，大多住在以学校为圆心，半径绝对不超过两公里的各种石库门老房子里。夏天，不上课的时候，走在这些小马路小弄堂里，经常看到这个老师那个老师赤了膊坐在家门口乘风凉。如果你不想在课后再听到老师唠叨，远远地就会绕路走开，学习比较好的学生（比如我），则会带着父母故意到老师乘凉的家门口过一下，听老师再夸你几句。

但是我是不敢从少年路走的。因为我是个体育学渣啊。渣到什么程度呢？每次体育课课前跑步，从来跟不上队伍。听说以后高考可能要考体育了，又听说体育不合格不能拿学位了，每当听到这样的消息，总要暗自庆幸一下自己生得早啊。

教体育的徐老师个子矮矮，敦敦实实的，浓眉大眼很帅气，就是年纪不大就剃了个光头，所以我老觉得他是个老头。对于我这样的体育学渣来说，他就像个神一样。体格好，什么都会，最神奇的是我们四年级春游，在长风公园走"勇敢者道路"的时候，他勇敢地跳到贮满绿藻的脏兮兮臭烘烘的水里救了个落水的同学上来。那时候的"勇敢者道路"，也真豁得出去，就在满是绿藻、又黑又臭的池塘上方架了四座独木桥，什么防护也没有，让小朋友结队去走，比赛谁走得快。我作为体育学渣，看到那独木桥就两腿发抖，根本没敢去排队。但是我那体育非常好的小闺蜜上去了，不知怎么脚底一打滑，掉到了池塘里，徐老师二话不说就跳下去了。后来，这事就当然地变成了我们班同学长用不衰的作文素材。

后来的后来,大概在我读大学去看小学班主任的时候,听说他年纪轻轻就去世了。

"望野眼"的老周说,"'少年路'的得名,来自民国时代上海老城厢一个少年组织:少年宣讲团。1912年,上海启明小学的学生汪龙超等发起组建少年宣讲团,以宣传爱国思想、改良风俗、普及文化知识为宗旨,组织青年学生利用课余时间上街宣讲,进行社会调查,还开展送医送药等慈善活动。……为表彰少年宣讲团的功绩,沪南工巡捐局于1923年把宣讲团所在的道路命名为'少年路',以资纪念。"看到这个故实,住在少年路上的急公好义的徐老师,这位在少年时代又敬又怕的光头叔叔,对他的回忆又模模糊糊地和这条小路的影子重合在一起,让年近半百的我生出很多感动。

张宪光

老师是以陪伴青春为业的人

一位二十七八年前的学生发来微信,说看了《老师·好》,热泪盈眶;还说,我看了也会一直流泪的,因为我是一个感性的人,看了这个片子对自己的工作就更有成就感了。

我对此有些将信将疑,因为我很清楚那种电影会拍成什么样,怎样来制造泪点和笑点,况且也不会轻易流泪了。一天夜深的时候,我独自待在办公室,看了这个电影,却还是不知不觉流下泪来。我自己清楚,这泪主要不是流给这部槽点很多的电影,而是流给那些已经逝去的日子,那漫长的学习与教书生涯里的往事。

二十一岁那年,我从初中母校开始了教学生活,当时我的很多老师都还在那里任教,比如我很喜欢的教地理的裴老师、美丽的数学张老师、音乐孙老师等人,对我都很好。

学校位于104国道边上,进门便是一条铺满河沙的路,是由老师和学生们一起修筑的,两旁种满了冬青。路的南边是饭菜做得十分难吃的伙房,门前栽着一排高高的白杨,北面是操场,操场的中间是一个土堆,当地称之为堌堆。后来的考古发掘表明,那个土堆是西晋元康九年的古墓,留存有多块画像石。通常人们都认为靠近古墓不吉利，所以到上面去玩的人很少。操场向东，则是两排长长的教室，教室的前面还有一座假山。

学校当时刚刚投入使用，里外一新。学校的图书室没什么好书，我记得只是从里面借过井上靖的《孔子传》等少数几本书。读书的风气也不盛，能够考上师范或者其他中专，已经是等于有了铁饭碗，此外每年也会有七八个学生考进县一中。在那所学校最辉煌的事，便是有一年举行知识竞赛，我带着初三的几个学生去参加，初赛和决赛都得了全市第一名；当时的决赛是电视上的那种现场抢答，孩子们的表现真是棒极了。

也许是比较顺从和学业还行的缘故吧，我的学生时代还算幸运，几乎没有过罚站的经历，但我刚刚做老师的时候也像电影里的苗老师一样在班里说一不二。工作的第二年，我当了初三的班主任，更是有点"大权在握"的感觉，对学生不免有疾言厉色的时候，也曾像影片里的"苗霸天"那样让学生罚站——电影里让我不能接受的一个镜头，是苗宛秋老师用餐巾纸擦掉婷婷的口红，那种粗暴、蛮横的做法，是教师权力中心思想的一种表现。我没有干过同样的事，可是也有过类似的经历。那时候，每天早上六点左右出早操，有些学生起不来，我总是跑到宿舍门口吼上几嗓子，今天想来，那个腔调是很粗鄙的。

还记得班里有个学生学习不好，好逞能，调皮，不服管，说起话来像个小流氓，我曾经揪过他的耳朵，他一边叫一边说，老师你把我的耳朵弄痛了。许多事情都忘却了，这件事却每每浮上心来，说起来，我是欠他一个道歉的，也真的希望能有机会见到他，向他道歉。我还曾经怀有私心地批评过我班上的两个学生，不知道他们是否会觉察到。一个老师的权威不仅仅建立在他的知识结构与人生阅历上,也建立在他的社会身份上,而利用这种身份以及知识、阅历上的丰富性凌驾于学生之上是不道德的。这是我反省自己教学生涯的一个基本判断。

我在那所学校工作了五年,教的是社会发展简史以及公民课。今年刚刚联系上的同学告诉我,那些教室已经破败不堪,不能使用了,有的已经拆掉了。拆之前,他们几个同学一起去拍了照片,做了相册,算是为青春保留一些记忆的片段。对我而言,那时的生活是简单的,也是乏味的,每日只是上课、改作业、打球,过着一眼望到头的生活。回到家,与老父对坐,也是话不投机的时候居多。只有跟同事出去吃饭,喝羊肉汤,喝酒,才能找到一些教学之外的乐趣,因此离开几乎是唯一的选择。如今回想起来,竟也十分怀念那段时光,并不是自己有多好,生活有多好,那只是一段比较重要的生活经历,一种存在方式开始的地方而已。有位学生曾在我的一篇文章后面留言:老师,我们想念你,不知何时能相聚。让我感到惭愧的是,已经很久没有他们的消息了,在街上遇见也认不出来了,——但他们也许会认出我来。

此后人事流转,迁徙南北,颇尝了一点生活的辛酸滋味,于是以前读不懂的书突然有点懂了,不懂得的人事也突然懂了。最幸运的事,便是定居在上海这座城市,再次开始教书,先后教过中专生,教过最好中学的学生,也教过国际学校的学生。人到中年,似乎才慢慢磨去了一些暴戾之气,归于素朴。要感谢上海这座城市"海纳百川,有容乃大"和公平待人的精神,尤其要感谢我的学生们,感谢他们对我坏脾气的宽容,感谢他们偶尔出现的质疑,让我慢慢省察自我,渐渐懂得教育、教学的真谛是爱,而不是威权、成绩之类的东西。我相信这是一个相互建构的过程,你们用数不清的美好瞬间与偶然塑造着我,我也在竭尽所能帮助你们走出迷茫和迟疑。

另一件幸运的事,是我在十年前懵懵懂懂地闯入了国际教育这一块,让我对中文教学有了新的理解,大大扩展了我的眼界。那个时候是主张文本细读的,大抵是受了新批评理论的影响,而目前更新的教育理念则是将互文性理论、后结构主义以及法国哲学家们的权力理论引入到文本阅读与阐释中,关注全球性问题,注重国际情怀以及听、说、读、写、视看、演示、表演等多重能力的养成,试图与这个急剧变动的世界相适应。这些主张以及教学实践,一直也在塑造着我,使我与学生们一起成长。

在长达三十年的教学生涯中,我并不确切知道带给学生们的究竟是伤害多些,还是启发多些,我所记住的常常是一些他们带给我的美好的事。记得有一年上高三,下课的时候有个学生在楼梯口拦住我,说:老师,我给你带了一包香椿芽,山东老家的。原来那时在上郁达夫《故都的秋》,我说起南方的馒头都是伪馒头,用一个手指按下去就塌掉了,还津津有味地说起故乡的香椿芽如何好吃之类的话,那个学生家是山东淄博的,居然从老家叫人寄了一些来。

还记得我离开那所学校的时候,我所教的学生正是高二,第二年毕业的时候,全班三四十个人聚在一起请我一个人吃饭,那情景有些感人的,也有些沉重的,至今让我无法忘怀。

还有去年年底的时候,学生们偷偷给我买了一个蛋糕,给我过生日,蛋糕上还画了我的头像,写着我说过的话。我向来没有告诉过学生我的生日,也从来不曾把过生日当回事,但那真是一次难忘的生日课。

今年毕业的学生，把我过去几年说过的三百六十五句话写下来，印成小册子，在毕业典礼的那一天送给我，其中也包括了一些不好听的话。还有许许多多学生送给我贺卡，上面写着许多动人的话，有的是从南极、北极圈寄来的。时间虽然在流逝，有些学生也很久没有联系了，那些记忆是不会消失的。类似的事情还有很多很多。我个人认为，教育过程中教师也许曾经给学生一些知识，但学生反馈给我们的，实在要比那些多得多。在网络时代，获取知识的途径越来越多，如果还停留在传授知识的层次，做老师的日子恐怕不好过。

我只是一个很平凡的老师，我想，所谓教学，简单说来就是一边教，一边学。所谓教，就是知行合一，教导他们如何找到独立的自我，建立自信并感受到学习的快乐，学习做事的方法，发展良好的品行，鼓励他们走出原生家庭的负面影响，引导他们认识并追求光明俊伟的人格；所谓学，就是既要学所教学科的知识和方法，学习如何认识社会与人生，同时也要向学生学习，学习他们的纯真、聪慧与创造力，学习如何爱他们，如何在爱中做些建设性的事情。

再说回到电影——《老师·好》是向老师致敬的片子，同时也在向青春致敬。不过，"致敬"云云，大抵是青春已逝的人才会想到的事，置身现场的人往往"鲜衣怒马"，年少轻狂，感觉不到青春的贵重。而老师是以陪伴青春为业的人，是青春的一种旁证。

黄咏梅

小 旗

我叫它小旗。因为每次遇到它,它的尾巴总是竖得高高的,像一支威风的旗杆。小旗是我认识的最逍遥的流浪猫。是的,我认识它,就像一个朋友。跟那些惧怕人的流浪猫不一样,小旗不怕人,但也不亲人,总是保持着一种礼貌和矜持。所以,跟小旗的交往就变得没那么多负担。

从我喂养流浪猫的经验来看,但凡与一只猫有了约定,一旦对猫投之以粮,猫便对你付之以依赖。久而久之,这种没有任何约束的约定,往往依靠人复杂的情感来巩固:怜悯、责任,甚至母性的满足等等,是一组强弱关系的维持。因为这种关系,猫凝视你,猫在你脚边喵喵叫,猫怯生生地用脑门擦着你的裤腿……这些动作都被你解读出了乞怜的信号。强者于是对弱者就有了牵挂和惦记,这种惦记和牵挂很多时候就会变成一种负担。但小旗不会。我与小旗没有约定,全凭邂逅。它几乎不会在某个固定的地方等我,毫无预感地,就能看到它竖着尾巴从远处走来,等我喉咙里发出一声喵,它一秒都不会耽误,报之以一句长长的喵。就像朋友相见,彼此招呼:"嗨,过得好吗?""还不错,你也好吗?"这种邂逅,轻松愉悦。如果恰逢我包里备有猫粮，蹲下身去，分给它一点，它便积极地凑过来吃，吃得不快也不慢，其间，我如果故意逗它，朝它喵几声，它也会边吞咽边发出一种含混的叫声，权当回应。要是没吃的，也不见它有多失望，喵几声，人走了，它在原地站得直直的，尾巴在脚边盘好，眼睁睁目送。好像彼此知道，明天还能见到，明天的明天还能见到，不必纠缠。

小旗的地盘似乎比别的流浪猫要大许多，或者说，它根本就没有地盘，它不是那种要争的猫。遇到哪个垃圾桶有刚放出来的厨余，趁便扒拉两口，有猫闻香而来，它也不恋战，舌头往嘴巴鼻子舔一圈，踏着猫步从容离去，谦和又不失尊严。我会在不同的场所见到小旗。在泳池边，它呆呆地看着水里扑腾嬉闹的孩童；在快递寄存柜顶，它好奇地细嗅着柜子缝隙里包裹的远方气息；在凉亭里，它懂事地蹲在一个坐着轮椅抽烟的老奶奶身边，就像它是她养大的一般；而更多的时候，我看到它在走路，草丛边，车库口，绿化道上……独自一猫，倒并不东张西望地觅食，仿佛若有所思，那支旗杆一样竖起来的尾巴，骄傲、坚定、抖擞。研究动物的专家普遍认为，猫竖起尾巴的时候，表达的是一种满足、安全、得意，就像一个人在做出一个胜利的手势。邂逅这个样子的它，我心里由衷地欢快，心情亦跟它一样满足、放松，不带一丝强者对弱者所生出的怜悯和同情。如同人与人的平等相处，人与动物也不例外，没有什么强与弱，施与受，这样的关系才真正和谐持久。

很多时候我想，如果在生活中，跟小旗这样的朋友交往，必会友谊长存。人到中年，回过头来看，即使朋友圈里扫来扫去的人数不断增多，但朋友走丢的更多，有些朋友几乎没有什么缘由就疏远了。比如多年前认识的一位朋友,自以为兴趣爱好皆投契,一度走得很近,偶尔相约旅行。记得在一个小岛上,我们在沙滩上吹着海风,人不多,我们发现了两行狗的脚印。出于好玩,我们跟随着这一串脚印,找到了那只在礁石下晒太阳的大黄狗,它正眯着眼睛享受着惬意的海风。因为这只狗,我们聊起了宠物的话题。她讲,她过去养过一只拉布拉多,太好玩了。我只养过猫,没养过狗,只知道狗比猫的智商高一些,更通人性。"猫对人是依赖,狗对人是谄媚,你根本无法体会到一只狗讨好你、谄媚你的时候,那种感觉是有多么的爽。"从朋友的脸部表情我已经看到了那种爽意。说完她顺手从沙堆里摸起一块海贝,朝不远处的大黄狗扔过去,并发号施令:"喂,旺旺,过来。"仿佛她命令的是她从前那只拉布拉多。

  从小岛回来之后,我想,我们大概会慢慢走丢。果不其然,几年间,她最终只变成了我手机通讯录里的一串号码。不时在朋友圈里看到她,风生水起,时时与名流合影。我不免会想,不知道她是不是养回了一只懂得谄媚她的狗狗?

  我惦记过很多只流浪猫。下雨的时候,我会担心,那只一直蹲守在石头上的猫奶奶有没有找到避雨的地方?下雪的时候,我又会想,那只总是在溪边捕虫子的小黑弟弟,会不会跳到结了薄冰的水面?干旱的时候,我到那些猫出没的老地方逐一放些干净水……但我几乎没有惦记过小旗。就算在某些恶劣的极端天气时,我的脑子里也闪不出小旗的身影。它是那么独立和强大,丝毫不给人担忧的机会。在雨过天晴或者春暖花开的时候,不用刻意去找,就能看到一只橘色的斑纹猫,尾巴竖得笔挺,一声长喵回答你的招呼——看,我很好,糟糕的鬼天气终于过去了。然后,它会停在一棵桃树下,仔仔细细地舔毛。它不胖,毛发也因为缺乏营养而显得暗淡,但是却很干净,鼻子粉红,脖子一圈白毛就像男人讲究的白色衣领,洁白、硬朗,流露出不肯懈怠的努力。

是啊,有什么好担心的呢?倘若到最后,小旗真要走上一条通往另一个世界的道路,它恐怕也会挑一个晴朗的好天气出发的,这是它应得到的礼遇。

辑二

刘　铮

因借书而绝交的那个人

今年3月，我买了一本旧书，法文版的《马拉美诗全集》。5月，又在另一家店买到四本瓦莱里的著作，也是法文的。这五本旧书，之前为同一人所有，他在每本的书名页上都写了简短的中文题记，日期写的是1958年、1959年。想想看，那是什么年代？大跃进、人民公社、"三年自然灾害"……而这位先生在读马拉美和瓦莱里。读得深读得浅姑勿论，单讲品位，在那个时代当是一流的。

这个人的名字叫李梦熊。关于其生平，简直找不到旁的资料，只有一篇陇菲先生的文章《木心的朋友李梦熊先生》（刊于2014年出版的《木心逝世两周年纪念专号》）。我们要感谢陇菲先生：他一篇文章，存的是一个人。

据陇菲查考，李梦熊生于1925年，出身云南世家，1942年曾在重庆音乐训练班受训，后入国立音专。抗战胜利后，国立音专迁南京，复还上海，李梦熊在上海毕业。1949年，李梦熊入上海交响乐团，任声乐教练。上世纪五十年代后期，"支援西北"，李梦熊远赴兰州执教。

据李梦熊的学生们讲，李梦熊通英、法、德、意多种外语。他的学生孙克仁回忆,上世纪六十年代中期,曾从李梦熊学法语,读法国文学,其中就有瓦莱里的作品。在我得到的那五本法文书里,李梦熊分别题写"一九五八年十一月在兰州托与石购于上海""一九五九年一月在兰州托与石购于上海""一九五九年八月若梵赠我于南京"等语。可见都是在兰州时所题。"与石"为何人,不详。若梵,是中科院院士、物理学家冯端的笔名。冯端虽是物理学家,但年轻时学了德文、法文,译过里尔克等诗人的诗。冯端在南京大学执教,大概李梦熊过南京时,就将自己原藏的马拉美、瓦莱里作品送给了李梦熊。

在兰州待了五年,1962年,李梦熊又回到上海。他与木心交往,应该就在这个时期。李梦熊为世家子,轻裘缓带,恃才傲物,不同流俗。木心在《文学回忆录》中说:"二十年前,我和音乐家李梦熊交游……我们总在徐家汇一带散步,吃小馆子,大雪纷飞,满目公共车轮,集散芸芸众生……"据曹立伟回忆,"两人一起出去散步,李穿风衣,扣子不系,随风敞开,一手拎着装着咖啡的暖水瓶,一手拿着两只杯子,在街上边走边谈,累了坐下,喝咖啡。"难怪会有"他和木心,真是魏晋人"的评价。

但不久二人竟绝交了。木心说:"友谊有时候像婚姻,由误解而亲近,以了解而分手。"木心谈话记录道出了绝交的原因:"六十年代我外甥女寄来英语版叶慈(按:即叶芝)全集,我设计包书的封面,近黑的深绿色,李梦熊大喜,说我如此了解叶慈,持书去,中夜来电话,说丢了。我说不相信,挂了电话,从此决裂。"二人竟为了一本借出去的书绝交,也可说是真爱书人了。

李梦熊晚景凄凉。"武康路那个亭子间狭小局促,没有地方支床,地铺上只有一领竹席,一床褥子,一条被子。屋里也没有桌子,用砖头垒一个小台,放他吃饭喝水的茶缸。除此之外,最引人注目的,是一摞外文书谱。"1997年,外甥到上海看他,见他正在读法文版的《追忆逝水年华》。那时李梦熊七十多岁了。

在瓦莱里《杂俎五集》里,有几则批语,似为李梦熊所写。一则谓:"一为文人,便无足取,以不解独善其身而兼善天下之故。"另一则谓:"以极端个性,到达无个性。艺术之顶点,人类之极限。无有更美者,光速之艺术。"

我常想,文学不应该只是文学工作者的专属物。假若真有那么一个情景:当年的木心、李梦熊、冯端,一个画家、一个歌唱家、一个物理学家,谈文论艺,迎风冒雪,把臂而行……我觉得,再没有什么比它更能体现文学的魅力了。

陆建德

吃土豆的人

春节前后，读到不少回忆传统新年美食的文章，《生活》杂志还带领读者去世界各地"寻味"。不知什么原因，饮食自古以来就在"礼"文化里享有崇高地位。出土青铜器酒具和饪食器名目繁多，不借助解说词上特意注出的拼音，很多字我是读不出的。曲阜孔府可谓天下第一家，从明清到民国，衍圣公府一年四季举办各种各样的祭祀宴，祭品里珍馐百味应有尽有，最终当然还是由活人享用。近年来体面的出版社前赴后继推出"饮食文化"书系，名家谈吃的文集也热销。中央电视台在黄金时段播出《舌尖上的中国》，赢得啧啧的赞赏。以往，上班是为了有饭吃，因此"饭碗"用来比喻一份工作。小时候常听说，穷人家吃了上顿没（愁）下顿，条件好的上顿吃了吃下顿，活着，就为了一张嘴巴。这句话，总结出多少人间——不，生物界——朴实的道理。杭州人是看重吃的，用"落胃"来表示舒心惬意。每到上海，必定先去老盛兴点一碗菜肉大馄饨，再找一家老吉士吃上海菜解馋，恨不得食前方丈。基督教七宗罪里位居首位的竟是"贪吃"，想来耶稣的门徒食欲欠佳，享不了吃客的福。

元宵节整理混乱的书桌，看到一年前的一张剪报：2018年2月11日《文汇报》"笔会"刊出的《与二十岁的邵洵美不期而遇》。作者写道，邵洵美1925年至1926年游学剑桥，住在英国传教士慕尔（A. C. Moule）家中。（案：由此可以推知邵洵美不是剑桥大学的注册学生，不然他会住在学院。）这位慕尔1873年生于杭州，中文名字为慕阿德，邵洵美做他房客时，他是剑桥创平顿教区牧师。"邵洵美的记忆中，慕尔夫妇生活简朴，餐食简单，吝啬而严厉的牧师太太给他吃的总是'几片冷羊肉和马铃薯'之类，吃到叫人生厌。"在英国，羊肉在肉类中价格昂贵，常能吃到，反而说明女主人并不是一心省钱。慕尔夫人不是专业厨师，有着自己的社会生活，甚至忙于慈善事业，哪里舍得天天为了"吃"费时费力？她的"吝啬"正是"生活简朴"所致，不过"吝啬"这个词在中文里是完全负面的，即使用的时候带了幽默感，也不很妥帖。至于土豆，变着花样吃，还是很可口的，但是邵洵美常吃的大概是煮土豆。

吴学昭的《听杨绛谈往事》（三联，2008）里也有一则关于英国人俭食的记载。杨绛回忆，在三十年代中期，中外交通史家向达作为北平图书馆与大英博物馆交换馆员赴伦敦大英博物馆抄敦煌卷子，后来到牛津大学图书馆（钱锺书戏称"饱蠹楼"）帮助编中文书目。他因牛津生活昂贵，寄居修斯（Ernest Richard Hughes）牧师家。以前，牛津剑桥多英国国教神职人员，毕竟大学脱胎于修道院。修斯中文名字为修中诚，原是英国伦敦会教士，1911年到中国，后回母校牛津大学任中国宗教和哲学教师，二战期间，他还想请陈寅恪去牛津教书。杨绛说，向达嫌修斯家天天吃土豆，顿顿吃土豆，常到她那里蹭饭，换换口味（第118页）。这倒是可以理解。

有一位专吃土豆的剑桥人尤其不能让我忘怀。弗里达·奈特（Frida Knight）住在剑桥耶稣绿地（Jesus Green）西边的公园街（Park Parade），那是一排建于维多利亚时代的红砖三层楼房，弗里达独用街上最北端的一套。在二楼、三楼，面对大草坪的房间应该看得到美丽的风景。弗里达丈夫是里兹大学的化学教授，已经去世，子女也不在身边。大概在1984年，我一位朋友老郜作为访问学者住在她家。他到英国半年工夫就用积蓄买了一架相当不错的日本相机。中国学生和访问学者生活费有限，在关于应该买什么的问题上，很多人的意见趋于一致（我不买相机，又是出于虚荣心）。当时那么高级的相机，一般英国家庭也不会购置。想不到他的老房东听闻此事，毫不客气地把他批评一通，大意是应该花钱了解英国，到各处走走看看，体验生活。听到朋友这番转述，我猜，弗里达想象中的中国，不能在他身上得到印证，这是令她难过的。老郜感到比较幸运的是他可以不受限制地使用厨房，房东家居时间很少。

弗里达很瘦，背微驼，年轻时身高应该有一米七，我去看望朋友时曾与她交谈。一天弗里达又像往常那样外出，老郜带我进厨房，指着头上橱柜里几只食品罐头，再拿起煤气灶上一只不锈钢锅子，揭开盖说："你看，老太太吃的是啥。"这时老郜满脸是困惑、羞愧和敬佩。"我老是做菜，还不好意思咧。"原来锅里就是几个清水煮熟的土豆。我想弗里达太忙了，没有宽裕的时间为自己精心准备食物，她也可能根本不懂什么厨艺。土豆营养不错，假如烘烤熟了切开，抹点黄油，再撒点盐和胡椒，味道还是很不错的。不过水煮最便捷。

弗里达已经七十多，经常出现在剑桥的街头。她神情专注地骑在自行车上，风风火火的，像是有急事。近日有幸通过维基百科查到,弗里达生于1910年,受过音乐专业训练,已于1998年去世。她在音乐上的造诣,我早就知道。她出过一部《剑桥音乐:从中世纪到现代》(1980),精装,护封上是一幅版画,著名的G. David书店(国王学院对面的圣爱德华教堂旁)还把它置于陈列橱窗里的显著地位。

上世纪五十年代英国出现一个"核裁军组织"(英文缩写是CND, Campaign for Nuclear Disarmament)。1958年春,CND发起抗议活动,参与者从伦敦走到英国的原子武器研究所所在地奥尔德马斯顿,为时四天。CND吸引了英国文化界很多人士,它的标志是全世界最著名的符号之一。弗里达是剑桥CND的积极分子。有一次我在国王学院外的主街看到这个组织发起的大规模游行,禁不住驻足观望,心里未必赞同。弗里达行走在队伍第一排,比较靠中间,奋力喊着口号。2017年诺贝尔和平奖颁给国际废除核武器运动(ICAN),从该组织的徽标可以发现,它是从CND演变而来的。

弗里达娘家姓斯图尔特,她父亲休·弗雷泽·斯图尔特(Hugh Fraser Steward, 1863—1948)1886年毕业于剑桥三一学院,做过剑桥圣约翰学院的学监,也是英国国教神职人员,专治法国文学,是十七世纪数学家、宗教思想家帕斯卡的著名研究者、译者之一。1936年5月23日,《荒原》作者托·斯·艾略特到亨廷登郡(现属剑桥郡)英国国教的著名村社"小吉丁"朝圣,就是由斯图尔特夫妇陪同的,林德尔·戈登在《T.S.艾略特传:不完美的一生》(许小凡译,上海文艺出版社,2019年)中还提到一笔(第378页)。村社在尼古拉斯·费拉尔带领下于1626年成立,成员按照国教准则生活。1649年被处死的查理一世曾在内战期间(1646年)到"小吉丁"避难。十七世纪中期"小吉丁"村社人员星散,艾略特拜访的圣约翰教堂是十八世纪初期重建的。在宗教思想家中,艾略特首推帕斯卡,尤其是他的怀疑精神,将他置于纽曼之上。帕斯卡曾在巴黎的波尔罗亚尔隐修院生活、写作,艾略特凭吊"小吉丁"村社时,势必也想起十七世纪中期的法国。这一年7月,西班牙内战爆发,很多英国人自发赴西班牙支持共和党人,其中就有斯图尔特夫妇二十六岁的女儿弗里达。她不是国教教徒,但是在她身上,还是保留了非世俗文化的献身精神,她的父亲也会容忍并尊重女儿的选择。

据维基百科介绍,第二次世界大战期间弗里达赴法国的德占区投身当地的抵抗运动。被捕后关进集中营,后来又设法逃脱,回伦敦参与戴高乐领导下的"自由法兰西"的活动。难怪,她还是《法国的抵抗:1940—1944》(1975)一书的作者。热爱音乐的德国军人与美丽动人的弗里达有很多共同语言,他们看管不严,是不是有着种族和绅士意识在作怪?《参考消息》(2017年11月10日第12版)曾刊出一篇题为《默默无闻的二战女英雄》的文章,介绍二战时英国特别行动处招募的女间谍努尔·伊纳亚特·汗的事迹。她负责在法国军队和英国情报部门之间传递情报,后被纳粹逮捕,死于集中营。2012年11月,在伦敦的戈登广场,举行了英国为纪念她竖立的雕像揭幕仪式。这位女间谍的名字表明她祖上不是盎格鲁-撒克逊人,英国尤其要纪念她。我相信弗里达在战时的实际贡献不会在她之下,甚至有可能当过她的上司。

有一位"笔会"作者邂逅过一次藏族婚礼,根据自己的经历归纳出"地球上一切地方的人类最恳切的意愿",那是"对于食物的渴求和食物丰足所象征的幸福感"。我以为这是"吃"文化以偏概全的一例。荷兰画家赫里特·凡·洪特霍斯特(1590—1656)的《婚宴》里,桌上的菜少得可怜,食物的主题被边缘化了,画家更关注的是人与人之间微妙的感情。我到过的地方有限,不过也参加过几个婚礼(包括在教堂里举行的)。在有的婚礼上,我丝毫感受不到所谓"食物丰足所象征的幸福感",失望而归。弗里达的婚礼在何时何地举行?她是否排除了教堂的选项?对她那样的人而言,这些真是无所谓的,更别说吃了。这是她的不幸。我真该同情她,又怕她同情我。

《吃土豆的人》是梵高的一幅画,我借这个题目来回忆弗里达。梵高画笔下那荷兰农民生活艰辛,晚餐只有土豆和咖啡。弗里达对吃马马虎虎,以土豆充饥,却纯粹出于自己的选择,而且,与她英国式的左翼政治信仰无关。她那位国教会里的学者父亲,如果有中国学生做房客,也会像慕尔和修斯那样,待之以土豆。

今日元宵,微信上收到一碗碗热气腾腾的汤圆,我却若有所失。

沈　芸

他给我的赞同、表扬和冷水

1986年1月,我爷爷夏衍去深圳,他写信给我:"你要好好'管家',趁平静的日子用功。"

1986年5月,爷爷去上海,他写信给我:"委托你的事不要忘记,好好照顾球球、黄黄(他的两只黄猫),及不让它们上树。"

1992年4月,我参加工作后,去沈阳营口农村"社教",爷爷回信给我:"信已看到,多见见世面,是件好事,可以多了解一点中国的实际,中国的'国情'。……三个月会很快过去的,还是利用这个机会多知道一些实际生活为好。中国农民是一个值得研究的问题。要努力适应环境,多看,多想,注意身体,多来信。"

我小时候,家里先后发生过两件事情,让爷爷觉得,我这个孙女是靠得住的。前一件是我们家的黄猫松松,夜里外出打架,被人打伤了,拖着后腿回到家,半瘫了,小便失禁。我强烈主张不能放弃,每天早晚去照顾它,我爷爷赞同。松松被养在客厅,他卧室的门外,爷爷及全家,还有来往的客人们都要忍受着臭气熏天的猫尿味,半年后,松松痊愈了。后一件是我奶奶晚年瘫痪在床,她的房间不肯扔东西,我去给她收拾,还被老太太骂了,我不管,"强制"执行,帮她换掉了被褥，这件事情被我爷爷大大地表扬了。后来，他要带我姑姑去外地，就说老太太可以交给我来管。那时候，我应该是十三四岁。

我奶奶是1984年10月1日中午在家中去世的，灵车来接她的时候，我爷爷特地站在家门口，送她走……

在我们家，除了我爷爷，没人看好我——当然，这已经足够了。他夸我说，每次他回家，汽车刚刚停在大门口，我就会听到声音，跑出去接他。还有一次，我无意之中说的一嘴："我们要对爷爷好，爷爷在'文革'中吃了很多苦……"这句话让我爷爷感动了。

我写作文，不是爷爷教的，是在学校里学的时间、地点、人物。他知道我偏科，语文和历史是强项。有一天夜里，他已经睡下，我坐在他的被窝边上跟他聊天，他说要告诉我一个自己发明的记住中国古代历史纪年断代的方法，他从春秋战国、秦汉开始讲起，一直说到明清，我当时听得津津有味，遗憾的是，后来没有记住。

他鼓励我多看杂书，特别提到要多读清代小说。他的书报杂志很多，我经常跟着他看。上海宋庆龄福利会每期都寄来的《儿童时代》和叶君健翻译的《安徒生童话》是给我看的。

每天上午，报纸一来，我爷爷就会放下手中的书，开始看报，厚厚的一摞报纸，他一直要看到快中午。他看过的书会折上一个角，我有时候拿过来翻，他从不反对。所以，我七八岁的时候就懵懵懂懂地读过《张国焘回忆录》和斯大林女儿的回忆录，看不懂内容，就读文字。我就是这样从小看家里的香港报纸，认识繁体字的。

我爷爷读书看报，听广播，跟客人谈话，一般都不会把我轰出去，很多时候，我会在旁边接待，给客人送茶，给他加水。当然，他年事已高，我也会扮演得罪人的角色，限制客人的谈话时间。

我爷爷喜欢我在他房间里待着。有一次，我们俩一起听刘宝瑞的相声《买猴》，我笑得前仰后合，都快出溜到椅子底下了，把在隔壁睡午觉的姑姑都给吵醒了，我爷爷觉得挺好玩。

爷爷也让我帮他誊抄稿子。我记得，他有一篇文章叫"看洋人演京剧而大悦"，我当时趴在客厅方桌上抄的时候，正好有客人来访，我还被人家表扬了一通。

我还为他代过笔。郑君里夫人黄晨写信给他，请他为《郑君里文集》写序。我当时刚刚从电影学院毕业，爷爷就在黄晨的信封上写了"沈芸办"，让我先写一稿，然后他自己在上面作了修改。他的稿债太多，请人代笔的情况有过多次。蔡楚生的碑文，是我爷爷请黄苗子代笔的，然后也是他自己改了一遍，黄苗子看后说，"老头子改过的地方，比我写的厉害。"还有罗孚为他代笔，给聂绀弩的一本集子写序，据"罗孚日记"记载，这篇他一字未改。

我小时候在礼士胡同上小学，旁边就是刘墉府，电影局的办公地，那是一个漂亮的大院子。我们家当时住在南竹竿胡同，两条胡同正对着，很近。我爷爷常到那里看片子，我也经常被带去。李翰祥的《火烧圆明园》《垂帘听政》拍完后，有争议，我爷爷去看了一下午，记得是陈播和丁峤专门陪他看。有一次，他带我一个人去看严浩的《似水流年》，整个放映间一共就三个人。我爷爷爱看科教片，他一口气能看两到三部，瓜果棉桃之类，我看得哈欠连天，他却是兴致盎然。还有一次是看《苔丝姑娘》，由于涉及当时敏感的两性问题，没有带我去看，我很不高兴，理由也很充足，因为那是一部名著改编。

我爷爷培养了我的个性，他很赞赏我有想法，而且敢于大胆地表达出来。电影《红衣少女》的导演陆小雅曾经专门来跟我说，"夏公喜欢这部片子,是因为妹妹这个角色的性格像他的孙女。"那一次看片子,我就在边上,同看的还有周扬、苏灵扬夫妇。我爷爷看到一半就很开心,其中有一句台词是,妹妹说:"长大了,我想搞民间文学!"片子演到这里,我爷爷高兴了,马上指着周扬说:"好!中国民间文学的头儿就在这里!"他的情绪感染了周扬夫妇,三位坐在前排的老人开怀大笑。

《红衣少女》和《乡音》竞争当年的金鸡奖时,在业界产生了分歧。那时,诗意电影很时髦,但我爷爷支持《红衣少女》,我的理解是,他在《乡音》里看到了落后的暮气,而《红衣少女》让他感到了希望的朝气,他肯定认为,这不只是形式上的问题。

在经历了大磨难以后,我爷爷仍然不改初衷地坚持,个性对于人是最重要的,性格即命运!

爷爷很不喜欢我在电影学院学来的论文体。我写过一篇评琼瑶言情剧的文章,发表在杂志上,我爷爷看了一个开头就给我扔出来了。他认为这种对西方理论食而不化的晦涩文风,注定不会让我走得很远。他希望我读好中文,扎实地研究历史,用最平实的笔法来叙述。同时,他也不断给我的电影热情泼冷水,他几乎没有灌输给我电影方面的观念,他认为,作为一个人综合教育的基础,电影的面太窄了,不足以支撑知识结构的全部。这些道理,在他离开以后,我开始愈发清晰了,最终还是回到了我爷爷希望我的,文史方面的研究和写作上来。

我写的有关我爷爷的第一篇稿子,是在他生前,不敢给他看,更不敢拿出来发表,爷爷很好奇,他背地里跟人打听,问:"她都写了我些什么……"后来,我将这篇文字里的素材,写进了《爷爷的四合院》。

我第一篇发表的写他的文章,是1995年他去世后的祭文《天上人间》。这是我写过的最难过的一篇稿子,我一边给他整理着年表,一边写,整个人的情绪都被悲痛埋葬了,等到文章在杂志上登出来了,感觉手握紧的拳头还没有松开。

就这样,一篇一篇地写,断断续续地写,写到今天,转眼已经过去二十多年了。这中间,我出版了三本本职专业研究的专著。

写的过程中,我没有多想,兴之所至的色彩更多一些,在写我爷爷的同时,也写了在他身边的,我接触过的、见过的人。不拘泥于文体,无主题或者是跳跃式主题。

感谢吴彬老师,一下子就拽出了一根红线:那一代文人的风貌。

黄永玉先生更是精彩!他欣然书写了我爷爷的那首诗,然后问我:"这首诗应该后面还有吧?"是的,这首被我爷爷称为"似诗非诗的东西共十四行"。

我爷爷一生只写过为数很少的几首诗,大概也就是三四首。这首诗有故事,是剧本《戏剧春秋》的"献词",写于1943年的重庆。

献给一个人,
献给一群人,
献给支撑着的,
献给倒下来的;
我们歌,
我们哭,
我们"春秋"我们的贤者。
天快亮,

> 我们颂赞我们的英雄。
> 已经走了一大段路了,
> 疲惫了的圣·克里斯托夫
> 回头来望了一眼背上的孩子,
> 啊,你这累人的
> 快要到来的明天!

写这首诗的那一年,我爷爷四十三岁,那是一个属于他的时代,所以字句里带着豪情和憧憬。

我爷爷这一辈子,是很辛苦的,也很艰难。他活了九十五岁,一生的好日子,早年的留日,从抗战到解放初,和晚年的劫后余生。相比他同时代的很多人,他还算是幸运的。

这首诗似乎有预言性,对他们那一代人。

"明天"到来了,但不会总是鲜花和掌声,依然会有大丈夫的血和泪。坎坷、罹难、苍凉、无奈……冷酷的命运将一次一次把他们抛向苦难的边缘。

而在这被放逐的过程中,他们最不缺的就是风骨。

献给他们……

(本文为作者所著《一个人和一群人》后记)

王　晔

马悦然先生的翻译课

第一次听见瑞典人说起马悦然先生，是多年前在隆德。侦探小说家维里·约瑟夫松知道我来自中国，立刻兴奋地打开了话匣子："我们的瑞典学院里坐着一位了不起的汉学家。记得他在电台节目提起过，到中国的商店买烟，中文发音若是不准，店员递来的也可能是盐呢。"我大笑，这个我懂！后来，我越来越多地发现，约瑟夫松的这份骄傲，很多瑞典文化人都有：我们的瑞典学院里坐着一位了不起的汉学家。

在瑞典南方过着缓慢日子的我，从未想过，有一天会去麻烦中部斯德哥尔摩的马悦然先生。

出于喜爱，我将瑞典小说《格拉斯医生》译成中文，也没觉得一定要成书，能分享给国内读者就很满足。于是，李玉瑶执行主编将译文登载于《外国文艺》杂志。限于杂志容量，刊出的自然是节译。不久，玉瑶突然来信，说可以出书，还发下军令状：争取获得马悦然先生的推荐。我只好硬着头皮把那一期《外国文艺》邮寄到斯德哥尔摩去。

马悦然先生的回复很快就到了："我非常高兴给你特别精彩的

译文写序。"中间是提出了几个问题的：表达被动时，不建议用"被"字，最好用"给"；一种烈酒并非白兰地，等等。信末，马悦然先生再次表扬，强调自己虽然指出了瑕疵，但都是些小问题，完全不影响阅读。不过译文的某行某段因节译而有漏，必须把全本给他。我原以为，年事已高的他在决定是否给我写序时，感受一下质量就足够了，哪里料到老先生会一字、一标点、一行、一段落地和瑞典文原文一一对照着看过去。

虽然，马悦然先生的回信在一开头已定下基调，给了我一颗大大的定心丸，但我读着邮件还是十分紧张，更准确地说，后怕——简直有点后悔。我真是无知无畏：学了些瑞典语便翻译一本瑞典经典名著；不谙翻译界规则，单凭一个圈外人对文本的理解；然后，将处女译作摆在一位前辈名家如炬的双眼下。

和马悦然先生的邮件联系就这样短短长长地开始了。他提过好几次："如果下一封邮件不再称我为马教授，我会很开心。""假如你再写马教授，那我就只好叫你王女士了。"——诸如此类。当代瑞典确实是不论男女、长幼、尊卑，一律直呼大名，以示平等和亲切。然而，对于一位前辈大学者，我还是采用了瑞典旧式习惯及中国习惯。我们中国人，哪里有对前辈和教授直呼其名的呢，那岂不是不懂礼数！我变得无所适从。后来，在斯德哥尔摩见到马悦然先生和他的夫人陈文芬女士时，我竟脱口而出："我其实不知怎么称呼您才好。"他俩都笑了，说是怎么称呼都行，或者悦然，或者老马，或者老爷爷。

马悦然先生时常自称"我这个老头儿"，他胃口很香，爱吃巧克力等零食；他是《唐顿庄园》里老奶奶 Maggie Smith 的粉丝；他爱看英国足球联赛；他听得出夜莺的歌声里也是有方言的。按说是一位老人，他咧开嘴一笑，那笑容却和一个有着婴儿肥的娃娃神似。从这个特别的"老头儿"的言谈和文字里，我发觉，人生百年宛如一瞬，从精神上说，不存在青年人和老年人的差别，而只有这一类人和那一类人的差别——有些人，二十岁就衰老了，而有些人，耄耋之年也和青年时代一样。

我和马悦然先生的联系集中于文学翻译。最让我不安的是，他在九十高龄还不顾眼疾审阅我的译稿《海姆素岛居民》。再后来，我便不敢再用长篇译文惊扰他老人家了，但那种翻译不放过一个标点的谨慎，那种仔细感受原文，再推敲中文的手法，我也尽力模仿。点点滴滴地，他给我寄来翻译理论文字；他直言不讳地点评过一些学界翻译案例，告诫我引为前车之鉴；他在我的译稿上加红色批注。从文学研究及写作与翻译的关系，从辞典选择到译本选择，从地名的音译和意译，到注释的写法等等，他给予我宏观和微观的谆谆教导，等于给我上了不可多得的翻译课。我后来又翻译了更多作品，本来无心于文学翻译的人，继续做了"纺织女工"，也是因为潜意识里多少觉得，不可辜负这样一位恩师的栽培。

然而，我们的话题也不限于翻译。马悦然先生曾学习日语，后来缺少使用环境，口语是忘了，但不妨碍他饶有兴味地翻阅日文书籍和辞典。所以，他喜欢和曾经留学日本的我谈日语语言和文学话题，比如生田春月或俳句。他也会在收到美国学者 Scott Minar 教授《关于马悦然教授的翻译艺术》一文后，兴之所至，在某一年的12月23日转发给我，分享"这一份收到的圣诞好礼物"。记忆尤其深刻的，是有一年夜深人静时，叮咚一声，电子邮箱里接到一封来自马悦然先生的信件。原来，那一天，他的夫人陈文芬女士因脸颊上一粒小囊肿刚刚动了手术。手术因种种缘故比预计的拖延了几小时。术后，夫人躺在病房里还未苏醒，他自己按医院规则，不得不在黑夜里独自回家——不能寐，内心被心疼和焦虑填满。次日知道手术结果，明白了实为虚惊一场。但等候结果的过程漫长，对于马悦然先生来说，实在是过于漫长了。

马悦然先生在语言学、文学和翻译上的成就无需我来赘述。他谈起中国和中国文学如数家珍，谈起他的老友新朋爱才惜才——这是我作为一个文学翻译后学的个人印象。对于一个人的看法，因为每一个人和他互动范围的不同，观察角度便不同，结论一定会有差异。然而，所有的人一定都看到了，马悦然先生对于中国及中国文化有无限的热爱。

谈起马悦然先生和中国文学，诺贝尔文学奖总是为人瞩目的话题。与"马悦然先生对于中文作家得奖所起的作用"这个或显狭窄和实用的关注点相比，我以为，他对于中国古典和现代文学的研究、译介和推广的意义应该更重大。由于瑞典学院保密原则等种种因素，获奖推动力之多少难以为外人所知，更难量化；不过，压力或可在一定程度上成为另类参照指标。中文作家获奖后，马悦然先生还来不及从欣喜中平静，便在瑞典和中国媒体及自媒体上遭遇了"秀才遇到兵"式的口水浇灌。有道是人言可畏。那时，我也曾劝高龄的马悦然先生"不必回应"，"可不能动真气"；他却轻描淡写：我不怕那些聒噪。马悦然先生似乎从不知老之已至——他不怕。他在九十三岁还翻译出《庄子》；三年前骨折，其后在医院屡进屡出，却还在去年的瑞典学院危机中主持了学院轮值主席的工作。我不了解他在学院的主张和个中曲折，不过，面对瑞典媒体，他始终以我口说我心，他的无畏和真实令人感佩。

马悦然先生在九十五岁高龄，坐在自家熟悉的椅子上驾鹤而去。也许这位南坡居士知道，不好让神交已久的辛弃疾等待太久，前去把酒欢谈的时辰已到。然而，这对于学界自是重大损失。马悦然先生在我们这个时空停留时，我们有时几乎习以为常；他走了，就是永远——世上再无马悦然先生，这一遗憾的结局无以改写。我们哀悼也无济于事，只能在此后的日子里，通过阅读马悦然先生的文字，想象他曾如何浓烈地活过，想象他波澜壮阔的传奇一生里有惊有险也妙趣横生的丰富细节。

杨　扬

天地间一个素雅的人

　　我从没想过，会为张可先生的文集作序。因为要为张可和王元化先生做百年诞辰纪念活动，作为分管责任人，我无法推卸。事实上，我到上海戏剧学院工作后，张可先生的相关材料一直是我留意关注的，可惜，能够找到的文字太少了。我向相关的老教师了解，获得的信息也是寥寥无几，大同小异。估计张可先生当年在上戏是很低调的。遗憾之余，我只能凭自己的印象，谈谈对张可先生的认识。

　　张可的名字是与王元化先生连在一起的。我第一次见她，是1984年下半年，因华东师大学生社团的事找王元化先生，那时我大学四年级。他们住在淮海路高安路附近的宣传部宿舍，她为我开门，问明情况后，对里面的王元化先生说，有人找你。印象中的张可先生，声音很轻，态度和蔼，动作缓慢，是一位慈祥雅洁的老人。1990年代后，我去王先生家多一些，每次去，总见她笑眯眯地站在一边，静静地听大家聊天，有时也会插上几句。遇到下午去，她会招待大家吃午茶和点心。记得有一次她招待大家吃饭，有烤鸭、大葱和大蒜之类东西。王先生兴致勃勃对大家说，生大蒜好。他一餐下来，吃了好几粒生大蒜。张可先生劝我们多吃一点烤鸭和别的菜。那是我印象中王先生、张可最开心的时刻,那种主宾之间谈笑风生、和谐相处的氛围感染着在座的每一位。后来,王先生住进衡山宾馆,张可也住进医院。再后来就是传来张可病逝的消息。我去看望王先生,但不知道怎么安慰他好。听说葬礼是在国际礼拜堂做的,因为她信教。我曾听我的导师钱谷融先生多次谈起张可,称赞她是真正的大家闺秀,对于身处逆境中的王元化先生不弃不离、始终相伴。

王元化先生谈张可的文字不多,收入他《思辨录》第374中,有他为余秋雨先生《长者》中涉及张可而写的一段文字。这是在余秋雨原稿基础上的修改。他最初的修改是:

张可心中似乎从来没有仇恨。我没有一次看见过她以疾言厉色的态度对人,也没有一次听见过她用一个重字眼说话,总是那样善良、柔和,待人总是那样宽厚。几十年来,我的坎坷生活给她带来无穷伤害,而她从未流露出丝毫的不满与抱怨。知识分子是很敏感的,只要一个眼神稍有表露,就能立刻感到,但在她的眼睛里,从来没有出现过这样的眼色。

王先生最后改定的文字是:

张可心里似乎不懂得恨。我没有一次看见过她以疾言厉色的态度待人,也没有一次听见过她用强烈的字眼说话,总是那样温良、谦和、宽厚。从反胡风到她得病前的二三十年漫长岁月里,我的坎坷命运给她带来无穷伤害,她

这无畏的行旅

都默默地忍受了。人受过屈辱后会变得敏感,对于任何一个不易察觉的埋怨眼神,一种稍稍表示不满的脸色,都会感应到。但她始终没有这种情绪的流露。这不是任何因丈夫牵连而遭受磨难的妻子都能做到的,因为她无法依靠思想和意志的力量来强制自然迸发的感情,只有听凭善良天性的指引才能臻于这种超凡绝尘之境。

上面这些文字可以看出王先生对张可为人处世的一种长时期的观察和真切细腻的体会。而对于张可先生作为知识女性和大学教师学识身份的认识,更多的,我们可以从王元化先生的《莎剧解读》的序跋中体会到。王先生说,"我倾心于莎剧,主要是受到张可的启发。"因为张可有过良好而全面的戏剧文学教育。她大学时代的老师中,有像孙大雨、李健吾那样的莎剧翻译家和戏剧评论家,张可自己的英文水平相当高,十八岁时,就翻译了奥尼尔的《早点前》。她还是暨南大学学生剧艺社的台柱,有过舞台表演的体验。所以,她对于莎士比亚戏剧的爱好与认同,有来自文学审美方面的,也有舞台表演方面的。张可还受到她哥哥满涛的影响。满涛是当时进步的知识分子,参加了地下党领导的文艺聚会和沙龙活动,他家还曾一度是进步文艺青年聚会的场所。1930年代,国难当头,社会问题剧和街头剧因直接关切到社会现实问题而深受推崇,张可参加了共产党领导的地下组织活动,对于很多党组织推动的负有实际政治斗争使命的戏剧形式,并不陌生的。但她的教育和成长背景,让她对包括莎士比亚在内的西方戏剧毫不排斥。她不仅不排斥,而且能够真正体会到其中的艺术妙处,享乐其中,丝毫不受到外界政治因素的影响。当与思想激进的王元化先生发生意见分歧时,她也不争执,"只是微笑着摇着头,说莎士比亚不比契诃夫逊色。"事实证明,张可对于莎剧的理解和判断是经得起时间考验的。随着岁月推移,包括王元化先生本人在内,逐渐体会到莎士比亚戏剧的深刻性和在人物塑造上的独特价值,不仅爱上了莎剧,还由衷地赞叹莎剧的永久魅力。此后,在他们人生的最困难时期以及人生的最后岁月,莎士比亚戏剧始终是他们关注和研究的对象。

张可先生性格随和,不做刻意为之、让人勉为其难的事。她与王元化先生是1948年结婚的,此后,有一段时间她过着家居生活,完全沉浸在家庭的幸福之中,没有出去工作,甚至连原来热衷于参加的政治活动也疏淡了。直至1949年上海解放后,在姜椿芳、夏衍等人的劝说和鼓励下,她才走出家庭,到新成立不久的上海戏剧学院任职,在表演系担任形体训练课的教师。但形体训练等基础课,对教师的体力要求比较高,张可身体羸弱,最终不得不离开表演系,到戏文系担任莎士比亚戏剧教学。十年动乱,张可、王元化一家的处境可以想见,那种受侮辱受损害的屈辱生活,给他们的晚年留下了深深的伤痛。"文革"结束后,张可先生病体缠身,已经无法再上讲台,最后,是在上戏《戏剧艺术》编辑部退休的。我阅读过张可先生1950、1960年代的相关材料和她在粉碎"四人帮"后向有关部门提交的申诉材料。读罢这些东西,或许不相关的人会为这样一位品质高雅的知识女性的坎坷人生感到惋惜,好像没有做到物尽其美,一个好端端的大学教师,一生之中,没有几个时间段为她提供发挥才能的舞台。对于我而言,尽管对张可先生了解不多,但仅有的一些接触中,还是让我感觉到她的那种艺术修养和善良品质,这不是靠后天学来的,而是自然天成。这样的人,从来都不与世争,她有她自己的是非观和爱憎情感,她只想做自己喜欢做,也愿意做的事。但这样的人,一生中的很长一段时间,都是在巨大的磨难中度过的。

张可先生要一百岁了,上海戏剧学院和上海人民出版社将为她和王元化先生组织纪念活动,邀请他们生前的朋友、学生,认识和不认识的,相聚一堂,感怀前人,共同追忆那逝去的美好时光。我想,此刻如果张可、王元化先生天上有知,一定会高兴的。

厉震林

吴贻弓与中国电影现代化运动

在中国电影史上,作为一个运动和思潮,俗称的"第四代"导演是存在时间最短的。当年,他们集体发表《北海宣言》,宣告一个代际开始,并以《苦恼人的笑》《生活的颤音》《小花》《城南旧事》等影片证实。五年之后,在呼啸闯入中国银幕的"第五代"冲击之下,"第四代"迅速瓦解,转化为个人行为。"第四代"是中国电影现代化运动的发轫者,但是,最终却自觉后卫了。

然而,就在这五年——在如此短暂的时间里,吴贻弓却已经完成了一个电影导演的形象塑造,在中国电影史上留下或婉约或浓烈或悲壮的一页,并最早为世界所接受,也为中国社会所熟知。

吴贻弓的幸运何在?因为在中国电影现代化运动中,他始终是一个先行者,一个儒雅、睿智和富于诗情的先行者形象,长长地投在中国电影的历史背影上。吴贻弓提出,现实主义发展必须与现代化相提并论,没有超前便没有进步。他的每部影片,都有既定的美学目标,充满前卫意识与理性自觉,既有可能是"现存审美范式"的舍弃,也有可能向"经典审美范式"致敬,或者开创"新的审美范式"。

但是,他又不一味地超前,而是合理的中庸,或是传统的完善。

他在创新与经典之间努力寻找着平衡,尽管这种平衡是十分艰难的。

他的电影,有极大成功的,也有票房庸常的;有成熟圆润的,也有跨度生涩的;有吸收广元的,也有坚守传统的。他是"第四代"的一个标本,蕴含有丰富的"第四代"人文内涵,反映了"第四代"的历史进步性和局限性——他们是改良派,而非"第五代"的革命;他们的电影如同春风徐来,比"第五代"意韵更加深远和隽永。吴贻弓是"第四代"的一个美学存在。

中国电影现代化运动所涉及的形式美学、纪实美学和影像美学三个阶段,吴贻弓均以适度超前的先行者姿态,或引领或深化或加魅,将个人的美学理想深深镶嵌其中。

他的第一部短片是《我们的小花猫》。当时的主体文化格局是"伤痕文学",他却是"小写",写了老人、小孩与一只小花猫之间的关系,回避了"文革"场景的"正写",以一种怅然若失的情绪,折射了时代的风云,飘荡着淡约的人性人情。与同时期其他导演比较,无疑技高一筹,且流露了一种个人风格。

与吴永刚联合导演的《巴山夜雨》,则进一步深化,一是将容易产生煽情效果的戏剧性桥段"虚写",而聚焦于内心的变化,或者灵魂的撞击,将人作为电影表现的中心,有着浓郁的人本主义精神;二是不像其他影片一样的"主题清晰",好人坏人一目了然,该影片主题含蓄深沉,他自己说"真正好的作品,它的主题思想并不那么容易用几句话来概括";三是散文化风格渐趋圆熟,已然可以发现《城南旧事》的端倪;四是吸收了若干形式美学的修辞手法。在当时的历史坐标中,《巴山夜雨》是一座美学的高峰,有创新有个性有发展。

纪实美学阶段,巴赞、克拉考尔的纪实理论在与中国导演的遇合、掩体和误读的关系中，已经产生了《沙鸥》《邻居》《见习律师》等较为典范的影片文本，但是，吴贻弓被惊为天作的《城南旧事》，在纪实美学初级阶段的基础之上，将纪实美学与中国传统的意象美学无缝融和，以离别作为情绪和情节的勾连中心，淡淡的哀愁，沉沉的相思，童年远去了远去了，比青涩含混的纪实美学大大推进一步，是一部标准的中国气派、风格和特色的模范影片。如果要说中国电影学派的话，《城南旧事》就是经典样本。

在张军钊、张艺谋、陈凯歌掀起的影像美学思潮之前，吴贻弓的《姐姐》已有最早的实践。应该说，吴贻弓是影像美学的肇始者。《姐姐》轻叙事，重影像，希望能够实现"象外之象"的美学效果。他自己说，"从时间上来说是1983年，还在《黄土地》《一个和八个》这些影片的前面，当时，我就想在对待电影的看法，对待怎样拍摄电影这些方面要创新、要探索，所以就采取了一个走得较远的做法"，"摒弃了情节性，摒弃了人物性格，人物都变成了符号，而着重地把如何叙述摆到了一个相当突出的地位"。该片在发行上虽然失利，在学术上却是弥足珍贵。

新时期文化史经历了从人到心理又到文化的三个发展阶段，吴贻弓的《阙里人家》已将触角探入中国文化深处，它是深邃的，也是微妙的，更是悖论的，这是两千多年的中国文化家族与近代、现代中国历史的纠缠和博弈。吴贻弓把它比喻成一个"打开的结"，启示观众如何驾驭历史责任和道德责任的平衡关系。

由此，也就确立了吴贻弓在中国电影史上的地位和方位。他是一个先行者，是中国散文电影的"国标者"，也是践行中国电影综合功能的实践者。

这里,有个人的充沛天分,也有开放时代的环境、教育背景的熏染和中国文化的滋润。吴贻弓是幸运的,能将自己对艺术的爱和感情播撒在改革开放的中国温暖土地上。

吴贻弓的电影历史,对于现今的我们依然是意味深长的启示:一是电影应是创新与传统的平衡把握,必须超前但又不能一味超前;二是需要防止浅薄的现实主义,电影不能回避社会属性和矛盾;三是工业化过程不是同质化过程,要闪烁着个性美学的光芒。

吴丽娱

东四二条胡同,我们共同的记忆

没有想到,赵珩在他的《二条十年》杀青之际,竟"钦定"我为他的这本回忆文集作序。

熟悉我们生活状况的朋友都知道,我俩虽然住在同一屋檐下,但在平日里的大多数时间中,都是对门而居,在各自的书房里忙忙碌碌,可谓各不相扰。专业、兴趣、爱好南辕北辙,写出来的东西不但内容大相径庭,也风格迥异。何况我不懂浪漫,让我为他的文集作序,岂非强人所难?但转念一想,我们毕竟是认识六十六年的"发小",共同生活将近四十五年的夫妻,青梅竹马,非虚论也。现在周围的人中,也许只有我对他的为人和过往是最熟悉的——我是他生活的见证和经历的一部分。而所有的一切之外,留存下来最宝贵的则是记忆。因为只有共同的回忆可以穿越时空,穿越年龄,伴随着我们的过去和未来,温暖着我们彼此的人生。想来这就是赵珩让我写序的原因罢。惟此,我最终接受了他的提议。

"二条"指的是北京东四二条胡同。二条七号是一座我熟悉的院落。四岁时第一次被母亲带到这里,对所见的一切充满了好奇。院子里的鸟语花香,杏树海棠,人来客往的热闹场景,还有那几只或炉边鼾卧或蹿上跳下的肥猫,都让我觉得新鲜。后来每次去,奶奶按例分发的糖果,还有赵伯母(我后来的婆婆)亲切的笑容,也都让我觉得欢喜和心安。而每次去都会见到那个神气活现、扛枪挎刀、嬉皮笑脸的小男孩。我至今还记得他摆在书房桌子上的小兵,和他拿来骗我,说是"从地下出土"的图章。记得他一会儿对我说:"我封你做黄袍公主吧!"不过一会儿,又和他那几个龇牙咧嘴的同伴一起嘲笑我说:"哈哈,我骗你的,什么黄袍公主,你是黄毛公主呀!"我还见过他的刀枪剑戟、斧钺钩叉,见过他的小人书和各色各样奇怪的小玩意儿……总之每次都有层出不穷的主意和玩法,还有一个小男孩想得出来的精致淘气,让我不知不觉就成了他诸般杂耍的看客。印象颇深的还有那些古色古香的家具和过道中他睡的窄窄的小床——"美人榻"。我后来怎么也想不明白,自己的人生怎么会和这张小床的主人搅在了一道呢!

　　从二条延伸出去,就是我们小时候共同生活过的街区——东四、猪市大街、王府井。他家住在二条,我家住在礼士胡同,都在东四,两家距离不过一站路。从礼士胡同,向西穿过报房胡同,再走不远就是我们共同的幼儿园和小学。这些旧址今天还在,而周边的环境有些我也非常熟悉,例如东四卖糕点和食品、冷饮的商店,还有电影院、高台阶的香蜡铺等等,还有上学必经的首都剧场。几乎每日都要驻足观看的那些剧照,从《骆驼祥子》《茶馆》《北京人》,到赵珩所说的"察文姬"(《蔡文姬》)、"怪客人"(《悭吝人》)无一漏过。当然还有王府井的东安市场和百货大楼。东安市场里昏黄的巷子和珠宝首饰、工艺制品的各色小柜台,让我觉得神秘,跑来跑去迷了路,辨不清子午卯酉。而那夹豆沙的糖葫芦、核桃糖和四角镶着山楂糕的豌豆黄是小时候的最爱,味道至今不忘!

赵珩的《二条十年》让我们回到了六十年前的世界,他所描绘的人和物都是那个时代的缩影,令我一下就想起了曾经熟悉的一切。只不过,我的回忆是零碎的、断续的,这本书关于生活场景和人物的描写却是有序的、相对完整的,带着昨天的气息、昨天的风情、昨天的味道,给了我们一个生动的、全方位的复原。像是炭笔的白描,照着所说的次序,也许就可以恢复那些鳞次栉比的店铺,熙熙攘攘的东四大街和隆福寺,还有北京的"香榭丽舍"王府井。至于人物也更是鲜活了起来。那些人物中,有我见过的,也有没见过的。但无论他们是否有过传奇人生,在彼时是顺应潮流还是被时代抛弃,是大人物还是小人物,他们的风貌、神态仿佛都重新出现在我眼前,我觉得赵珩写活了那个时代,也写活了那些人。虽然他们也许被今天的人们忽略甚至遗忘,但他们毕竟存在过,曾经是社会的一部分。从他们身上可以见出旧日生活的似水流年,但更重要的是,人们所不了解的、过去被诸多纪实文学作品极少予以关注的某些内容,也许在这部书中或多或少能有所体现。

赵珩小时候正像他自己说的,过着与我们其他小孩儿很不相同的生活。他的人生、他的教育,都在社会主流之外。对于一个文人来说,他的经历也许是最好的。人们会说能够写出这样的书来,都是由于他小时候相对自由的空间、复杂的人文环境,和他见人见事的丰富人生阅历。但我相信无论赵珩今天成功与否,没有一个父母敢于放任孩子这样进行自我教育,至少在我这一辈人中,赵珩是一个极为特殊的另类和例外。我觉得赵珩成就他自己,有两个原因。其一是赵家爸妈虽没有像今天的父母那样亦步亦趋地管束孩子,限制孩子,但他们给了早熟的赵珩方向性的指导，使赵珩自小就从潜移默化的言传身教中懂得什么是价值所在，什么是高尚的追求和情操。其次就是他所处的环境有着浓厚的文化氛围，无论是书本、唱片还是其他，乃至父母亲属、家中来客，都以其人生阅历、知识见地，给赵珩以影响。因此赵珩虽然好吃好玩，却没有变成纨绔，而利用得天独厚的自由，自觉地汲取营养，获得知识，追逐着自己的最爱。

我所了解的赵珩，是一个特立独行的人，是一个极具个人魅力的人，与他生活在一起我非常开心。赵珩性格上的一个特点是非常阳光，非常快乐，热爱生活，这一点也感染了周围的人。他追求每一个节日，在意每一件细微的小事，让我们的生活永远有滋有味。他会在春节给每一个房间门上贴上自撰的春联，并送给朋友们对联和福字。他会注意屋中每一个角落的布置，按节令买来装点房间的鲜花。他自己从不羡慕别人，更不嫉妒别人，从来真心真意地以为得到的就是最好的，绝不会为了没有得到什么而自寻烦恼，也不会在意别人都会追逐的东西，而永远按照自己本能的方式去生活。"言念君子，温其如玉"，我喜欢他待人接物的彬彬有礼和容止有度。虽然他花钱比较小气，又比较跋扈，喜欢支配和掌管我的生活，但他温和厚道，总体上对我的坏脾气相当宽容。所以我们在一起虽不免争吵，但总是快乐的。不懂的事情可以问他，随便一问就是滔滔不绝。我们之间也总是有得说，有得聊，曾经的生活是我们共同的财富。而越老，我们的生活就越丰富，越精彩，我们的追求也更单纯，更明确。

我们曾经不止一次地谈过这本书，这也是一本我最期望他写的书。我希望他能写出那段人们已在忘却的时光，那些曾经鲜活的人物，以及人们不了解的一种社会、一些场景，一代人文沧桑。现在看来，这个目的是达到了。赵珩能写此书除了他的个人阅历之外，更重要的一个条件是他的记忆力超群。他说过他写书的方式是"调胶片法"，就是写到什么，让记忆像电影胶片那样从脑子里跃然而出。这对我来说不可想象。因为我的记忆力最不行，所以我说他的长处是掌故学，而我的思维是逻辑型。逻辑追求的是历史发展的规律和成因，而掌故记录的却是人生的经验和最真实的历史。对于今天的人们来说，历史的记忆也许是最难得、最稀缺和最可贵的。

因此，尽管这本书很小，书中场景只是北京旧时生活的一小部分，书中的那些人在当时既非主流，写作的角度也并非完全从新旧社会触及个人生活的变化出发，但终究显露出了上世纪五六十年代社会的一个角落，带给今人所不了解的那些时代记忆，也会启发人们的无尽遐想。赵珩最喜欢、读得最多的一本书是北宋孟元老的《东京梦华录》，与之相配最直观的又有张择端的《清明上河图》，人们正是从这部书和图中了解北宋高度的社会文明和市民生活的繁华。我想赵珩今天的所为也是为曾经的北京历史留影和画图，假如引起了年轻一代的兴趣和对过往真实的追求，那么这本书就在某些方面留住了历史，也就体现了它的价值所在。

今年我和书的主人都已年逾古稀，我希望和他重温旧事，也希望和他再共度七十年。

张斯琦

忆王家熙先生

倏忽之间,著名京剧研究家、评论家王家熙先生已经离开我们整整五年了。这几年里,总想写一点东西纪念王先生,可每到下笔之时,记忆的阀门被打开,各种零落的片段便从四面八方向头脑中涌来,想写的太多,反而不知从何写起,我谨记下一些与先生交往的旧事,权作追思与纪念。

五年师友

初识王家熙先生,在2009年11月,那时我正在同济读大学二年级。余叔岩的外孙刘真先生,为纪念余叔岩一百二十周年诞辰,要出版一本名为《余叔岩与余派艺术》的书,特地由北京到上海来找资料。我协助他一起筹划这本书,经上海京剧院王涌石老师引荐,刘真老师带着我一起去拜访王家熙先生。虽然没有见过面,但我对王家熙这个名字并不陌生,当年只要买过上海出版的各种京剧音像制品的人,都会对唱词前面的导言或者赏鉴稿印象深刻,这些文字十有八九会署名——王家熙。进他家后,我特别惊讶,一则因为屋子里的书和资料太多,真的叫"坐拥书城";再则因为王先生的身体状况,比我想象的还不好。因为脊椎肿瘤手术的后遗症,他只能躺在床上,周围环绕着各种书籍。

与王家熙先生开始交谈,我刚进门时的印象马上变了。虽说身体活动不便,可他思维特别敏捷,说到京剧界一些新闻,语言幽默而犀利。最折服我的是他超凡的记忆力,提及京剧历史上某件事或者某个人物,他完全不假思索地把时间、地点、人物说出来。说到哪本书或哪张照片,他会告诉你,在书架第几排,第几本书,或在第几个抽屉里。谈话中,他不时地问我一些关于艺术的理解,还有对于一些人和事的看法,我后来才明白,王先生这是在面试。

说话之间,门铃响了,进来两个人,一介绍,原来是张荣奎的后人张华威老师,陪着刚刚从北京参加重阳节老艺术家演唱会归来的筱高雪樵,来看王先生。一番寒暄后,我和刘真老师告辞。临走之前,王先生问我,"你愿不愿意来帮我做些工作",我没多想,就答应了。他让我在床边台子上两摞高高的文件里,翻出一份打印稿《景荣庆花脸艺术简论》,带回去先看看,然后在他的电话本上写下我的地址与电话,便让我离开了。

大概过了两周,我接到王家熙先生的电话,问我之前的稿子看没看,是否有时间过去。我便跟他约了个下午,去帮他整理这篇文章。没想到这一开头,便是五年的光景。

很多朋友说我是王家熙先生的学生,可以说是,也可以说不是。说是,因为我确实得到王先生在治学上的太多教诲,他做学问的方法与原则,以及文风,乃至一言一行,事实上在潜移默化地影响着我,此外先生收藏的大量珍贵史料,给我帮助非常大;说不是,则因我跟王先生不是院校里的老师与学生,也没举行过什么正式缔结师生关系的仪式，倒更像忘年交一样的朋友关系。每当有人说我是他的学生，王先生总是谦虚地说"我们互为师友"，如此谦逊一直让我太不敢当，但这种超乎师生的友情，确实使我跟王先生的相处更加轻松，彼此更坦诚，没什么拘束与隔阂。

"老鼠掉米缸"

最初我并不了解家熙先生的工作风格，而且我还不知天高地厚地自诩文字水平不错，对他个别写法有异议。等真正协助他写作，我才知道什么叫严格，什么叫规范。一个字、一个词、一句话，几乎都经过他反复推敲，小到一个标点、一个空格，他都严格要求。因为他不便行动，每次写作均由他口述，我录入到电脑里，整篇写完，再读给他听，他再修改，有时索性把电脑放在他前胸，一点点细看。文章经过的打磨和拆洗自不必说，偶尔甚至会从头来过。每当这时，我就暗自感谢科学技术的进步，不用像以前的老先生那样手写笔录了。

直到王先生不在了，我慢慢咀嚼回想当时的点滴，才领会到这种过程何等难得，即使在大学里跟老师学习，也不见得有如此经历。写作过程中，我们时常会聊起很多跟京剧艺术有关的话题。他从不空谈理论，总会非常细致地给我剖析，某个演员哪一出戏好，哪一出戏不好，好在哪，不好在哪。还有录音版本问题，例如同是杨宝森《文昭关》，一共有哪些版本存世，每一个版本特点是什么。王先生研究视野广博，谭鑫培、余叔岩、杨小楼、"四大名旦"、筱翠花、前后"四大须生"、周信芳、金少山、郝寿臣、侯喜瑞、裘盛戎、俞振飞、袁世海，还有曲艺的刘宝全、白云鹏、骆玉笙、荣剑尘等等，这些艺术大师的存世资料,他几乎全都烂熟于心。当年上海人民广播电台三十余期京剧知识讲座,有多个重要专题由王家熙先生撰稿,影响力极大,是许多人的京剧启蒙教材,至今电台还在播放。这些基础性课题,开始学术界不一定重视,艺术界似乎也没有充分认识到价值所在。王先生把京剧作为一门学科去研究,是比较超前的,做起来自然十分辛苦。

认识王家熙先生不久,便是荀慧生一百一十周年诞辰。2010年1月《中国京剧》出了一期专刊,邀请多位荀派弟子和再传弟子写文章,相关演出、研讨活动也要不少文字资料。王先生是海内外公认的荀派研究大家,与童芷苓、赵燕侠、李玉茹、孙毓敏、刘长瑜、宋长荣等荀派弟子是至交,成立荀慧生艺术研究会,他担任秘书长,部分文字材料由他来写,或由他审定。记得那段时间我几乎跟加班一样,一周几次去帮他改稿子。像《中国京剧》所刊登李薇华、董金凤几位先生的回忆文章,便经过王先生润色。他细致到连三场演出的串场词都要修改,把每出戏的历史源流、艺术特色讲得清清楚楚。这个过程让我受益颇深,他把《红娘》《晴雯》《卓文君》《香罗带》《杜十娘》等荀派名作的特点都讲给我听,唱腔的精彩之处哼给我听。我回去再听荀慧生的录音,才发现自己以前对荀派理解得太粗浅,才知道荀慧生艺术上的惊人之处。有些人觉得王家熙先生推崇荀慧生是出于偏爱,实则不然,王先生对荀慧生与荀派艺术的研究评论,是基于整个京剧历史的视角做出的考量,这些著述完全经得起推敲,经得起历史的检验。

除了表演艺术,王先生还非常重视京剧史的研究。做历史的人总会有考据癖,有时文章写着写着,碰到一个拿不准的时间,我们要翻一下午资料,比写一篇东西时间还长。因为行动不便,他会让我去查一些史料,民国报纸、杂志等等,训练我逐渐掌握要领。像余叔岩"十八张半"中百代和高亭两期唱片的灌制时间,之前是写1920年和1926年,等查过上海《申报》和北京《顺天时报》,才发现这两期唱片均灌制于1925年。当年上海艺术研究所为编撰《中国戏曲志·上海卷》和《上海京剧志》,整理过一本《申报戏曲史料索引》,内部发行。实则这些副产品倒比正式出版的两种史志价值更大。王先生给我一本索引,查《申报》各种东西方便很多。十年前没有当下这么发达的民国史料数据库,只能去上图看影印本或者胶片。不久同济大学图书馆内网购进了一套《申报》影印本电子版,查阅起来方便一些。对于史料,从头到尾翻过一遍,和临时抱佛脚、用关键词在数据库里搜索,那真的是太不一样了。

  王家熙先生是位学者,也是位收藏家,俞振飞曾经说他"就以史料收藏之丰而论,海上无出其右者"。他在京剧史料的收藏上门类齐全,收藏老唱片是他从小的爱好,常常把家里给的早点钱省下来去买唱片;他重视京剧的影像文献,强调原版照片的重要性,保存了历代演员的大量剧照、生活照。一直帮他扫描、修复老照片的徐英鹏先生,是特级人像摄影技师,师从海上著名摄影师恽锡麟。徐先生也是老生名票,师从孙钧卿与范石人。对于修复、洗印照片,王先生的要求与文字一样高,稍微有点瑕疵就得重来,徐先生从来都是不厌其烦地修正。文字出版物数量更多,王先生收藏有完整的《十日戏剧》《半月戏剧》《戏剧旬刊》《戏剧月刊》以及半套《国剧画报》等各种民国戏剧出版物。那时这些史料很少见,我时常从中翻出一些少见的照片或者文章,王先生笑称我是"老鼠掉米缸"。

圆融与方正

时间长了,我跟王家熙先生的关系越来越亲近。即使没有文章要写,我每周至少去他家一次,帮他整理整理东西,聊聊天。时有重要客人来访,他会叫我来陪着一起招待。王先生虽然一直卧病在床,但他家里几乎是个信息中心,无论北京、天津、上海,京剧界发生的各种大事小情,他那儿多能第一时间得到信息。

王家熙先生交游广泛,从认识他直到去世,五年间他家里客人从没断过,许多京剧演员跟他是好朋友。他乐于帮助别人,收藏的各种录音、图片、文字史料,只要有人需要,他从不吝啬。还有很多荀派演员专程登门求教,我印象较深的是陈朝红女士两次登门,一次是纪念俞振飞一百一十周年诞辰,她要和王世民、金锡华两位合演《金玉奴》头场,特地带着彩排录像给王先生看,听取他的意见。第二次则是她要在戏校教《红娘》,特地到家里唱给王先生听,请他提意见。陈朝红女士是李玉茹先生的爱徒,《红娘》这出戏已经掌握得很准确,王先生还是严谨地一字一句修正,又放荀慧生的几种录音请她听。我既佩服王先生的水准,更佩服陈朝红女士的谦虚好学。直到去世前几周,还有叶蓬先生、艾美君女士带着学生贾劲松到家里,王先生跟他们探讨杨宝森杨派与京剧老生;翁思再老师带着裘继戎到访,王先生把自己收藏的裘盛戎照片拿给裘继戎看,又聊起一些对于裘派艺术的看法。

卧病十余年,王先生可能失去了一些得名获利的机会,却让他有了更多沉思的时间。他读大学时,接受的是苏联式的教育内容与方法,在戏剧表演理论上尤其尊崇斯坦尼斯拉夫斯基的学说,连京剧演员都要反复学习。晚年他在这个问题上做过很多思考,在多篇文章中强调,不能教条主义地把"斯坦尼体系"作为指导一切戏曲工作的理论基础,用以改造我们的舞台呈现方式。这个观点至今值得艺术界深思。

王家熙先生是天津人,出身于世代商业大家,小时候住在五大道的睦南道,条件优越,所以他从小看遍四大名旦、马谭张裘这些大师的演出。因为热爱京剧,本来能就读南开大学的他,选择进入上海戏剧学院戏剧文学系。即使经过那么多年的风风雨雨,王先生身上依旧保留着一种气度,从衣食住行到言谈举止、待人接物,都非常讲究。有时只是一句问候或者一个小礼品,也都保留着旧时人际交往的人情味儿。同时王先生对人的臧否与判断,自有他的准则。有些事最初我并不明白王先生的用意,甚至"暗笑他的迂"。现在才逐渐懂得,老一辈为人处世的圆融与方正,不是我们这些肤浅的毛头小子所能体会的。

竟教涕泪到遗编

王家熙先生卧病多年,师母朱立君老师悉心照料,使他身体状态比较稳定,精神状态很好,远远超过当初医生预判的生存期。

2011年7月,王先生中风过一次,原来能活动的手失去知觉,思维亦不如从前那么敏捷,有时下午去陪他聊天,说着话他就睡着了。王先生一生从事京剧研究,写过那么多文章,自己却没有一本专著。鉴于他的身体状况,大家都劝他赶紧把自己的文集整理出来,他也赞成。由于各种临时的事情,整理文集断断续续地从2013年才正式开工,选编的三十余篇文章,包括他早期京剧广播知识讲座的讲稿,及各种鉴赏、史论、评论文章。讲稿中缺少叶盛兰叶派和李多奎李派的专题文章，但以那时王先生的体力与脑力，已无法完成这样大块头的学术论文了。王先生一生最后一篇文章是写李玉茹的，题目叫"忆李玉茹"，明暗之间，有颇多反思的文字。

最后两年去先生家，写作已经很少，主要陪他聊天。他晚年极为重视记录与整理自己的家族历史，经常给在天津和北京的嫂子、表妹、堂弟等亲属打电话，询问关于家族成员的事，并且整理自己父母和祖母的照片。王先生少年时母亲便去世了，祖母对他格外疼爱。乳母也给了他一些缺失的母爱。为找一张他和乳母的合影，我花费几个下午，把他家里所有能存放照片的地方全翻过一遍，始终没有找到，他因此一直有些失落。

2014年春节，我回满洲里家中过年，有一天王先生打来电话，说华东师范大学哲学系有一位叫钟锦的老师去看他，聊得投机。未几我回到上海，赶上钟锦兄从西安归来，带了王君青先生送给王家熙先生的礼物要我转交。记得是在虹口足球场必胜客见面，我说起王家熙先生有本自己的文集没有出版，钟锦兄马上说他来想办法。

大概过了一个月不到，清明假期第一天，一早我忽然接到朱老师电话，说王家熙先生心脏病发作，送到八五医院抢救。我急急忙忙赶过去，王先生正戴着氧气罩躺在急救室里昏睡。几个小时后，王先生脱离危险，醒来说"我从来没有睡得这么好过"。钟锦兄闻讯与黄曙辉兄一起赶到医院探望。在病房里，他们很快与王先生商订出版事宜，几天后便签署出版合同，《王家熙戏剧论集》由上海中西书局出版。

和宝堂老师陪夫人到上海扫墓，听说王先生住院，也立刻到医院探望。见面时，护工正艰难地帮王先生翻身，结果他第一句话就说："宝堂，我跟你说，中国有个荀慧生。梅杨余三大贤之后，荀慧生的地位历史将会证明的。"和老师说："荀慧生不重要,我先帮你把身子翻过来吧!"当时有点哭笑不得,但后来和老师与我都觉得,王先生这句话是经过深思熟虑的,极有见地。他为自己的文集最后改定《荀学建构刍议》一文时,也加入了这句论断。

  文集序言请九十多岁的蒋星煜先生执笔。上海艺术研究所副所长曹凌燕老师带朱老师和我一起去拜访蒋老,蒋老兴致极高,第二天便写好序言,打电话叫我去取,并说这篇序写完,自己不再给别人写了。

  2014年6月12日晚上,王家熙先生因为感染性休克在八五医院去世。他是1940年10月生人,享寿七十四岁。

  在王家熙先生的追悼会上,钟锦兄献上挽联"正赖揄扬传绝唱,竟教涕泪到遗编"。信然,王家熙先生没能看到自己文集的出版,这是一个莫大的遗憾。《王家熙戏剧论集》最终由我来完成编纂。王先生去世六个月后的12月12日,由上海戏剧家协会、上海艺术研究所共同举办的"一位爱戏如生命的学者——著名京昆艺术研究家王家熙学术研讨会",在上海宾馆举行,王先生的文集就是在这次会上首发的。由于时间紧迫,加上我那时经验不足,书里出现很多不该出的错误。实话实说,至今我都不太敢把这本书从头到尾翻一遍,觉得很对不住王先生,希望日后这本书能够再版,给我一个改正的机会。

  王家熙先生有一篇文章《教忠教义 大雅大醇》,是为杨宝森《桑园寄子》写的赏鉴稿,刊登在《戏剧电影报》上。文中提起当年现场观摩杨宝森《桑园寄子》的感受,说"那情景依然还在我的眼前,夜里梦中也挥之不去"。如今我偶尔也会梦见王先生,而且我常会回忆起一个情景,那是某个下午,他坐在轮椅上,一缕阳光照着地板,我蹲在地上帮他找唱片,翻出来一张金少山、王芸芳、谭小培的《二进宫》,他一边微笑地看着唱片,一边轻声地哼着"哀家跪死在昭阳"。这样的时光,再也没有了。

刘庆邦

听林斤澜说汪曾祺

一转眼,林斤澜离开我们已经十年了。

四年前,我写过一篇文章:《北京作家终身成就奖,评浩然还是林斤澜》。文章里说到,那届终身成就奖的候选人有两个,浩然和林斤澜,二者只能选其一。史铁生、刘恒、曹文轩和我等十几个评委经过讨论和争论,最后以无记名投票方式,把奖评给了林斤澜。

北京有那么多成就卓著的老作家,能获奖不易。我知道林斤澜对这个奖是在意的,获奖之后我问他:林老,得了终身成就奖您是不是很高兴?话一出口,我就意识到问得有些笨,让林老不好回答。果然,林老哈哈哈地笑了起来。正笑着,他又突然严肃起来,说那当然,那当然。他不说他自己,却说开了评委,说你看哪个评委不是厉害角色呀!

林斤澜和汪曾祺被文学评论界并称为文坛双璧,一个是林璧,一个是汪璧。既然是双璧,其价值应当旗鼓相当,交相辉映。而实际情况不是这样。相比之下,汪璧一直在大放光彩,广受青睐。林璧似乎有些暗淡,较少被人提及。或者说汪曾祺生前身后都很热闹,自称为"汪迷"和"汪粉"的读者不计其数。林斤澜生前身后都是寂寞的,反正我从没听说过一个"林迷"和"林粉"。

这怨不得别人,要怨的话只能怨林斤澜自己,谁让他的小说写得那么难懂呢!且不说别人了,林斤澜的一些小说,比如矮凳桥系列,连汪曾祺都说:"我觉得不大看得明白,也没有读出好来。"因为要参加林斤澜的作品讨论会,汪曾祺只好下决心,推开别的事,集中精力,读林斤澜的小说,一连读了四天。"读到第四天,我好像有点明白了,而且也读出好来了。"像汪曾祺这样通今博古、极其灵透的人,读林斤澜的小说都如此费劲,一般的读者只能望而却步。任何文本只有通过阅读才能实现其价值,读者读不懂,不愿读,价值就无法实现。关于"不懂"这个问题一直困扰着林斤澜,他好像也为此有些苦恼。他说:汪曾祺的小说那么多读者,我的小说人家怎么说看不懂呢!有一次林斤澜参加我的作品讨论会,他在会上也说过类似的话,他说:庆邦的小说有那么多读者喜欢,让人羡慕。我的小说,哎呀,他们老是说看不懂,真没办法!

林斤澜知道自己的小说难懂,而且知道现在的读者普遍缺乏阅读耐心,他会不会做出妥协,就和一下读者,把小说写得易懂一些呢?不会的,要是那样的话,林斤澜就不是林斤澜了,他我行我素,该怎么写还怎么写。关于"不懂",林斤澜与市文联某领导有过一段颇有意思的对话,他把这段对话写在《林斤澜小说经典》的序言里了。领导:"我看了你几篇东西,不大懂。总要先叫人懂才好吧。"林:"我自己也不大懂,怎么好叫人懂。"领导:"自己也不懂,写它干什么!"林:"自己也懂了,写它干什么!"听听,在这种让人费解的对话里,就可以听出林斤澜的执拗。有朋友悄悄对我说,林斤澜的小说写得难懂是故意为之,他就是在人为设置阅读障碍。这样的说法让我吃惊不小，又要写，写了又让人摸不着头脑，这是何苦呢！后来看到冰心先生对林斤澜小说的评价，说林斤澜的小说是"努力出棱，有心作杰"，话里似乎也有这个意思，说林斤澜是在有意追求曲高和杰出。

　　静下心来，结合自己的创作想一想，我想到了，要把小说写得好懂是容易的，要把小说写得难懂就难了。换句话说，把小说写得难懂是一种本事，是一种特殊的才能，不是谁想写得难懂就能做到。如愚之辈，我也想把小说写得不那么好懂一些呢！可是不行，读者一看我的小说就懂了，我想藏点什么都藏不住。在文艺创作方面，恩格斯有一句名言："对于艺术品来说，作者的倾向越隐蔽则越好。"对于这一点，很多作家都做不到，连林斤澜的好朋友汪曾祺都做不到，林斤澜却做到了。他在中国文坛的独树一帜就在这里。

　　林斤澜老师的女儿在北京郊区密云为林老买了一套房子，我也在密云买了一套房子，我们住在同一个小区。有一段时间，我几乎每天早上陪林老去密云水库边散步，林老跟我说的话就多一些。林老说，他的小说还是有人懂的。他随口跟我说了几个人，我记得有茅盾、孙犁、王蒙、从维熙、刘心武、孙郁等。他说茅盾在当《人民文学》主编时，主张多发他的小说，发了一篇又一篇，就把他发成了一个作家。孙犁先生对他的评论是："我深切感到，斤澜是一位严肃的作家，他是真正有所探索，有所主张，有所向往的。他的门口，没有多少吹鼓手，也没有那么多轿夫吧。他的作品，如果放在大观园，他不是怡红院，更不是梨香院，而是栊翠庵，有点冷冷清清的味道，但这里确确实实储藏了不少真正的艺术品。"林老提到的几位作家，对林斤澜的人品和作品都有中肯的评价，这里就不再一一引述了。林老的意思是，对他的作品懂了就好，懂了不一定非要说出来，说出来不见得就好。林老还认为,知音是难求的,几乎是命定的。该是你的知音,心灵一定会相遇。不该是你的知音,怎么求都是无用的。

林斤澜跟我说得最多的是汪曾祺。林斤澜认为汪曾祺的名气过于大了,大过了他的创作实绩。汪曾祺是沈从文的学生,沈从文对汪曾祺是看好的。但汪曾祺的创作远远没有达到沈从文的创作成就和创作水准,无论是数量,还是质量,与沈从文相比都不可同日而语。沈从文除了写有大量的短篇小说、散文和文论,还写有中篇小说《边城》和长篇小说《长河》。而汪曾祺只写有少量的短篇小说和散文,没写过中篇小说,亦自称"不知长篇小说为何物"。沈从文的创作内涵是丰富的,复杂的,深刻的。拿对人性的挖掘来说,沈从文既写了人性的善,还写了人性的恶。而汪曾祺的创作内涵要简单得多,也浅显得多,对人性的多面性缺少深入的挖掘。汪曾祺的小说读起来和谐是和谐了,美是美了,但对现实生活缺乏反思、质疑和批判,有"把玩"心态,显得过于闲适。有些年轻作者一味模仿汪曾祺的写法,不见得是什么好事。林斤澜对我说,其实汪曾祺并不喜欢年轻人跟着他的路子走,说如果年纪轻轻就写得这么冲淡,平和,到老了还怎么写!林老这么说,让我想起在1996年底的第五次作家代表大会上,当林老把我介绍给汪老时,汪老上来就对我说:"你就按《走窑汉》的路子走,我看挺好。"

林斤澜分析了汪曾祺之所以写得少,后来甚至难以为继的原因,是因为汪曾祺受到了散文化小说的局限,说他是得于散文化,也失于散文化。说他得于散文化,是他写得比较散淡,自由,诗化,达到了一种"苦心经营"的随意境界。说他失于散文化呢,是因为散文写作的资源有限,散文化小说的资源同样有限。小说是想象的产物,其本质是虚构。不能说汪曾祺的散文化小说里没有想象和虚构的成分,但他的小说一般来说都有真实的情节、细节和人物作底子,没有真实的底子作依托,他的小说飞起来就难了,只能就近就地取材,越写越实。林斤澜举了一个例子,说汪曾祺晚年写过一个很短的小说《小芳》,小说所写的安徽保姆的故事,就是以他家的保姆为原型而写。从内容上看,已基本上不是小说,而是散文。小说写出后,不用别人说,汪曾祺的孩子看了就很不满意,说写的什么呀,一点儿灵气都没有,不要拿出去发表。孩子这样说是爱护"老头儿"的意思。可汪曾祺听了孩子的话有些生气,他说他就是故意这样写。汪曾祺的名气在那里摆着,他的这篇小说不仅在《中国作家》杂志发表了,还得了年度奖呢。

林斤澜最有不同看法的,是汪曾祺对一些《聊斋志异》故事的改写。林斤澜的话说得有些激烈,他说汪曾祺没什么可写了,就炒人家蒲松龄的冷饭。没什么可写的,不写就是了。改写人家的东西,只是变变语言而已,说是"聊斋新义",又变不出什么新意来,有什么意思呢!这样的重写,换了另外一个人,杂志是不会采用的。因为是汪曾祺写的,《北京文学》和《上海文学》都发表过。这对刊物的版面和读者的时间都是一种浪费。

另外,林斤澜对汪曾祺的处世哲学和处世态度也不太认同。汪曾祺说自己是"逆来顺受,随遇而安"。林斤澜说自己可能修炼不够,汪曾祺能做到的,他做不到。逆来了,他也知道反抗不过,但他不愿顺受,只能是无奈。随遇他也做不到而安,也只能是无奈。无奈复无奈,他说人生本来就是一场无奈嘛,既无奈生,也无奈死。

林斤澜愿意承认我是他的学生,他对我多有栽培和提携。我也愿意承认他是我的恩师,他多次评论过我的小说,还为我的短篇小说集写过序。但实在说来,我并不是一个好学生,因为我不爱读他的小说。他至少给我签名送过两本他的小说集,我看了三几篇就不再看了。我认为他的小说写得过于雕,过于琢,过于紧,过于硬,理性大于感性,批判大于审美,风骨大于风情,不够放松,不够自由,也不够自然。我不隐瞒我的观点,当着林斤澜的面,我就说过我不喜欢读他的小说,读起来太吃力。我见林斤澜似乎有些沉默,我又说我喜欢读他的文论。林斤澜这才说:可以理解。

同样是当着林斤澜的面,我说我喜欢读汪曾祺的小说。汪曾祺送给我的小说集,上面写的是"庆邦兄指正",我读得津津有味,一篇不落。因汪曾祺的小说写得太少,不够读,我就往上追溯,读沈从文的作品。我买了沈从文的文集,一本一本反复研读,从中学到了很多东西。有人问我,最爱读哪些中国作家的作品?我说第一是曹雪芹,第二是沈从文。

辑三

芳菲

这无畏的行旅
——读黄永玉"无愁河·八年"札记

十年定聚

约在2012年深冬,去北京万荷堂看望黄永玉先生。厅里有了要过年的气氛,鲜花瓜果点缀着老屋的浓醇,略意外的是墙上以往挂主人画作或摄影的地方换了一幅唐卡,精美庄严。询之,黄先生说是不久前两位画唐卡的西藏喇嘛来拜访时送的,他也送了一幅自己的画为回礼。接着黄先生称扬了唐卡的绘制过程:从绘制一幅唐卡开始,画师便关在一个光从顶入的房间内,直到结束;没有窗,看不到外面,听不到外面,生活所需皆由人精心准备送来,最大程度保证绘画过程中的眼根清净,耳根清净,意根清净。

收到人民文学出版社刚出版的《无愁河的浪荡汉子》第二部《八年》四卷本,想起这件往事。了解唐卡的绘制过程,可助人理解唐卡,离开了"无愁河"的写作过程来谈"无愁河",也许也不圆满。

2008年前后,黄先生手里有两个写作于十多年前而没有完成的作品——自传小说《无愁河的浪荡汉子》与虚构小说《大胖子张老闷儿列传》，两文均写到近二十万字。《收获》杂志主编李小林以对这两部作品的判断，愿意提供版面连载，以促成作品的写作完成，而到底写哪一部，由黄先生自己定。

偶听黄先生的女儿黑妮说起，当时她真希望他选《大胖子张老闷儿》，没想到选了《无愁河》。我很惊讶："你希望他选'张老闷儿'？为什么？""那相对来说要简单得多，能看到头，写《无愁河》，什么时候是个头？"

我知道也有很多人期待黄先生写"张老闷儿"，想看老人家怎么处理那样一个特殊的历史时期，但黑妮认为这个相对简单。

黑妮了解的难易，黄先生本人能不了解？就是说，当时八十五岁的黄永玉，在难易挑战之外，一定有更重要强大的原因，让他做出这个选择。

十年了，黄永玉从八十五岁写到了九十五岁，刊载"无愁河"的《收获》大约也创了世界上文学作品连载的纪录，对读者而言，则是目睹了一场持续十年之久的"现场写作"。写作过程中不会没有改动，但发表后则没有大的调整和改动。2018年11月《收获》中写到抗战惨胜，2019年2月人民文学出版社"八年"便结集出版。完整读下来，如展长卷，以往两个月一期的内容在这里成为一体，笔笔对头，没有连载写作的紧张与断痕，调度安排婉转从容，以生命不急不促的成长为内在节奏。想起2016年在宜兴，黄先生在紫砂壶上画水浒人物，不颤不抖在弧形壶身上一笔画出林冲的长枪，腼腆满意地一笑。

黄永玉实际上并没有一间"光从顶入"的画室，他须自己在红尘中维护经营这定聚。

"我忙得要死,为画展,为无愁河。刚喘完口气,说声下期又到,马上又乖乖坐到桌子边上来。现在想起来,老年找到的这份工作原来是个冤家,将伴随老夫最后一口气。"

"我对你说过我是泡在辛酸里的石头吗?一定说过。其实我在吹牛,我做不了石头,我越来越觉得不够格做石头,要不是为了'无愁河',我早就是褐色粉末了。像是个绝望无告的穷妈对儿子说:都是为了你,我才活下来。"

"本月廿九日我要去意大利住个把月。顺便参加一个'塞纳河到翡冷翠'意文版的发布会。朋友说我因之可得到些休息,你信吗?我能不继续写'无愁河'吗?不写,回来的后果岂不恐怖?"

……

有时候黄先生会在给朋友的信中叫两声苦,释放一下紧张。

一天扣一天,没有任何逃遁的可能。

伟大的天才都是伟大的劳作者,赞叹。君子无逸,民生在勤,赞叹。

完成后的"八年",呈现出一种感人的单纯,它的繁昳与浩瀚,与内在的简洁凝练为一体,汗漫与广阔,与敏捷准确的表达为一体;可观可闻,笔端控制力强,这是黄永玉文字绘就的千里江山图。

第一部《朱雀城》三卷,连载日期:2009,2010,2011,2012;出版日期:2013年8月;

第二部《八年》四卷,写作日期:2013,2014,2015,2016,2017,

2018；出版日期：2019年2月。

"无愁河"，这是寿者言，是穿越苦难、备受磨砺的不死人言；过去心与未来心，都凝聚为当下言，中锋笔。如此贵重，时代，要静心听。

愿力成就

《无量寿经》里有一段话：

> 佛为众弟子广说极乐世界种种光明庄严，阿难问："若彼国土无须弥山，其四天王天及忉利天，依何而住？"佛告阿难："夜摩、兜率，乃至色，无色界，一切诸天，依何而住？"
>
> 阿难白言："不可思议业力所致。"佛语阿难："不思议业，汝可知耶？汝身果报，不可思议，众生业报，亦不可思议。众生善根，不可思议，诸佛圣力，诸佛世界，亦不可思议。"

抛开一些佛家名相，这段话也许可以借用来对文学艺术作品做一个简洁的判断。文学作品也可看作是作者创造的一个小世界，这世界的性质也可分两类，一种是业力世界，一种是愿力世界。业力世界来自业，也造成新的业，世世流转不得解脱；愿力世界则不再产生新的恶，一切业力已被打扫。

贯穿"无愁河"写作的，确是愿力了，是爱与感恩。

虽说是自传，但"我"只是一个线索，以此去呈现一个世界。"朱雀城"是故乡世界，凤凰一地的自然之美、人情之美，"八年"面向更广阔的世界。如果说"朱雀城"以对故乡浓重的爱而成就,"八年"则侧重"感恩",感激人生旅途中所有对生命施与恩惠的人与事。这部愿力成就的书,让人见识罕见强度的爱与感恩,在经历近一个世纪的消耗后,以奇迹般没有被损害的气质,诚恳展露。

并且,这哪里仅仅是依个人得失利弊来的感恩呢?

2011年在绍兴聊天,黄先生说:"这两年我都在想一个问题,我在看《礼记》。我一直在想,那个世界是怎么做到的,周朝八百年,不短啊。孔子'克己复礼'那个'礼'是什么?可不是'礼貌'。应该是各安其职,各安其性。姜太公也是聘任制,不干了可以挂冠而去……应该让每个人做自己的事。"

"无愁河"里的世界,是现实的白描的世界,但带着理想气质与温暖人心的情愫。"八年"一多半时间在福建,这个"海滨邹鲁",正在打开对外交流的大门。作者的记叙中,除了对个人生活的纪念,更有对一个理想社会的探索与思考,一种对人与人美善关系的打捞。让每个人做自己,做自己的事,说起来简单,这里有深刻的人性宽容与文化宽容。想到吗,在一个流浪儿的战乱记忆中,含藏这样的深情与抱负。真是无畏的行旅啊!

与世人彼此相知

"现时若有大事可做,我想就是从事于对这时代的反省,使我与世人能彼此相知,使历史的三世十方皆能生于一个现前,以此开出新的礼乐之世。但此绝非学究所能。"(胡兰成战后致唐君毅信)胡大节有亏,这句话却有几层好,一,点出眼前时代的"一大事"是反省;另一好是讲反省的目的,不是人们常说的知对错,懂进退,吸取经验

出发(黄永玉画)

教训,而是"使我与世人能彼此相知,使历史的三世十方皆能生于一个现前"。这是要安顿人心,是很高的、文明成就的境界了。

时代中本就有隔膜(如"我"与闰土),变化迅速的时代又造成隔膜,反映时代的艺术造成新的隔膜,人心与人心,便束缚于这精神的栅栏与围墙里,如在牢狱中了。"无愁河"不隔。"朱雀城"是一处地点,"八年"是一个历史时间,可哪里又局限于那一时一地?突破局限的是人,里面都是与你我一样的人,在最朴素的意义上,经历,感受,成长。

花了差不多一周读《八年》(读过连载,这该叫重读),每天两三个小时,有时会在晚饭时跟家人分享一些书中的人物故事、隽言妙语,有一天,什么也没有讲,却一个人噙泪独坐半晌。超越生死的印象震撼人,一个个少年伙伴、七八十年前的人,在作者温暖的记忆、浓郁的人情与生动的记叙中复活了,如解甲归田,卸去了种种岁月生死的束缚,一个个自在地走在道路与原野上,我"见"到了他们。

十二岁,出洞庭,过九江,南昌、安庆、宁国,从上海乘船到厦门;福建六年,厦门、安溪、泉州、德化、永春、仙游、莆田、长乐、福州;求学、求知,交友、成长;国家在打仗,还轮不到他上战场,但与百姓一起经历炮火与逃难,再离开福建去江西……

长旅中相遇的百业千态,一万个人,一万种形貌,各有各的个性,完全不变形,作者没有企图去改变他们,要求他们,不用自己的好恶或历史"进步"的名义去判断,只是温和地爱着,真实地爱着。

"猫走了,笑还在"。人没有了,神与趣还在。

十六七岁的漂亮女孩子陈馨,坐定之后,皱着浓眉头横扫序子一眼:"画像一点!啊!听见吗?"

天天早上背着老娘出来散步的七十一岁的秦先生，看水，看山，看云，"年轻人，你想帮我的忙，可惜你不懂，她是我的娘，她只要我背不要你背……遇见你，让我想起《诗经》里的《凯风》。"

……

不止于"见到"，"相知"还有一层"彼此照见"的意思。我不仅看见了作品中的他们，阅读作品的"我"也慢慢被照见。我感受到洗涤与回归，人与人的素面相见，天地万物以本来的样子诚实可亲地现于眼前。打开，完全的打开……这是写作者破了时空局限，与生命诚实相对而成就的了。

于此中见天地，见大人，见众生。

心智之书，情感之书

有困惑于为当下中国少年选择怎样的"心智之书""情感之书"的吗，选"无愁河"吧。

"他两岁多，坐在窗台上。"

开了三卷的"朱雀城"。

"冇是我要来的；是妈叫我来的……"序子一边哭一边说。

开了四卷本的"八年"。

在"朱雀城"中，学习"用志不分，乃凝于神"，将生命于故乡天地中扎根；在"八年"中，学习少年的出发，在对他乡与世界的探索中，怎么长知识，长鉴别力。

集美的一个留级生，平时都干什么呢，读书，泡图书馆，爱老师，爱同学，和校工交朋友（十九路军的老袍泽，"被辜负的义军"，难以回乡的外省人，和序子一样独在异乡为异客），学乐器，画画，自学木刻……

这无畏的行旅　　**116**

序子的留级，问题不是出在厌学，是好学，他要自由地学习。国文课太简单，英语代数太难，他不觉得有委屈自己去学的必要。人和人的不同是天生的，有必要都弄成一个模样吗？人和人比是为哪样？

在自由阅读中形成自己的脑子，对世界的看法。佻皮的人不少，但一边读书一边佻皮的人不多。所以他不拘一格的个性，得到长辈"守正"的评价。流浪的路上也背着书，凭这读过的书，一路都交到朋友。有人整理过"八年"中黄永玉读书的书单，我就不抄了。学这个、学那个，一辈子就定死了，没有转弯余地，改行等于一贫如洗。序子不希望落得如此下场。虽然动植物考试的分数不高，心里头就是喜欢。他说："不是为了做科学家的喜欢，是做一个人的喜欢。等于喜欢这个'全世界'。在学校读书就是学一些如何喜欢'全世界'的本领。"

> 我怎么会不喜欢书呢？我只是不喜欢禁锢。学校是靠规矩打分的。他们不清楚我在图书馆得的益处也是学校的恩泽。
>
> 天下无不是的书。书，都好，看你如何看！

世人晓得讲卫生，保持身体健康，不过是筋骨的锻炼，经得起人生折磨煎熬的训练，怎么来？

记住了王伯的话，"心肠要软，骨头要硬。一辈子，靠自己的骨头长肉。"也有好朋友垂怜他，说知心话，"这么远出来，要忍住啊，要经得起忍。"还有，读各种书，接触不同的人，多角度地锻炼自己。

集美到底是有气度的地方,这个留级生画了一张好画,屈原,展出了:

  一个戴八千度酒瓶底眼镜的高中同学,在画前认真地闻了一分钟,又走到序子面前对胸脯闻了一分钟:"我告诉你,你不要和别人讲,你是个天才!你留一百次级也不怕!你记住我这些话,是我讲的,不是别个讲的……"走了几步又回头说,"记住,我叫沈延奎!"
  你成熟了,你是属于成熟这一边的。我们这种人都比较孤立。孤立的成熟,在落后群体眼中显得突出的幼稚。这时刻是个紧要关头,千万不要懈怠,要打起精神。

有了心智,再谈情感。人在世界上,需要的情感是很多的。现在一说情就是男女之情,男女之情又成爱欲之情,局面越来越窄。"八年"里有很多情感,很重要的一块是师生情(一辈子的神圣,终生供奉的牌位),个个不一样的老师,被这个留级生爱着;再有就是同龄人之间,男孩们的友情,集美的尤贤、蔡金火、林振成,战地服务团的颜渊深,泉州的蔡良、傅升、傅斗、吴长庚,还有比自己小的西鼎、理得……天地君亲师,仁义礼智信,都不抽象,样样真实不虚,无数生动的细节、相貌充实其间,有温度的谈笑音声,嘈嘈切切,形成悠远广泛的交响。

并非都是甜。就说尤贤和蔡金火吧,两个集美时期的密友,各有各的好笑,他们还互相讨厌,"他的眼睛,他的眉毛,他的嗓门,我无一不讨厌。世界就那么怪,如果世界真有末日到来那天,我又相信只有他这个讨厌的人不会背弃我们"。就是这样成长!

女孩子也有几种,年长的洪金匋,黄永玉有一个比喻:"她是序子胸中第一棵带着阳光的、高高的白杨树。每个少年一生都有无数这样温暖的白杨树伴他们长大。"宾菲也年长,但是另一种,她少有的美,让序子闪电似的觉醒,"人遇到美,有时是爱,有时是肃穆恭敬。序子一点也不喜欢任何人冒犯这种境界"。陈馨漂亮得像春天,活泼自信,和序子其实像一对金童玉女,但序子心里知道:我还养不起她,她跟着我会受苦……

战地服务团是抗战时期的一个特殊机构,文化人参与进来,宣传、带动老百姓抗日,成了那一时期很多失学有志青年的流动大学,"跟老百姓长相厮守的日子,紧紧把握住泥土气……"里面一群青年男女,大家朝朝暮暮在一起,加上有个好的领路人,像个大家庭。

"无愁河"在"朱雀城"时,就让我想到过《红楼梦》,因为都是少有的以这样的规模描写中国人日常生活的作品(古典四大名著中只有《红楼梦》是描写日常生活),但两相比较,"红楼"中的日常是残缺的,没有生产性内容,它也是伤感的,"无愁河"呢,则是生生不息、不垢不净的生产劳动与创造。没想到在"八年"中,黄先生借序子之口,自己讲到《红楼梦》了。讲《红楼梦》中的感情。十六七岁的序子,是这样说的:

"《红楼梦》里面那位宝贝少爷贾宝玉如果活到现在,碰到他我可能要弄他一下。他是颗老鼠屎,放在哪里都是祸害,都是负担,都是厌物。尤其对女孩子伤害性大。女孩子们,我特别提这个'们'字,女孩子们心头那根线全让他一个人提着。干吗呀他？凭什么呀？"

"大家说曹雪芹这部书写得好，精、美、细，有本事。不过我总觉得那一圈女孩子太像龚定庵《病梅馆记》中那些梅花树了。虽各有姿态，却是扭曲万分，'文人画士之祸之烈至此哉！'……我不喜欢对女孩子用这种态度。我不喜欢世界是那样的！"

"就那么一窝人，好吃懒做，为一句话、一件小事，怄半天气，鼻涕眼泪闹成一团。一群老小女人围着一个少爷团团转……"

"我不喜欢对女孩子用这种态度。我不喜欢世界是那样的！"——若世界有一张关于《红楼梦》的意见圆桌，我倒希望这意见能占据一角，与种种耽溺赞美的话在一起，呈现于读者面前，是能启人心智的。有学问的人有时很幼稚。序子说。

有辨别力，心胸开阔，情感充分发育，又各安其分。少年，该如此为未来做准备，储存知识、眼光、勇气、诚意，还有幽默与佻皮，不然，怎么应对人世，况还有可能扑上来扼住人脖子的恶？

"做一个中国人首先要活得端正，头脑清楚。"

书后有真人

福建的生活，黄永玉早年有两篇文章涉及过，一记集美中学的李尚大，一记与弘一法师的奇缘。看"八年"的时候存了期待，看他怎么再写这两个人，会写得更好，更差？还是直接抄进去？意外的是，李尚大的故事略写了,而弘一法师,展开详写,比原来的又上一台阶。

不止见一面,见了三面,撒泼,谈艺,深鞠躬,唱歌……弘一收摄人心、静静的感化之力,少年的惭愧心,黄永玉写得好:"他眼前是一条蛇,要当着老和尚的面把前些天和今天所作所为像一层皮那样蜕去。最好蜕得干干净净。"插图也好,一个少年手持玉兰跟在弘一背后走,两个背影,庄严与谦恭,序子连脚跟都是柔顺的。九十多岁的黄先生,写到这一段,竟是低到尘埃里。

这部自传性小说,里面多是真人。李尚大是真的(现是印尼富商,还是哈哈笑的大胖子),弘一是真的,张乐平、李桦、陈庭诗是真的,蒋经国也是真的……无数泯灭在时间长河中的人,也是真的。

> 它们是真的歌!要不然,七十多年了,我这段老木头怎么还能一字不漏地唱它呢?

这是一部书后有真人的书。是,不仅是书中,还有书后。

"朱雀城"十二年,相应陈渠珍的湘西自治,这个对沈从文有终生人格影响、让黄永玉永难忘怀的陈渠珍,是"朱雀城"背后的那个真人(参见拙作《你是谁,你来自哪里?》,收入《沿着无愁河到凤凰》,中信出版社2015年版)。"八年"呢,我以为后面也有一个真人,那就是陈嘉庚。

创建集美学校的陈嘉庚,被师生恭称"校主"。在安溪看过一次纪念集美内迁展,有一张师生为建校三十周年、"校主"七十寿辰举办庆贺大会的集体照,那是1943年,陈嘉庚因积极组织南侨抗日,遭日军定点搜捕、轰炸,化装隐身潜逃,之后有年未有音讯,日军宣布陈已死亡。就是在这样的情况下，集美师生坚信校主还活着，为他贺寿。这是怎样的信与爱。

他为家乡创办的集美学校，外乡人张序子在里面读了三年，虽然年年留级，但留下彩色的梦，终生的爱。《八年》上卷五十万字，大部分描写这里的生活，老师同学。

"无愁河"是书后有真人的书，就是说，黄永玉在成长与写作的过程中，他的内心坐标里是有这样一些人的，这些有真实功业的志士仁人，非单纯文章之辈。他们的头脑、胸怀、人格，给人真的骨血。

新凤霞讲齐白石教她画桃子，"心里要有实物"，这话好，是真经。很多事，都如此。

读了"八年"，值得再读《南侨回忆录》。超大规模的兴学办学之外，陈嘉庚还组织率领南洋华侨在经济上帮助政府维持币制平衡，为抗战做出全国性贡献，他去世后四个抬棺人里一个是周恩来。他怎么可能只是一个地方性贤人？

斑驳的底色，温暖的低音

"无愁河"的单纯，有斑驳的底色，黄永玉一生经历之杂，罕有其匹；尤其是对一个"低音世界"的呈现，有他独到的领会。

刚从德化师范出来时，序子曾在一个"蓬壶"汽车站帮人搬点货物行李混日子。黄昏时，陪几个老头子喝茶。

> 他们第一天就把序子当熟人，当成年人，不分彼此讲话，出出入入，温温暖暖，没出激情，眼睛不看人，管自己轻轻发声，管他谁是谁和谁。

这无畏的行旅

序子在老头堆里喝茶,老头子讲话用喉腔轻轻沟通,混在温暖的低音里,天地玄黄、宇宙洪荒很是舒服,懂不懂就不要紧了。这世界安静不错,混得下去。

　　写得很美。可不要忘了,这是流浪的开始。一个十五岁的孩子,一无所有独自面对世界了,能没有恓惶?对未来的判断就靠直觉了——老头儿喉腔说话的低音。这里用得上黄引用过的谭嗣同诗句:"绝无图画处,时有好江山。"

　　有欣赏序子的老人家,给他木刻以指导:要刻人,刻过日子的中国人。序子怕没有忘记。这些过日子的普通人,不仅是艺术表现的对象,更是滋养过他生命的低音和泉眼。

　　"八年"中有文化名人、大人物,更多的是无名百姓。中国百姓过的是怎样的日子,支持着这个世界运转,哺育众生的,究竟是怎样根本的力量? 低一些,再低一些,去听。

　　集美难童西鼎,铁匠宣七,散落在各处的文化人……一个个精彩、孤独的文化努力,"有一两个知音就足够养老了!"

　　看完书看看天,觉得很久没有听到世界的低音了……

你要走,不要停下来

除了这些,"八年"还有给予人的东西吗? 有。

　　　你怎么老是留级? 你以后怎么办? 我要是这样怕早就慌死了。
　　　你一个湖南小孩子,怎么一个人在我们福建走,以后

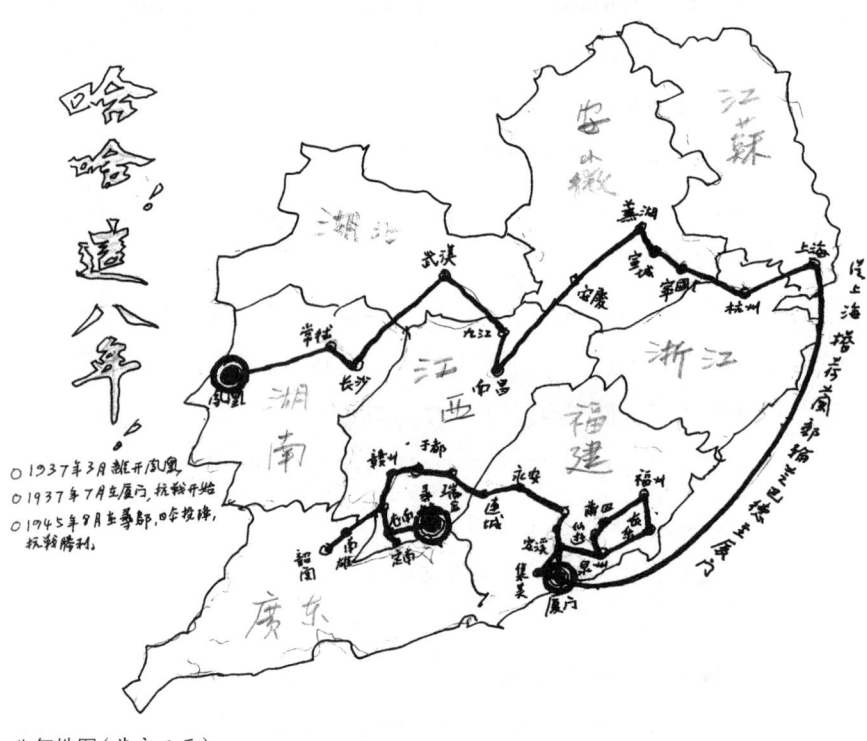

八年地图（黄永玉画）

这无畏的行旅

怎么打算？不慌？

我真为你未来的漫长日子担心，如何是好？

刚坐上理发店的椅子，空袭警报来了，他挣脱理发匠的笑（"你一脸的泡沫，跑什么"）跑，等飞机轰炸走了，看到理发店的残墙和墙上的肠子……跟随一个壮丁营从福建到江西，活生生的地狱……

序子是这样走过来的。跟着他一路走下来，知道得着一个东西了，那就是作者雨露般的无畏布施。

你要走，不要停下来，走就是目的。

他就是身负希望，以不停歇的行走寻找希望的人。这一百年变化太快，有个说法，高速发展的时代也像一场战乱，每天都在和和美美地妻离子散，和平时期，也有各种看不见的伤口。

看这行走的人，如何降服恐惧不安的心呢？

种种困顿危险，都面对，经受，并且还爱着。为虾姑奔丧，照拂小混蛋西鼎，为朋友杀人（老天借他的手惩罚了恶人，而没有让他的手带上血），卷起自己的被子给要出门的木刻家悄悄送去……

苦难光临，能跑就跑，跑不掉就熬。朱雀人从来就是这样。如果我碰到坏家伙对仗，一对一不干。我比他们贵重，起码一对十。这机会需要有一点点等待和韧性的按捺。

不是因为会功夫才无畏，不是因为有钱才布施，是因为平等深厚的爱，因为对这爱贵重的认知，才能无畏施一切吧。

吴剑文

他小心抚慰身怀绝技的人

阅读武侠小说，多数情况下，是对"平庸"生活的慰藉。千古文人侠客梦，也就是在书房坐久了的意思——白日做梦。做梦可以很精彩，而且不犯法。其实犯了又如何？只要醒来，你就逃脱了缉捕。所以，既是做梦，不妨做大一些。武侠小说家会把真实的历史人物和情境融入虚构传奇，以此为小说增色。成吉思汗的伟业，得力于金刀驸马郭靖，大明王朝的皇帝，按理应是张无忌来当。这当然是高明的"骗术"。因为成王败寇、层累造伪的历史写作，也不见得比武侠小说更为真实。你甚至会相信，古代打仗，是两员大将在阵前先大战个三百回合，直到一方将对手挑翻于马下，然后失败一方的卒子还有机会弃甲曳兵而走。这高贵的想象是《三国演义》的功劳。

相形之下，藤泽周平所写有关武士的小说，老实得像火腿。藤泽周平也会给他笔下的剑术取各式各样的花哨名字，邪剑龙尾、怯剑松风、必死剑鸟刺、无形剑鬼爪，但隐藏在这些华丽名字背后的剑术，本质上都是实而不华的"一击必杀"，只是使用者的传承、性格和资质不同，"皆以无为法"，而显各自的差别。所谓"一击必杀"，听上去高明至极,却只是所有对抗性竞技的一致追求。没有人愿意挨别人几拳后,爆发被压抑的小宇宙,反败为胜将对方击倒:万一人家有三拳打死镇关西的膂力,将你的小宇宙掐灭于萌芽之中呢?更不用说七伤拳这种"先伤己再伤敌"的神奇操作,骗骗不懂物理学的文艺青年也就是了。某种程度上,古龙笔下的决战,更接近打架斗殴的真相。藤泽周平是更朴实的古龙。古龙喜欢俄罗斯套娃的层层渲染,藤泽周平的朴实之处在于,将每一局的"一击必杀",都留在了毫无悬念的一局下半。不会早一步,也不会晚一步,那个结果一定会在它最该出现的地方等待着你。

有人会认为,这样写小说,岂不是少了许多刺激和神秘感?须知,靠着刺激和神秘感来眩惑人耳目的内容,很难让人再次被眩惑。为遮诠结果铺陈的一切障碍,都将在你知道结果后失去其继续存在的意义。障碍本质上是一种骗术,惯用骗术的作者,虽然会博得掌声,但也会让读者心中隐隐而牢固地生起不信任感。藤泽周平的方式,不是为了给读者表演魔术以炫耀文学技巧,而是大巧不工地传递心境。心境传递的效果,取决于读者对作者的信任度。藤泽周平看似用最笨拙的方式来写武侠小说,但因为他的价值观与众不同,这种笨拙反而加强了作者期待的效果:取得读者信任。你既然知道了每局的结果,因此你会更加关注每局的过程。而过程,是藤泽周平最精心烹制的部分。此是藤泽不动声色的温暖和忠诚。

藤泽周平隐去了学武的过程,因为我们不爱看枯燥重复的刻意练习,笔下的主角,一出场已是剑术高手。这样的人物,若是生逢其乱,例如日本战国时代,指不定能成为佐佐木小次郎或是宫本武藏,开宗立派，名垂千古。这是司马辽太郎的成功之处，或是以战国为沙场，或是以幕末为棋局，司马辽太郎挥兵叱将，笔下身怀绝技的人物，个个派得上用场。但藤泽周平却偏偏选择江户作为时代背景。江户太平盛世，高明的剑术，只是屠龙之术。然而藤泽周平笔下那些身怀绝技的武士，没有悲叹怀才不遇，感慨"安能摧眉折腰事权贵"。他们事权贵是事了，但并不摧眉，也未觉折腰，偶尔有个"马屁精"，也不为自己晋身有术，而是为了家族荣誉忍辱负重。他们似乎天生懂得《浪客剑心》的那句话："剑是凶器，剑术是杀人术，无论用多么华丽的词汇去修饰，这都是事实。"他们不以精通杀人术而自傲。

　　杀人术，可以是一种隐喻：此消彼长，你死我活。任何独异于人的力量，都能成为"杀人术"。藤泽周平是一个极其善良的人，他在武侠小说中努力思考的，是如何妥善地安置这份力量。曾有人高喊"仁者无敌"，认为"不嗜杀人者"能统一天下，然而一百年后，最嗜杀人的秦国一统天下。这是现实对理想主义者的打脸。"杀人术"是非理性的力量，这力量一旦长大成形，最乐于消灭的就是喋喋不休的理念，一如《大话西游》的孙悟空忍受不了啰嗦传道的唐僧，也屡屡被我们熟知的真实历史所证明。藤泽周平努力唤醒的是一种平常心的温情，他小心翼翼地抚慰笔下身怀绝技的武士，用生活中平淡、温暖的事物——亲情、爱、友谊，等等——去抚平他们生命力的躁动，化解冲突于无形。这些社会中的不稳定力量，因为生活的抚慰而如盐入海。壮阔血腥的故事，在藤泽周平的笔下，感觉还没开始就结束了。也许有人觉得不过瘾，但所谓"瘾"，本身就可能是撄扰、黑化生命的渊薮。

这无畏的行旅

藤泽周平是个摩羯座，他的文学品质，是"治愈术"。他的工作，不是文字游戏，不是炮制故事，而是思考如何有益人的成长和社会进步。如果一件事注定是错，为何要开始？藤泽以术御术，如钻木取火，两木相因，火出木尽，留世间以暖、以明。也许藤泽周平才是真正的"反武侠"作家。正如《堂吉诃德》出现之后，传统的骑士小说烟消云散，因为塞万提斯用自己的思考从根本上置换了传统的骑士精神。我不知道藤泽周平之后，武侠小说还能写到什么境界。也许，我们可以放下这个问题，像黄昏的清兵卫那样，刀枪入库，转入厨房，去给家人煮一碗豆腐汤。

叶兆言

麻姑山与麻姑碑

我的反应比较迟钝,理解能力常会慢半拍,信奉笨鸟先飞,遇到喜欢的古诗古文,不管三七二十一,懂不懂,是否弄明白,先背下来再说。近几年睡眠不好,倒头能睡,半夜醒了很难入眠,生活质量大有影响。睡不着无聊,非常无奈,迟迟钟鼓初长夜,耿耿星河欲曙天,于是就背古诗文,长诗短诗还能有几首,记住的古文已经不多。

不过还是能背诵颜真卿的《麻姑碑》,有时候也怀疑,将近一千字,可能背不下来,然而背着背着,水到渠成,也就完了。原因简单,虽不擅写字,要说临帖,下过一点工夫的,只有这个麻姑碑。一遍遍抄写,自然会背下来。同样颜字,并不太喜欢《多宝塔》,情有独钟的是《麻姑碑》,弱水三千,我只取一瓢饮。南京有位非常好的书法家,名气很大,知道我喜欢临麻姑,很不屑地批评,为什么不能换一本帖呢,天下好字太多了。

因为《麻姑碑》,多少年来,一直想到抚州南城去看看,明知道原碑已毁,还是心向往之,毕竟颜真卿同志是在这写了《有唐抚州麻姑山仙坛记》。真是无法描述自己的欢喜之情,爱好往往不需要理由,我没有去过麻姑山,魂牵梦绕,好像已经去过无数次。南昌的周正旺发来微信，问想不想去看看麻姑山，毫不犹豫，立刻答应下来。

也说不清是因为喜欢颜真卿的字，开始喜欢《麻姑山仙坛记》这篇文章，还是因为这篇文章，开始喜欢麻姑。作为一名现实主义作家，我并不羡慕神仙的生活，也不太相信神仙的存在，却不反对在文学作品中表现神仙。为神仙树碑立传难免浪漫主义，然而要想写出点理想，多些想象的境界，塑造神仙借助神话，不能不说是一条捷径。《麻姑山仙坛记》只简单地讲了三件事，麻姑的传说，麻姑山上的风景，麻姑山的道士。颜真卿是名恪尽职守的公务员，他字写得好，政绩非常不错，关键是人家文章也写得跟字一样，既方正，又耐看，无论写人，写景，写对话，都可以当作很好的范文来学习。

"杜诗韩文愁来读，似倩麻姑痒处搔"，读麻姑碑，读《麻姑山仙坛记》，读到"麻姑手似鸟爪，蔡经心中念言，背痒时得此爪以杷背，乃佳也"，我立刻感同身受。神仙的生活远不是我们俗人可以轻易想象的，不易想象，并不代表不能想象。没有想象便没有艺术，身无彩凤双飞翼，心有灵犀一点通，我们读好文章，看好风景，享受好故事，不就是为了满足心中的那点痒处，被麻姑似鸟爪的小手"杷"几下吗。搔到痒处的感觉太好了，树碑立传的目的是什么，无非是想流芳百世，字是为了让人看，文章是为了让人读，字耐看，文章又耐读，仅从这两点看，《麻姑碑》已经达到了它的终极目的。

《麻姑碑》中对仙人王方平的描述，几乎与麻姑一样多。他乘着羽车，驾着五龙，旌旗导引开路，威仪赫奕地来到了人间，突然想到要和老熟人麻姑见上一面。"久不行民间，今来在此，想麻姑能暂来"，刚读到这段文字,几乎立刻可以产生疑问,唐朝时不是要避唐太宗李世民的讳吗?柳宗元比颜真卿要小几岁,他的《捕蛇者说》最后一句,"故为之说,以俟夫观人风者得焉",小心谨慎地把"民风"说成"人风",就是因为要避讳,为什么颜真卿这么顶真的一个人,在写《麻姑碑》时,敢于犯忌呢。

麻姑回应王方平的邀请,说"当按行蓬莱,今便暂往,如是便还,还即亲观,愿不即去",其中亲观的"观",专家考订,应该是觐见的"觐",因为在颜真卿引用的葛稚川《神仙传》上就是写的觐,王方平是长者,麻姑是小姑娘,跟长者说见面,应该是亲觐,而不是亲观,用观字显得太不客气,没有礼貌,与她所强调的"尊卑有序"显然不符。观的繁体字"觀",与觐的繁体字"覲"太像了,如果是手误就很正常,就很容易解释。又碑文中的"时闻步虚锺磬之音","锺"应该是可以敲击的"鐘",它们的简体是同一个字"钟",繁体本字的意思并不一样,显然也是一个手误的错字。"锺"本义是容器,可以引申为"专注"和"集中",所谓一见锺情和情有独锺。因此《麻姑碑》的行文,与它的书法特点一样,一方面是人书俱老,法古韵高,另一方面,又自有一份随心所欲在里面,随手写了就写了,错了就错了。好文章并不怕有错字,人非圣贤,有时候,犯点小错误,更有人情味。

无法形容自己对《麻姑碑》的欢喜之情,还是那句话,身体没到麻姑山,人好像已经捷足先登。我知道,现如今的风景区,一旦身临其境,因为期盼值太高,很可能大失所望,但是只要有机会,即便失望,即便证明不值得,也一定、必须要去。对于历史遗存,我们应该带着一种放松心态,要当回事,又不能太当回事。其实麻姑究竟在哪修行，在哪得道，这个并不重要，我们读《麻姑山仙坛记》，不难得出这样的印象，颜真卿本人也没强调麻姑一定是出没在抚州的南城县，他只说了一个"相传云"，也就是传说中的麻姑可能在此得道。

原碑早已不存在，这个也仍然不重要，有宋朝的拓片，重竖一块碑，并不是很难。而且就算原碑还在，也一定会风化得不像样。相见不如怀念，现在的这块碑，虽然也算请了西泠印社的高手，还是有点那个。好在文化这玩意，从来都是心里有才有，心里有就有。文物的精髓是它的文化含量，麻姑原碑没有了，新碑还在不在原来的地方竖着，已经也不太重要。

时空可以错乱，故事不妨现编，重要的又是什么呢，是地气殊异，是江山炳灵。也就是说，我们既然有了机会，就应该到抚州的南城去看一看，去领略一下颜真卿曾经登过的麻姑山，去看看他写麻姑碑的原址，脚踏实地去看一看，传说中麻姑修行得道的圣地，去沾一点仙气。

麻姑不知何处去，此地空余麻姑山。正是梅雨季节，天气预报有大雨，大到暴雨，登山前很恐慌，主办方准备了雨伞，雨太大，难免会煞风景。没想到吉人自有天相，进了山门，眼看着就要下大雨，急匆匆上了山，竟然一直忍着没下下来，竟然还出了一会太阳。虽有一点闷热，不住地在出汗，但是心情非常不错。

人生如梦，想麻姑当年，跟玩儿似的，就眼见着东海三为桑田，多么奇妙的时空穿越。登上了麻姑山，你没办法不怀古，你不可能不诗兴大发。可惜自己不会写诗，不能写诗，不会就是不会，不能就是不能。只能空留遗憾，只能移花接木投机取巧，借助别人的好诗，来为自己的旅行助兴，盗饮别人已经酿好的美酒佳酿，浇自己心中的块垒。

"欲就麻姑买沧海,一杯春露冷如冰",这是李商隐的诗。李白同志最浪漫,才华想拦都拦不住,他的诗可以用作这篇文章的结尾:

> 我思仙人,乃在碧海之东隅。
> 海寒多天风,白波连山倒蓬壶。
> 长鲸喷涌不可涉,
> 抚心茫茫泪如珠。
> 西来青鸟东飞去,
> 愿寄一书谢麻姑。

李 翰

所耽爱与美,难负是深情

予授古典诗词写作,必荐徐晋如《大学诗词写作教程》,诸生咸以为善。如近体诗之平仄,王力《古代汉语》分ABCD式,其下又有abcd,冗赘繁复,令初学者茫然无措,而徐著以"黏""对""错"提领,举重若轻,奏刀騞然。予尤重者,是徐著能于格律法度外,揭示诗词之美的根基与内涵。如其斥黄巢"我花开后百花杀"之戾气,以巨眼仁心,引导仁善的审美趣味,为诗史刮骨疗毒。顷辱赠《长相思——与唐宋词人的十三场约会》,见其评宋太祖"未离海底千山黑,才到天中万国明":"靠强权的隐喻去威慑人,并不是真正美好的文字。从古以来,人类都崇尚暴力,膜拜强权,却不知唯有美与善良,才有永恒的力量。"乃叹君子择善固执,一往如初。亦知本书不惟品词境,探词心,更以十四位词家的至美与深情,阐发文学之真价值,抉示何为第一等好词,它们又是如何生成于天壤之间。

"美"无疑是最为核心的要素。作者说:"美看似最柔最弱,然而唯独美才具有穿越时空的价值。"又说:"政治、道德、国家……一切都可能湮没,唯有美才是永恒的。"词就是唯美的文体。飞卿的"画屏金鹧鸪",端己的"弦上黄莺语",梦窗的"名花团簇,随风而展",

少游的佳期柔情,屯田的杨柳岸,小山的彩云飞……词情词境,其美若是。

这是一种极温柔、极绮靡的女儿美。贾宝玉以为"女儿"是比佛祖还尊贵、清净的词,但凡要说时,须先用清水香茶漱口。诚然,在家国天下、道德文章的历史语境中,在名缰利锁、勾心斗角的男性权力场,"女儿"就是冲刷禄蠹浊气的一泓清泉。词本女儿身,生于绮筵绣幌,出于檀口香唇,唱的是春恨秋悲,写的是儿女情长。"今夜我不关心人类,我只想你"。让英雄们去关心人类吧,温情的词人,只需管花朝月夕,怜取眼前人,商量闺中事。

英雄们关心人类,少不了刀枪斧钺、高文典册;而怜取眼前人,只需要爱与美。美不是完美,但美是人生的火种。因为美,所以有欲,有爱恋,所以有情,有怨,有纠缠与苦恨。作者评梦窗词:"无论忆念的对象是谁,最后都表现为对爱的执著不舍。孔子、耶稣都不讲爱情,佛祖则让人断舍离爱……对于芸芸众生来说,看不透、割不断、抛不得,才是人生的常态,也是文学能打动我们的根源。"其评东坡词,也因之迥异时论:"东坡的人格太健康,太没有缺陷,所以注定他的人生是神一样的存在,他的诗词却很难打动被大众视为异类的若干人。"

维纳斯折断双臂,爱琴海升起永恒的美神。十四位词人,温飞卿"士行尘杂,不修边幅",李后主"乏为政之才,又不能知人善任",柳三变放荡恣肆,晏小山傲岸狷介,秦少游"素号猥薄"……或狂或狷,或痴或迂。但他们忠于自我,一往情深,虽非完人,却是真人。作者评温飞卿:"《花间集》收飞卿词六十六首,展现的是一个有缺陷的灵魂,飞卿不幸成了性格的奴隶……然而不可否认,他极真挚地忠于自己的性格,哪怕这种性格最终带来的,是人生的无穷屈辱。"评晏小山:"绝不肯苟且求进,终身捍卫着心灵的自由,故终身全心全意地写词,全心全意地爱,全心全意地恨,全心全意地歌,全心全意地哭……"

美不是完美,而是真。

然而,却有一种顽固的传统,认为美须是完美,即须合乎该传统所命定之道德,才具备价值。天然、愉悦的感性之美,未经筛检,充满诱惑与罪恶。郑卫之音既放,作为艳科的词,又焉能登堂。士大夫始填小词,犹如做贼。王安石曾质疑晏殊:"为宰相而作小词,可乎?"或也是反躬自问。晏殊却觉得"殊虽作曲子,不曾道'彩线慵拈伴伊坐'",其事固非堂皇,好歹还是与柳三变划清了界限。其实,他们私心里都喜欢"彩线慵拈"。柳三变的词,不仅流行于青楼楚馆,饮井水处,仁宗皇帝、文武官员也都爱听。喜欢,却又闪烁其词,令人想起那个齐宣王:"寡人有疾","寡人非能好先王之乐,直好世俗之乐"。

"彩线慵拈伴伊坐"怎么了!"好世俗之乐",怎么了!作者评王衍《醉妆词》:"展示的是抛开世间俗务,追求纯粹的快乐的生命精神。"当可为齐宣王、柳永助阵。昔孔子未闻好德如好色,以为人情如此;孟子吁推恩以"共情""同乐"。何以在后代,声色却变成罪愆?鄙意诗教难辞其咎。诗本性情,难免放荡无羁,诗教以道德、政治伦理予以裁夺、规范,导之以正,所持尺度本不具备绝对性,其现实效用,或者说其潜在之目的,往往却是夺民之性情以奉寡头之肆意。

先圣制礼作乐,观法于天,取则于地,以求天人合一。所谓王道,顺人心体人情,实即天道。故上如标枝,民如野鹿。诗既本于性情,乃出乎天然,所重者在"真",孰谓"正"必"真"乎?"正"若失

"真",以之为准则,笔之所书,或非心之所悦,而心之所悦,为世之所非,亦为己之所惧。故有天人之交战,名教、自然之纷争,故生"放口从衷出,复说道义方"之伪人。遂使人格分裂,一至于斯。士大夫浸淫诗道逾千年,蓦闻"彩线慵拈伴伊坐",宜乎怫然作色。予于此既悲天人揖别,天真邈远,而益知汉儒训诗,其祸甚于秦火。

诗教之规训,为千年文学史筑起绵长而坚固的大坝,却放逐了美与真,放逐了文学的灵魂。真文学与真诗人,都是浑沌赤子,一生爱好是天然。作者评李煜:"以赤子之心待人,以赤子之眼视世",感叹真诗人都是"只肯活在自己世界的大儿童"(评秦观),"任何一位才华横绝者,在本质上都是孩子"(评温飞卿)。斯为宇宙之精华,人类之瑰宝,然而,却多为现实所排斥。孩子的克星是世故,天才的敌人是平庸。作者论晏小山:"高贵的灵魂只要存在于世,就构成对平庸者的威胁","小山的至情至性,对精神世界的热爱,对高雅与美的沉浸,映衬出他们(平庸者)的生活的卑微可笑。""当世间终于出现一位自由的天才时,人们不是企慕、向往,而是震惊、诧异……"当然,也少不了忌恨。比如王珪对东坡的刻骨仇恨,就是研究庸人加小人心理学的经典案例。

平庸的世界,既理解不了天才,亦容不下天才,秦少游、晏小山、柳三变等终生颠沛,偃蹇困厄,就是必然的命运。不过,力总是相互的,有规训,就有逆反;有打压,就有抗争。那些不愿屈服、永远长不大的孩子,就成了荡者、狂者、狷者、迂者、痴者……诗既已被驯服得温柔敦厚,词便成为浪子们的乐园。"未遂风云便,争不恣狂荡""忍把浮名,换了浅斟低唱"!红牙板落,霓裳舞起,子夜歌长,安顿着浪子的凄苦与痴狂,包容着他们的孤独与软弱,也坚持着他们的骄傲和天真。

十四位词人，十四颗柔弱、坚韧、高贵而自由的灵魂。除了"美""真"，本书关键词还有"悲""情""高贵""自由"，以及"豪放""愤郁"……如熠熠航灯，一路点亮四百多年审美旅程。作者自叙非学究式写作，故得驰骋性情，纵恣笔墨，如其抑东坡、易安词，黜周美成，谓稼轩登北固亭之《南乡子》《永遇乐》非绝好词，等等，难免资人口舌。然其说或可商，唯此勇迈独往之精神，诚卓荦可敬也。予视之非寻常诗词赏析，犹屈子之行吟，寄寓着深沉的文化悲悯和现世孤愤。"这是寂寞的灵魂守望，更是高峻的文化自尊。"（评张炎）其孤怀深衷，情见乎辞，令人动容，亦发人深思。

十四位词人，十三场约会，缱绻千年的深情与至美，可否穿透万丈喧嚣，为水泥丛林添一抹新绿？可否化百炼钢为绕指柔，抚慰你我现世的贫瘠与悲凉？

怅望千秋一洒泪，美人如花隔云端。长相思，摧心肝！

李宏昀

林黛玉与"留得残荷"

1.

首先需要注意的是"块垒"和"委屈"的区别,由此可以避免世人对于林黛玉的常见误解。当一个人胸中"块垒不平",他在意的其实是自己的能量或者说灵气无处安放。比如李元霸"恨天无把恨地无环",意思是天要是有"把"他就可以把天抡起来玩了。林黛玉说:"一年三百六十日,风刀霜剑严相逼",你以为她过得委屈?大错。她那是"块垒"。把林黛玉和李元霸类比才是对的。

2.

林黛玉教香菱写诗,处处够得上"大家"手眼:

"什么难事,也值得去学?不过是起、承、转、合,当中承、转是两副对子,平声的对仄声,虚的对实的,实的对虚的。若是果有了奇句,连平仄虚实不对都使得的。"

"正是这个道理。词句究竟还是末事,第一是立意要紧。若意趣真了,连词句不用修饰自是好的,这叫做'不以词害意'。"

值得特别提出来的是,林黛玉diss了一下陆游:

香菱道:"我只爱陆放翁的'重帘不卷留香久,古砚微凹聚墨多',说的真切有趣。"黛玉道:"断不可看这样的诗。你们因不知诗,所以见了这浅近的就爱,一入了这个格局,再学不出来的。"

陆游这两句诗差在哪里?钱穆先生的解读可供参考:

放翁这两句诗,对得很工整。其实则只是字面上的堆砌,而背后没有人。若说它完全没有人也不尽然,到底该有个人在里面。这个人,在书房里烧了一炉香,帘子不挂起来,香就不出去了。他在那里写字,或作诗。有很好的砚台,磨了墨,还没用。则是此诗背后原是有一人,但这人却教什么人来当都可,因此人并不见有特殊的意境,与特殊的情趣。无意境,无情趣,也只是一俗人。尽有人买一件古玩,烧一炉香,自己以为很高雅,其实还是俗。因为在这环境中,换进别一个人来,不见有什么不同,这就算做俗。

3.
林黛玉还"最不喜欢"李商隐,原文是这样的:

……宝玉道:"这些破荷叶可恨,怎么还不叫人来拔去?"宝钗笑道:"今年这几日,何曾饶了这园子闲了一闲,天天逛,那里还有叫人来收拾的工夫呢?"黛玉道:"我最不喜欢李义山的诗,只喜他这一句:'留得残荷听雨声。'偏你们又不留着残荷了。"宝玉道:"果然好句,以后咱们别叫拔去了。"

宝玉要拔掉荷叶,让我想起《三国演义》里,刘备送别徐庶;看着徐庶骑马越跑越远,刘备说:"把这些树都给我砍了!因为它们挡住了我看徐先生的视线嘤嘤嘤……"拔或者不拔,当然取决于喜欢的人。

宝钗怪宝玉任性折腾,这是人情圆熟。

至于"留得残荷听雨声"这句好在哪里呢?用苏东坡的这句话来解说就足够了:

> 凡物皆有可观。苟有可观,皆有可乐。

4.

"留得残荷听雨声"这一句,在李商隐的原诗里是这样的(原文是"枯荷"):

> 竹坞无尘水槛清,相思迢递隔重城。
> 秋阴不散霜飞晚,留得枯荷听雨声。

末句单独拿出来,倒还比放在完整的诗里更显出好。

不妨用李商隐自己的诗句来点明上面这首诗的意境,那就是:

直道相思了无益,未妨惆怅是清狂。

这"清狂"是沉溺之中的自我排解。而苏东坡的"凡物皆有可观"呢,是处处随遇而安的"清狂"。

把"留得残荷听雨声"这句单独拿出来,等于是把"沉溺相思惆怅"都放掉了,只留下"清狂",于是就接通了苏东坡的胸襟旷达。

5.

有人说,写林黛玉不喜欢李商隐,这是曹雪芹的小小失误。这样多情善感的少女怎么会不喜欢李商隐?曹雪芹是不小心把自己的口味套到笔下的人物上了。

在我看来,林黛玉特地说自己"最不喜欢"李商隐,这刚好是少女心性的表现。

倒不是说她傲娇或口是心非什么的(虽然"最不喜欢"确实是傲娇的语气)。其实我们可以相信"最不喜欢"是林黛玉的大实话;即便如此,她对于李商隐的评价,也比对于陆游的评价要高,而且高得多。

陆游那两句"老干体",对于眼光过了某个水准的人,不会再有任何吸引力;所以不屑一顾即可,连"不喜欢"都省得说。而李商隐的"沉溺相思惆怅"对于林黛玉还是有吸引力的,所以需要特意抵挡一下(这"最不喜欢",有点像是道貌岸然的君子在骂"妖女")。林黛玉不取"沉溺"只取"旷达"这一路,也有少年人的争强好胜在里面。

其实,要是想通了,对于那吸引力不去特意抵挡,"沉溺"一下也没什么,对不? 也算"凡物皆有可观"嘛。

6.

黄灿然先生的小诗《清澈见底》,适合放在本篇末尾:

> 只有清澈见底的人
> 才开始懂得浑浑沌沌之妙,
> 也只有深刻体会浑浑沌沌之妙的人
> 才懂得珍惜,以及可惜
> 仅仅清澈见底的人。

闫　晗

贾宝玉，爱仅仅如此

　　不得不承认贾宝玉是个暖男，善于讨祖母欢心，能在母亲那里撒娇，遇见好吃的想着房里的丫鬟们，还常给林妹妹和他的丫鬟们制作化妆品。更不用提他拥有强大的共情能力，担心玉钏儿是不是被莲叶羹烫了手；心疼淋着雨在沙地上画蔷字的龄官；给受了委屈哭花了脸的平儿尽心理妆；见香菱弄脏了裙子怕薛姨妈责怪，让袭人拿一条新的给她换上；对不相干的尤二姐和尤三姐，也是呵护有加，在宁国府贾敬丧事上挡住和尚，怕和尚们的腌臜气味熏了她们……即使路上碰见一个乡村里纺线的二丫头，宝玉也心存敬重，丝毫没有唐突轻薄的意思。

　　贾宝玉就像一台中央空调似的向外辐射他的暖，对世间女子尽心爱怜呵护。可除了"有心"之外，他的爱浮于表面，能量极低，甚至反而给女孩子们带来灾难。

　　尤三姐听了贾琏的小厮兴儿评价说宝玉太呆之后，根据自己和宝玉打过的交道提出不同见解，说宝玉是爱惜敬重女儿的，老婆子拿了他用过的碗倒水给尤三姐，宝玉拦住让另洗了再斟来。可同一段经历，在宝玉嘴里说出来可就没那么清新了。在柳湘莲向宝玉打听尤三姐的情况时，贾宝玉说的是"我在那里和他们混了一个月，怎么不知？真真一对尤物"，这般轻浮的对女性的评判，竟不像是宝玉，而像秦钟了。最后当柳湘莲追问三姐品行的时候，宝玉又答道："你既深知，又来问我作甚么？连我也未必干净了！"虽然是气话，话中的意思等于肯定了柳湘莲的猜疑。

　　联系到后来尤三姐遭遇柳湘莲退婚拔剑自刎的悲剧，宝玉的"暖男"举动和轻浮话语显得一言难尽。或许少年宝玉认为在同性之间，调侃评判女性是一种酷？不得而知，也不知道贾宝玉会不会因尤三姐的死而自责。大厦将倾的时候，你只是抽一块砖或掀一块瓦，悲剧发生的时候，你也只是随便说了几句话，谁都不认为自己是个坏人，可已经做了导致坏结果的事。

　　贾宝玉喜欢一切美好的事物，美的器具、美的花草、美的少女，恨不得都能亲近。他猴在鸳鸯身上要吃胭脂，倘若这胭脂不在少女嘴上，而在周瑞家的和李嬷嬷嘴上，想来宝玉是断然不会吃的。在袭人家见到她穿红衣服的表妹，也说：要是在咱们家就好了。袭人听了有些不高兴：我们家的女孩难道都是奴才命不成？宝玉连忙解释，可解释也苍白无力，这位英俊多情的富家公子在世上遇到了很多爱，还想占有一切美好的事物。

　　在贾宝玉的心中，理想的死法是身边的姑娘们"哭我的眼泪流成大河，把我的尸首漂起来，送到那鸦雀不到的幽僻之处，随风化了，自此再不要托生为人"。从生到死，他要在自己的"永无岛"或者"乌托邦"，和自己喜欢的美好在一起，有青春少女相伴，隔绝人世烦恼与丑恶、责任与义务。对于女儿们内心的哀愁和遭遇的苦难，他是逃避的，甚至佯装天真，专注于细枝末节放弃追问根源，连尴尬的场面都不敢面对，在悲剧发生之后惆怅垂泪自我感动。

宝玉被父亲贾政打，有两个原因，其一是跟忠顺王府的戏子蒋玉菡关系暧昧，政敌找上门来；其二是害得母亲的丫鬟金钏儿跳井，又被贾环进了谗言。宝玉挨打之后，得到许多人呵护，林黛玉抽抽噎噎地说:"你可都改了吧！"宝玉长叹了一声:"你放心，我便是为这些人死了，也是情愿的。"这句话说得自己像个宁死不屈的英雄，以一己之身保护了"这些人"，可蒋玉菡的去向，宝玉早就告知了忠顺王府，而金钏之死，王夫人和宝玉母子两人都要负责。

宝玉往金钏儿嘴里塞香雪润津丹，拉着金钏儿的手调情说:"我明日和太太讨你，咱们在一处罢。"金钏儿回了一句:"金簪子掉在井里头，有你的只是有你的，我倒告诉你个巧宗儿，你往东小院子里拿环哥儿同彩云去。"王夫人打了金钏儿一个耳光，宝玉看母亲生气，赶紧一溜烟逃跑了。他只想摆脱自己面临的尴尬局面，并不考虑金钏儿将面临怎样的责罚。后来他再听到的就是金钏儿的死讯，并未来得及反思自己，就挨了父亲一顿打，于是议题的中心变了，被打成了"英雄"，带着几分悲壮感，早把自己牵累了金钏这件事抛诸脑后。宝玉也想弥补一下过错，他做出补偿的方式和母亲王夫人如出一辙——对金钏的妹妹玉钏好。王夫人给玉钏发双份工资，宝玉是非要玉钏尝他点的莲叶羹，待对方露出点笑意，便觉得如释重负——她不恼我了就好。

后来凤姐过生日，宝玉老早穿上素色衣服悄悄拉着茗烟出城去了，只为了祭奠金钏儿——那天也是金钏的生日。记得，是宝玉所能付出的最大程度的"爱"了。没准他还会认为只有自己是念及旧情的人,别人都是忘旧的肤浅俗物。"含冤而死"的金钏需要的是他的惦念吗?或许更希望他能有些担当,承担起自己的过错吧。

王夫人多年来为宝玉的成长担忧不已,可谓殚精竭虑为儿子好,可从未当面规劝过宝玉一句,采用的方式是"清君侧",安插眼线,把宝玉身边可能的"妖精"拔除出去,第一个是金钏,之后是晴雯,还有芳官、四儿……独独不跟宝玉交流,他在这些事情上没有任何发言权。而宝玉平日里常在母亲怀里撒娇,扮演着乖巧的好儿子,却不能有正常的沟通,也并未尝试说过任何真心话,两人一直保持着亲密的"塑料母子情"。

在抱病补孔雀裘的晴雯被赶出去时,宝玉只能在背后对着袭人质问"究竟不知晴雯犯了何等滔天大罪",却不敢在母亲和贾母面前提及一个字。宝玉去看晴雯,看她用油腻腻的脏茶碗喝可疑的茶,感慨了一番人生际遇,或许想起曾经撕扇子时快活恣肆奢侈浪费的她,除了倒了茶之外,再没有其他实质性的帮助。晴雯病死后,宝玉反复追问晴雯最后说了什么没有,得知她叫了一夜的娘,并没有提宝玉之后,略有失落——他想住进这个女孩的心里,直到最后一刻,虽然此刻他已经明白各人只能得各人的眼泪,但还是忍不住有贪念。小丫鬟说晴雯做芙蓉花神去了,宝玉愿意接受这个诗意浪漫的说法,写了一篇《芙蓉女儿诔》悼念她,又陷入了自我感动中。晴雯的死亡,在王夫人那里成了"女儿痨",在宝玉那里则是做了"芙蓉花神",一个丑化,一个美化,但本质都是通过自我欺骗来获得心安。

我喜欢你,像喜欢春天的花、夏天的雨、冬天的雪等世间美好的事物一样，但如果你遭遇不幸，我没有能力救你，也没有试过救你，你死了，我会记得你，悼念你。宝玉对世间女儿的爱仅仅如此，没有任何能量，哪怕是他挚爱的林黛玉，也不过是"你死了我做和尚"，认为贾府虽然入不敷出但"凭他怎么短也短不了咱们两个的"。无论话语还是行动上他从没有向着更好的结果努力过，没有"我争取让我们好好活"的选项。即使换个时代背景，没有"风刀霜剑严相逼"，这样的爱情也注定会是悲剧。

刘晓蕾

每个人心中都有一部《红楼梦》

我有一个朋友,她是宝钗的铁粉,微信头像便是87版《红楼梦》电视剧的宝钗。我跟她观点不同,但彼此尊重。

每个人心中都有一部《红楼梦》。

有人看见废太子的女儿,处处有阴谋;有人看见漫天富贵,处处是乐园;有人看见悲剧,处处是"失乐园";有人爱宝钗,爱袭人,也有人爱黛玉,爱晴雯。

几年前,我写过一篇《宝钗:复杂的现实主义者》,对宝钗相当不客气,现在想想,也有不少偏见呢。

宝钗当然是好姑娘。她鲜艳妩媚,艳冠群芳,难怪宝玉看见她一截雪白的臂膊,成了"呆雁";她博闻强识,一肚子学问,关键时刻指点宝玉,帮业余画手惜春准备画材,还写得一手好诗,海棠诗一举夺魁。

她也雍容大度,与人为善——对贾母,点热闹的戏与甜烂的食物,是尊老;还帮湘云设螃蟹宴,贾母开心,众姐妹写诗,皆大欢喜;虽喜欢对黛玉、湘云和岫烟进行三观式洗脑,也出于好意;面对黛玉的挖苦,大多数情况都不计较;赵姨娘都跑到王夫人处,夸宝姑娘又展样又大方；就连宝玉说她"体丰怯热"像杨妃，她也努力保持淑女范儿，只是"借扇机带双敲"了一下。

所以，湘云对黛玉说：有本事你挑宝姐姐的错，就服你。

不过，深谙人性复杂的人，不轻易相信完美。英国作家德·昆西告诉我们：真的东西，总是有棱角有裂纹的。

"金钏之死""宝钗扑蝶"，便是宝钗的裂纹。

金钏自杀，宝钗来王夫人处安慰姨妈，先说金钏没准是失足，又说即使跳井寻死，也是糊涂人，赏点银子也就仁至义尽了。这话也不算错，就是太冷酷了一点，还有，安慰王夫人，不一定非要撒这样的谎，是吧？

宝钗扑蝶，"金蝉脱壳"明哲保身，也不是问题。有趣的是宝钗的心理活动——滴翠亭里小红和坠儿在说话，宝钗听了，认定小红"眼空心大，头等刁钻古怪"，是"奸淫狗盗"之辈！小红是怡红院的粗使丫鬟，宝钗跟她并不熟。

脂砚斋评小红："奸邪婢岂是怡红应答者。"和宝钗一样，认为小红不守规矩，不是正经人。

同样对小红，王熙凤就不一样。小红帮她跑腿，捎来平儿一段话，说的是五六家奶奶的事，绕口令一般。凤姐闻之大喜：这个丫头好，口声简断！以后就跟我吧。于是，怡红院的低等丫鬟，成功跳槽，成了凤姐的秘书。

在《红楼梦》的丫鬟群体里，小红不是最漂亮的，但绝对是最另类的。在今天，她一定会如鱼得水，成为职场精英。

另类，是因为绝大多数人都循规蹈矩，不敢越雷池一步。这个世界，有君臣、父子、兄弟、夫妻、主仆之"礼"，有"忠孝节义""温良恭俭让",规范人心,建构秩序。秩序是什么?是吃饭时,李纨凤姐站着布菜,众丫鬟旁立,一声咳嗽不闻寂然饭毕;是宝玉骑马出门路过贾政书房,下马表示尊敬;是跋扈的凤姐,被婆婆讽刺,也一声不敢吭……所以,刘姥姥说:"我只爱你们家这行事。怪道说'礼出大家'。"

隔岸观火固然美,但秩序太严苛,也导致禁锢和压抑——元春省亲,贾母等皆按品服大妆,门外跪下迎接,她不能拥抱亲情,只有泪如雨下;贾母过生日,应酬各路人马,甚为劳乏……

贾赦打鸳鸯的主意,买十七岁的嫣红当小妾;贾琏跟鲍二家的偷情,贾母维护他:哪有猫儿不吃腥的,世人打小都这么过来的。然而,对爱情,却严防死守。

所以,袭人听见宝玉对黛玉诉肺腑,吓得魂飞魄散,以为这是"丑祸",是"不才之事";而王善保家的口口声声说晴雯,"妖妖乔乔,大不成个体统";王夫人一看见晴雯,就说她轻狂,一副浪样,准是狐狸精!

她们无法理解不同的生命,不相信生命还有其他的可能性。用现成的"道德"看世界,最安全最简单,也最狭隘。

胡塞尔说,每个人的世界都是"自我构建出来"的,意思是,所谓现实,是自己对世界的理解。尼采早就宣称:根本没有事实,只有解释。

宝钗、袭人和王夫人们的世界,其实是由制度、文化、道德、习俗以及性别政治等,共同构成的"现实"。因此,宝钗、湘云、袭人劝宝玉,留心经济仕途,别整天在女儿堆里混;宝钗教育黛玉、湘云:作诗不是女儿本分,多留意针黹女红才对。

按照福柯的理论,这是典型的自我"规训"——现实是什么样子,就活成什么样子。

有人说,宝钗不容易,上有寡母,还有一个爱惹事的哥哥薛蟠,所以才顾虑重重。那黛玉呢?她父母双亡寄人篱下;湘云呢?跟着叔叔婶婶,要做针线活到半夜;探春呢?身为庶出,还有一个问题亲妈赵姨娘……各有各的烦恼。

但黛玉俏语谑娇音,雅谑补余香,又是打趣湘云大舌头,又是给刘姥姥起外号;湘云大说大笑,醉卧芍药裀,雪地里烤鹿肉,抢着联诗;探春那么憋屈,也让宝玉去买"柳枝儿编的篮子,竹子根抠的香盒,胶泥垛的风炉儿";苦哈哈的李纨,也会适时插科打诨:"人家不得贵婿,反挨打,我也不忍得。"

曹公为何让宝钗吃"冷香丸"?据说是"从胎里带来的一股热毒",要吃冷香丸压下去。"热毒"可以理解为天性和热情,但她要压制下去。

宝钗没有青春期,似乎一生下来就老了。她"罕言寡语,人谓装愚;安分随时,自云守拙"。凤姐评价她:"不干己事不张口,一问摇头三不知。"有人说这是教养,是智慧,其实,也是谨慎,是恐惧。

对此,我们最能心领神会,谁内心没藏着一个宝钗呢?这个世界有它的冷酷法则,所谓"出头的椽子先烂""枪打出头鸟",于是,我们小心翼翼,隐藏起欲望和野心,然后一脸恭顺。

宝钗的困境,其实也是我们的困境。她身上,有我们中国人的文化心理,以及生存密码。

对宝钗,宝玉充满惋惜:"好好的一个清净洁白女儿,也学的钓名沽誉,入了国贼禄鬼之流……琼闺绣阁中亦染此风,真真有负天地钟灵毓秀之德！"

曹公是心疼她的。让她抽中牡丹花签，说她"艳冠群芳""纵是无情也动人"。她这么努力、聪慧，最后却"空对着，山中高士晶莹雪"，宁不悲夫！

海德格尔说：因为远离"本真的存在"，"此在"就沉沦于琐细的日常，淹没于迷宫般的人际关系，最终成了"庸人""常人"。那么，生命有没有其他的可能？

很多人爱比较宝钗和黛玉，拥黛拥钗，谁也说服不了谁。其实，宝钗跟凤姐和探春更有可比性，因为她们都属于现实世界。

王熙凤协理宁国府这段，绝对治愈系——先是通观全局，理出头绪，总结问题。接着统筹安排，采取分班制，发放茶叶、油烛、鸡毛掸子……荣国府的事务也不耽误，还替宝玉和秦钟准备了书房，中间还不忘命人收拾精致小菜，给贾珍尤氏送去。

荣国府执事来领牌子支取东西，她指着其中两件：这两件开销错了，算清了再来；宁国府一个媳妇来领牌，她笑道："我算着你们今儿该来支取，总不见来，想是忘了。要忘了，自然是你们包出来，都便宜了我。"

真是霸道又从容，举重若轻。她是绝对的实干家，酣畅饱满、生机勃勃，一个人活成了千军万马。

人人都说她狠毒、弄权，还逼死尤二姐，以此否定她。不过，在歌德的《浮士德》里，浮士德把灵魂抵押给魔鬼，一路高歌猛进，建功立业，中间也被魔鬼诱惑作恶。但他死后，灵魂被接引到了天堂，因为"凡自强不息者，到头吾辈皆能救"。

曹公是喜欢王熙凤的，不然写不出她有趣而强大的灵魂。

她没文化，对大观园却有天然的亲近。众人联诗，她说出"一夜北风紧"，一句大白话，却给后写者留下余地；李纨请她入诗社，她痛快答应："我不入社花几个钱，不成了大观园的反叛了么？"

她有慧眼，英雄惜英雄，大赞探春：好，好，好，好一个三姑娘！我就说她不错！她比我有文化，又比我强多了！

再看探春。她管家理政，第一个难题就是赵姨娘的抚恤金，面对亲妈的刁难，她坚持遵守规则，秉公办事；又开源节流，兴利除宿弊，改革大观园。

曹公说她"才自清明志自高"，这个英姿飒爽的三姑娘，看着抄检大观园的忙乱，含泪道："大族人家，若从外头杀来，一时是杀不死的，这是古人曾说的'百足之虫死而不僵'，必须先从家里自杀自灭起来，才能一败涂地！""我但凡是个男人，可以出得去，我必早走了，立一番事业。"

在大观园里，她的诗虽然不是最好的，但她是诗社的发起人，她懂得诗的重要性。

谁说现实主义者，眼里只有现实？真正的实干家，能理解现实之上的诗意。

《红楼梦》的开端，是女娲炼石补天，剩下一块顽石弃之于青埂峰，顽石哀叹"无材可去补苍天"。这何尝不是曹公的遗憾！他不是浮泛的浪漫主义者，从没放弃"补天"的努力，即使在这"忽喇喇似大厦倾，昏惨惨似灯将尽"的末世里，他还是怀着爱和希望，写下王熙凤和探春的故事。

我把大观园里的人分成两类，一类是有用之人，比如宝钗、王熙凤、探春；一类是无用之人，比如宝玉、黛玉、晴雯、香菱、湘云……

那天,黛玉唱《葬花吟》:"一朝春尽红颜老,花落人亡两不知。"而宝玉,则恸倒在山坡之上。别人都在兴高采烈地送别花神,大观园绣带飘飘,花枝招展。而他们,却在这山坡之上,哀悼落花,哀悼一去不复返的青春,以及终将一死的生命。

这两个无用的人,大好春光里,却悲从中来,看见死亡,看见世界的另一面:如果人生的尽头是虚无,生而为人,何以遣有涯之生?既然人终有一死,不如"向死而生",拿出勇气和热情,活出更自由更鲜烈更丰富的人生。

这个时刻,是文学世界里最重要,也最闪亮的时刻。

黛玉听见"原来姹紫嫣红开遍,似这般都付与断井颓垣"。心痛神痴,站立不住;捧着宝玉送来的旧手帕,不顾忌讳,写下"枕上袖边难拂拭,任他点点与斑斑";她看着他,说"我为的是我的心",他对她说:你放心。

有人觉得这是"失态",我却觉得这是勇气:在敌视爱情的世界里,依然能去爱;在薄情的世界里,满怀深情,敞开肺腑,难道不是勇气?

据说遗失的八十回后,是有"情榜"的:黛玉是"情情",是以深情报深情;宝玉是"情不情",对整个世界都温柔以待,在一切美好的事物面前低下头来。这是他的选择,也是他的忏悔与觉悟。

曹公开篇道:我人到中年,穷困潦倒,一事无成,固罪不可免。但如不能写下"行止见识,皆出于我之上"的"当日所有之女子",更不可原谅。

马尔库塞说,文学是让人类面对那些他们背叛的理想和遗忘的罪恶。诚哉斯言。

这无畏的行旅

于是，我们看见大观园里：龄官划蔷；晴雯撕扇；平儿理妆；香菱学诗；湘云醉卧；琉璃世界白雪红梅；勇晴雯病补雀金裘；敏探春兴利除宿弊；慧紫鹃情辞试忙玉；杏子阴假凤泣虚凰；寿怡红群芳开夜宴……海棠诗，菊花题，桃花诗，风雨词，还有柳絮词。

这丰沛的人生，足以抵抗世界的荒谬和虚无。有过这样的时刻，可以打败时间，打败死亡。

曹公为何要写"撕扇子千金一笑"？

那日，晴雯跌碎了扇子，宝玉心情不好说了她几句，晴雯不忿，回嘴，袭人来劝，又被晴雯抢白。宝玉晚间回来，跟晴雯说话：你高兴，把扇子撕了也可以，就是别生气时拿它出气，这就算爱物了。晴雯笑道：我喜欢撕。宝玉笑着把扇子给她，果然嗤的一声，撕成两半。

有人说，这是亡国之音，有这种败家子，贾家不被抄家才怪！

别把道德的弦绷得太紧，曹公其实在考验我们，考验我们对生命的态度——一个夏日的午后，一个少男和一个少女，撕了把扇子，开心一笑而已。何况在宝玉心里，人比物重要，这里面，有爱，有体谅。

本雅明说，小说"是要以尽可能的方法，写出生命中无可比拟的事物"。昆德拉也说，小说是把"生活的世界"，置于一个永久的光芒下，以对抗"存在的被遗忘"。

所以，尽管每个人都有自己的生命姿态，但曹公格外珍视那些能旁逸斜出，拒绝跟生活和解的人。

所以，要有宝玉，要有黛玉，要有大观园。

第二回冷子兴八卦贾府，说宝玉抓周时，世间一切之物皆弃之不取，偏偏去抓胭脂钗环，必定色鬼无疑了。贾雨村却说：非也非也。人有"正邪两赋"——人禀气而生，气有正邪，则人有善恶。"清明灵秀，天地之正气，仁者之所秉也；残忍乖僻，天地之邪气，恶者之所秉也。"还有第三种人，身兼正邪两气，"其聪俊灵秀之气，则在万万人之上；其乖僻邪谬不近人情之态，又在万万人之下。若生于公侯富贵之家，则为情痴情种；若生于诗书清贫之族，则为逸士高人；纵再偶生于薄祚寒门，断不能走卒健仆，甘遭庸人驱制驾驭，必为奇优名倡。"

这段话漂亮极了！接下来他列举了一些人，从陶潜、阮籍、嵇康、刘伶，到陈后主、唐明皇、宋徽宗，再到卓文君、红拂、薛涛、朝云，就是禀有"正邪两气"之人。这些人有君王，有隐士，有艺人，有文青，他们的共同点，就是拒绝被生活收编，无法被归类，他们闪闪发光，独一无二。

这些都该是大观园里的人呐。

大观园的他们，一点也不完美——小性子爱歪派人的黛玉，脾气像爆炭的晴雯，彪悍的凤姐，有庶出心结的探春，还有高大丰壮的司棋，倒霉的香菱，任性的芳官，纠结的妙玉……还有满怀爱与温柔，却手无缚鸡之力的宝玉。

但我独爱这样的人，爱他们失败者的模样，爱他们跟世界对峙的态度，爱他们的天真与孤独。

每个人心中都有一部《红楼梦》。

愿世界对你温柔以待。

山谷

一见钟情的古典教案
——《唐解元一笑姻缘》读后

"我爱江南多美娇娘,华府丫环芳名秋香,那唐伯虎风流豪放,爱上秋香唱凤求凰,俏秋香秋波一转,唐伯虎心神荡漾,月老他从中帮忙,唐伯虎华府追秋香。一笑魂飘,再笑断肠,三笑姻缘,三笑姻缘万古扬。"

这是邓丽君演唱的《新三笑姻缘》。明代唐解元伯虎与秋香的因缘际合,是被包括电影、弹词、戏曲和歌曲等许多艺术形式不断表现过的题材,"唐伯虎点秋香""唐伯虎三戏秋香""风流唐伯虎""伯虎为卿狂"等,从而成为普罗大众所熟悉的一个故事。

这个故事的最初版本,出自冯梦龙的话本小说《唐解元一笑姻缘》——"为人放浪不羁,有轻世傲物之志"的唐伯虎,在虎丘山下的游船里,"忽有画舫从旁摇过,舫中珠翠夺目,内有一青衣小鬟,眉目秀艳,体态绰约,舒头船外,注视解元,掩口而笑",于是解元神荡魂摇,尾随而去……

这个"一笑"故事,后来被添油加醋,从一笑发展到三笑,形成今日"三笑"的整体格局;赵景深先生有《三笑姻缘的演变》文章,考证了这个故事的前世今生,从《耳谈》《露书》到《泾林杂记》《蕉窗杂录》,把原本属于别人的故事,渐渐集中敷衍到了唐伯虎的头上,最终完成了"才高气雄,藐视一世,而落拓不羁,弗修边幅,每遇花酒会心处,辄忘形骸"的形象,在金阊画舫中看见"姣好姿媚,笑而顾己"的女郎,于是一见钟情……

这个艺术形象与真实的唐寅(伯虎)相去甚远。唐寅出身苏州的一个商贾家庭,生于公元1470年,农历庚寅年,故名寅,寅年属虎,连缀引申字"伯虎",虎是猛兽,为人所惧,于是复字"子畏"。他的婚姻状况也不复杂,曾"配徐继沈"——乡试中举后赴北京会试,遭人诬陷,落魄后得不到妻子徐氏的理解,两人终日牴牾;徐氏归宁后不返,他于烟花场中认识了一位姓沈名九娘的女子,娶为继室,相帮操持家务,使他在困顿中有所振作,书画技艺精进,名响吴中。

把一个并非唐寅的本事逐渐演衍为唐寅的风流韵事,与其说是文人叙事的需要,莫若说是社会心理的需要。唐伯虎出生的明成化年间,经过仁宣之治,"吏称其职,政得其平,纲纪修明,仓庾充羡,闾阎乐业,岁不能灾……民气渐舒,蒸然有治平之象"。江南富庶之地的苏州更是繁华似锦,唐伯虎曾描绘了居所住地附近的阊门盛况:"翠袖三千楼上下,黄金百万水西东。五更市贾何曾绝,四远方言总不同""小巷十家三酒店,豪门五日一尝新。市河到处堪摇橹,街巷通宵不绝人"。商品经济的长足发展,市民阶层不断扩大,自由职业者日增,社会政治环境相对宽松,人们希望更多地摆脱旧礼教的束缚,更多地追求人生自由和个性解放,并希望这种愿望有自己的代言人,于是自称"江南第一风流才子",有解元功名,外在形迹又是"颓然自放"的唐伯虎便适时成为这种代表,从文人笔记中进入到民间口头文学的领域,从而"名传万口"……

可以说,没有商品经济的社会基础,没有个性解放的人性要求,也就不会有封闭社会的一见钟情式的一笑或二笑、三笑。这是人性的自然要求的一种形式,是个性解放和自由的一种情感表达。

《唐解元一笑姻缘》里,主人公一见钟情于秋香,之所以有如此绵绵不绝的社会反响,是表现在它产生的方式上,那就是男性的主动和女性的美貌,依然是才子佳人类型,不足为奇,但它所充满的浪漫意味,令人生羡的戏剧情节,在封闭的古代自然有着不同凡响的意义,即便在今天也依然有着人性的光芒。奉行礼教的封闭社会,男女婚姻遵奉"父母之命,媒妁之言",双方婚前谋面的几率非常小,这种伦理关系,往往给了男性以奔放自由的权利,而对于女性则是束缚。但是天性是不能泯灭和阉割的,《墙头马上》李千金对裴少俊的"一个好秀才"的称赞,卓文君"窃从户窥之,心悦而好之",以及"贾氏窥帘"等等故事,都是女性渴望自由表达对男性的爱慕之情的明证;只要社会环境宽松,商品经济带来更多的观念上变化,就会使女人在社会上露面的可能大大增加,一旦这种罕见的情况发生,"巧笑倩兮,美目盼兮"的美人便会展露加倍的魅力,这时情爱双方一见钟情的情况,便具有某种典型性和爆炸性。

《唐解元一笑姻缘》中的唐伯虎一见钟情所表现出来的心理是强大的,甚至令现代人都汗颜。他执着于自己的对美的那份冲动,而这种执着所体现出来的、具有现代意义上的"爱"的承诺也是坚定的,从他乘船尾随到无锡卖身华府为奴,教授华府公子读书,进而成为华府管家,到择女联姻,这个过程不是一时半日所能完成的,这种耗费时日的痴情多才,和恒久持一的坚定不移,也不是常人所能做到的。对此,我们往往只能在现代的民歌中听到这种向往:"人们走过她的身旁,都要回过头留恋地张望,我愿做一只小羊,跟在她身旁,我愿她拿着细细的皮鞭不断轻轻地打在我身上"……这位"唐伯虎"身上所产生的"一见钟情",奋不顾身地追求爱情的大胆勇敢的举动,仍能为今天的人们所欣赏,自有其文化魅力之所在。

爱美之心,人皆有之。情爱双方惊鸿一瞥所产生的巨大的吸引力,瞬间释放出强大的荷尔蒙,从现代生物学的角度认识,当是双方反映生命频率和光谱特征的生物频谱大致相同、相互吸引的缘故。

爱情是人类精神的一种最深沉的冲动。对于一见钟情式的爱情来说,只是出于本能,具有生物性,而并不天然地合乎理性,缺少蕴含着文化内涵的持久魅力,往往就会表现为一时的激情;在现代社会,保鲜这种情爱,其永久化的基础,在于双方保持彼此欣赏的热情的温度,使之恒常,这既要用情感去爱,更要用头脑去爱,只有感性和理性的结合,一见钟情这一男女情爱现象才会具有永恒的魅力和感召力。

在爱情的选择上,要听从内心的召唤,更重要的是要为这种心灵的声音付出更为坚实的担当,不能像唐代才子元稹对于莺莺的始乱终弃,也不能因"妾拟将身嫁与,一生休,纵被无情弃,不能羞"式的冲动而饮恨……

也许这就是"唐伯虎一笑姻缘"对我们今人的启发。

其实就"钟情"而言,一笑就够了,二笑、三笑只是说书人或故事撰稿人的噱头,于情爱本身增添不了分量和意义。

汪涌豪

飘落山谷的玫瑰花瓣的声音

就个人来说，写诗不过是近三年的事，但喜欢诗却远不止三十年。

这三十年中，读过许多书，但记住的不是很多。留下可以记住并相信的，多半是诗，或与诗有关。所以有时会说自己与诗有缘，原非过甚其辞。对此，别人也许不怎么觉得，自己也懒得说明。是为痴。

间有一二故人动了好奇心，来问发生了什么。其实能发生什么呢，不过是随时间推移，渐渐了解了自己；又随人之将去，自然而然地学会了更多断弃。但这样的解释似乎仍没什么说服力，因为在常人眼里，诗是这样的东西，它只会使真实变得不真实，乃或在生活中不能真实，人才会去写诗。总之，如果人生果真是一趟忧伤的行历，那么它的先锋通常是诗，但拣尽寒枝后它的殿军，通常另有其人或事。

不能说持这种认识的人一定错了，连弗罗斯特都没法说服人不将诗视为装饰，一如丁香必定有它自己，但还是难逃被人用以调味食物的命运。至于想出版诗集，固无不可，希望它能被关注，就纯属马奎斯所说的丢一瓣玫瑰花入山谷，然后指望能听到它的回声了。

不过饶是如此，个人仍觉得上述的认识不真。一个人偏好用诗来安顿自己，一定是切切实实地体认到诗是人心最大的真实的。此所以阿诺德称诗是"人心的精髓"，赫兹利特认为诗是"生活中最精细的部分"。

可用为佐证的照例是诗。如华莱士·史蒂文斯就曾有这样的诗句："秋叶落尽之后，我们回归／一份事物的直感"。正因为诗须依赖直感，并只专注于或最擅长写直感，注定了它比其他文体都更努力地以裸出真实为职志，并更能让写诗或读诗的人藉此不惮面对真实的世界，乃至真实的自己，既足证自己有自信，因为他根本不以自己的拙于应世为意，他坚持按自己的意思活，并当生活给的不是他想要的，仍因为有诗而相信，能安静；又足证自己够诚意，因为他认定"诗是抗拒不完美现实的一种方式，亦为创造替代现实的一种尝试"，一如布罗茨基所说，这让他在心里祛除一切功利的计较，全不算计与人沟通的成本，是最执意地要将倾诉进行到底，并当别人不能理解时，决不强求同情；万一对方懂得，也不必然会有望外之喜，只是更确知诗的力量而已。

此外，诗的无可替代就都在它有恰如其分地传递人心精髓和生活的精细的形式了。即它能假一种特殊的语言，造成动人的韵律和节奏，来传达人内心的情感，进而调用比喻、象征等修辞手段，凝合成可移合、嵌接和转换的意象，多角度表达这种情感的力度与速度。正是这种特殊而强烈的"内指性"，使诗与其他文体区别开来，成为如薄伽丘所说的一种"精致的讲话"。由此带出的魔力，足以让人面对生活中任何言说的寒伧和表达的苍白，宁可选择沉默，也不愿哓哓不休，进而认为有些话是不说与说一样真，更有些话一旦说出来就必须浃髓沦肌，直达人的心底。

在这方面，几个世纪以来的中西诗人和诗论家们都有过精彩的论述，也留下了许多可称经典的诗作。直到一百年前西诗传入，在中国人的抒情与西方诗的浪漫的颉颃中，尤其在传统与当下的交互激荡中，面对着一边是认定唯诸夏独有的俪文律诗，才可与外域文学一较高下，一面是坚持唯文废骈、诗废律才是进步，才有出路，一些新文化阵营中的人在响应胡适倡导的"自然音节"同时，已不时"勒马回缰写旧诗"。至于那些持文体本位的新诗作者与诗译者，基于汉语的特性，体认着悠长的中国古典的传统，更留心梁启超提出的"新意境""新语句"和"以古人风格入之"的作诗三原则，希望通过"敛才就法"的修炼，来成就"诗界哥伦布"的伟业。他们孜孜矻矻，比勘中西声律之异同，追求诗与音乐的联通，由此讲字节和顿数，衡音尺和音组，并经上世纪五十年代往下直贯到今天，对如何守正开新，在脱弃旧体诗束缚的同时，造成节有定行、行有定拍，并换韵有序的新体格律，仍多有艰苦的探索，更抱有绝大的热忱。

个人的趣味，与这种主张更接近一些，并觉得经由意象派的译介，中西诗可共通的一面已大体为人所知。当然，其间的差异也更加显而易见。及至二十世纪以后，西方诗歌和诗学理论被不断引入中国，有的诗人还亲来中国与读者分享自己的经验，这导致了新诗体式的多样化已日渐成为不可逆转的趋势。其中不重字而更重句与语段的锤炼，不重段式均齐、章法互应而更多放任诗意流散和诗行出入，更是成为风气。其下焉者，更挟"日常写作"的诉求而沦为"口语诗""废话诗"。但正如不论在前现代还是后现代的语境下，西人作诗论诗都好讲意象，中国古人也一直很重视意象的营建；不论古代还是现代的中国人，作诗论诗都好用典故，西方诗人和诗论家也同样每常出入希腊罗马，像哈罗德·布鲁姆《读诗的艺术》在讨论讽喻、提喻、转喻和隐喻的同时，就特别谈到用典。至于因语言不同，中西诗人追求诗歌警策的方式固然有所不同，但在诸如从整体上追求诗的陌生化方面，宋明以来诗家通过处置诗歌中的闲言助字，求求得诗品诗格的不同凡俗的讨论，与欧美结构主义学派和形式主义批评中有些论述，其实并无二致。要之，一个是诗与乐从其发端到流变从来联系密切，是为诗乐一体；一个是抒情诗在词根上就与乐器有关，决定了其自由抒写必定不离节奏，并只有赖富有形式感的整赡节奏才能真正实现。

所以就诗歌内蕴的营造而言，个人最在意的是前已述及的写出自己直接感知到的心底的真实，并因为有意赋予这种真实以更广大的指向，而不免常以诗人所谓"此时此刻我在说一件事情，而在表达时我所说的也许又有些超出那件事情"为极诣。而在形式上，如果说新诗的确存在自由体和格律体的大致分野，那么自己更愿左右采获，务求综合其所长，尤其希望能打通古今与中西的界域，更充分地开显创作背后所隐蓄的中国文化的底色。

这个说起来容易，要做好很难。好在收在这本集子里的一百三十首诗，都是写个人在欧洲的行历。欧洲的历史与文化同样悠久而复杂，许多此前根本不了解，有的虽略知一二，一旦身临其境，仍不免惊诧莫名。由此产生的心灵震撼，不作诗真不知如何消解。但也因为这样的缘故，似天然地就在写作之初，要求自己更多地投入，化身为客观而不褊狭的异文化的观察者。与此同时，提醒不要忘了比量从来的传统,检视自己的内心,也是题中应有之义。因为这是自己所见到的欧洲,又因为是在诗中,它可能并未这样发生,甚至并未真实展开过,只是被自己的"误读",唤出了它将要到来的可能。这样的幽窈惝恍,本身就非常诗歌。

现在,再看这些旅途中草成的诗,回忆十年间行过的每一处川原和山峦,它诞育于大地的灿烂文明,自带光环,是那样富有诗意甚至神性地根扎在欧罗巴厚实的土壤,和每一块不可思议的岩石的缝隙,而它精神的枝条,仍借着这块土地上伟大人物的不朽创造,既通过文物制度,也每借助色彩和音符,在阳光下向我招摇。这当中,自然不会少诗人,譬如在塞特和蒙彼利埃的瓦雷里,他的故居、博物馆和滨海墓地,直接引动了我郁勃的诗兴。故收入集中的墓前吟唱外,我另口占了一首七律,贴在早已空无一物的他故居的门前:"簇锦篱花照眼青,萧森柏树属云停。曾传孤耿欣神助,还剩清衷赖鬼听。目想日迟能去海,魂招风软不来庭。问随心事归何处,分与浮生到杳冥。"

在我快写完这篇后记(本文为作者诗集《云谁之思》后记)时,亚平宁半岛的太阳想必已经升起,莱蒙湖的鹅也开始从温暖的翅膀中探出它们的头。等着下一个十年,还会去履踪未及的每一个地方的我,应该还会被许多的风景和人感动。这样的情景,太像维多利亚时代诗人丁尼生《尤利西斯》所写的:"尚未游历的世界在门外闪光,而随着我们一步一步去前行,它的边界也不断向后退让","尽管已达到的多,未知的也多啊","几次生命堆积起来尚嫌太少,何况我唯一的生命已余年无多"。

陈 沐

是隐居，更是对生活的关注和参与

在书店偶遇一本书，《做二休五：钱少事少的都市生活指南》。封面漫不经心，翻翻内文，也都是些日常琐事。整体呈现一种"可看可不看"的气质。但是说不上来什么原因，我很好奇这本书到底写了什么。

最终，还是一字不漏地读了。唐诺说，"阅读是很生物性很本能性的，就跟你体内缺什么营养会不自觉想摄取什么样的食物一般，就像养猫养狗的人晓得它们会自己跑野地找某种草吃一般"。这本书对我而言，岂止是食物，简直就是药，化解了内心很多顽见与焦虑。

作者大原扁理是一名日本"85后"，二十多岁时就开始"隐居"于东京郊区。这么年轻的男生，一周只需要上两天班，还能够把自己的经历写成书，会是一个怎样的人呢？

是少年成名、获得一大笔版税、不为生计所累？不，他只是一名没读过大学的普通青年，在东京郊区租房子住，每周的两天工作是去做护工，其余时间则是干家务活、以最省钱的方式锻炼和娱乐（泡图书馆、散步和做操）、短途旅游、会友。

他是网红吧？像那些改造出租屋、在终南山耕田或者365天早餐不重样的达人们，把自己的生活展示在自媒体上，吸粉无数……也不是。这本书里没有任何手绘、摄影的图片，也没有展示作者在家居装饰、收纳、绿植、美食等方面有什么过人之处，只是在介绍家附近常见的野菜时，画了几幅手绘，但纯粹是出于"把它们当作食材"的实用性目的。

是家里有矿？并没有。他当过书店店员、商超员工、零件工厂员工，每天上班12小时，假日都得加班。赚了钱，便辞职出国旅游……但他父母并不认同这种生活。于是他离开了家乡，来到东京，只为寻求大城市对多元生活方式的宽容和接纳。

也就是说，他的生活，不属于我能够理解的任何一种"隐居"。既然无法纳入正常的认知体系，那就归入负面吧！比如，拖社会的后腿、冷漠、自闭？他也承认遭受过类似质疑，"很多人说，就是因为有你们这样的人存在，日本经济才会倒退"。

但是全书给人的感觉，却是很阳光和温暖的。作者很自立，上高中时就开始打工了；他对外界很感恩，"无论是一个人的旅行，或者宅在家的生活，都是因为有大家的帮忙我才做得到"。而且也很有社会责任感——他在消费时，常常会考虑为社会带来的影响，"荞麦面或米、味噌等，我都尽量买日本国产的。虽然价格贵了点，但我想要对粮食自给率的提升做出一点微薄的贡献"；他基本上不使用超市卖的化学清洁剂，"一想到合成表面活性剂会流到河里，就觉得可怕，所以不使用"……此外，他保持良好的生活习惯，因为怀有"减少全社会医疗负担"的大愿，"不可预测的状况先撇开不谈，若是得了明明自己可以防治的疾病，治疗费中有七成还要用税金来填补，从各方面来说都太对不起社会了"。

  他隐居期间,做着照顾重度身障者的工作(每周两天,坚持多年)。因此他对该行业也提出了一些建议。由于日本政府预算有限,因此要减少照护事业的看顾费用预算;但是另一方面,从事此行业的人付出和所得常常不成正比,所以他认为,如果减薪势必造成更多人离职,从而导致看护业更加缺人手。他提出一个方法是:让需要被看护的群体互相帮助,以其力所能及的劳动来换取奖励。比如让高龄者看护、照顾幼儿等等,然后以"只有当地商圈可使用的地方货币"作为酬劳发放给他们。这样既可以减低政府的财政支出、减少行政流程,从而避免税金问题和繁琐的程序;又可以让弱势群体适当参与到社会活动中,对于提升他们的身心健康很有益处;同时还能活化地方经济……

  没想到这样一位闲云野鹤的青年,居然会考虑这样的问题,我感到非常诧异,并且开始反思:我此前对于"公益"的认知,是不是有误解?

  一直以来,我以为提高大家对某个公益问题的关注,一定是要通过舆论引导,通过社会大环境营造氛围才能达到效果,要通过相关机构举行大型活动才能实现。即使是在同一个组织中,处在不同岗位的人所做的贡献也差异极大,"每个岗位都很重要"之类的教诲,我以为只是对低技术含量岗位从业者的一种安慰性的说辞。但是大原扁理的例子让我意识到,即使处在一个非常"微不足道"的位置,也可以发出自己的声音,也可以影响到很多人。这本书除了日文版,还出版了中文繁、简体字版(其他版本未知)。目前的版本已经覆盖了人数众多的华文读者圈。他虽然只是介绍自己日常生活中的衣食住行，但广泛涉及了环保、农业、老龄化等问题。这种私人语境里的毫无说教味道的公益，甚至比很多公共机构的宣传更有感染力。

  当然，这本书绝对没有否认公益组织的作用，而是让我与自己达成和解：不再沉湎于过度的焦虑的自卑。认识不少公益人士，我常常被他们的热情感动，进而会愧疚自己无法像他们一样深入地、全然地投入到利他事业。但是这本书让我知道，一个人把自己的身心安顿好之后，才会本能地生出对周围人的感恩和关爱。这一切如此自然，就像水满了就会溢出来一样。而如果一个人每天要为家务、谋生、教育子女等诸多生存层面的任务而忙碌，怎么还能奢求他/她关心冰川又融化了多少立方？多少海鸟又因为误食了塑料垃圾而亡？多少留守儿童期待与父母团聚？……我总是希望自己的任何行为都能够不给外界造成负面影响，否则就会陷入深深的焦虑（就像流浪汉沈巍不忍心扔掉只用了一面的纸，这种痛苦我太熟悉了）。这是不是犯了精神层面的"揠苗助长"之忌？毕竟精力有限，牵涉太多反而容易两头失塌，从而让人产生全方位的挫败感。与其这样，还不如循序渐进，量力而行。就像大原扁理所说，自己在每周五天的自由生活中得到足够的疗愈，这样才能做好极耗费耐心的每周两天的护理工作。

  再回到此书的主题：隐居。在很多人的认知里，隐居是令人羡慕的，但一定是那种"功成身退"型的隐居才行，否则就是对生活的逃避。所以现在有一种有趣的现象是，"隐居者"也不得不拼命刷存在感：详细记录每天的生活，定时上传ins风格照片，似乎只有这样才能证明自己行为的正当性。曾经看过一本山居之书，在作者插秧的照片旁,配图是朋友送来巧克力布朗尼,背景是远山如黛,近水含烟……当然,这是流量时代的生存必须,毕竟版税和广告费可以让隐居生活更有保障。虽然这类隐居者也渴望"岁月静好"的闲散,但我从中感受到的,还是那种属于创业者的斗志昂扬与追求尽善尽美的心境。而大原扁理,是在真正衡量过不同生活的"性价比"、知道每种生活需要付出什么代价之后,选择了目前的生活方式,包括很多不入流、不完美的部分——

狠狠拒绝不要的东西,最后留下的,就是虽然稀少但自己真心喜爱的超朴实生活。

辑四

孙小宁

去往唐招提寺的路

"去往唐招提寺的路",这原是东山魁夷的名篇,标题即是一种召唤,召唤着每一个对鉴真大师心怀敬爱、又对这段中日佛教交流史感兴趣的人,来寻找并踏上这条路。它同时也是一条精神的感应之路,走得越多,越能感应到,更多人,其实也都走在这去往唐招提寺的路上。

于我来说,第一次抵达,眼里装满的,全是唐招提寺的景致:建筑、草木、佛像、小路。可以说,用一座庙宇,表达对一个人的思慕与敬仰,再没有比这里,构建得更深情、动人。也曾去过高野山,空海大师创建的道场。规模比唐招提寺大。也因为大,学校、邮局、派出所、餐馆,无所不包,反而在我眼里,变成一个无别的世界。人固然可以在其中参生悟死,但也可以尽享美食——比如高野山的果麻豆腐,就是我念念不忘的好物。我能感受到空海大师气息弥满的,主要还是那座御庙。僧人们每天都给他供早餐与中餐,过午不食,也不忘奉茶,这个仪式名为"生身供"。

但是,唐招提寺的敬法是另一种。一般访客很少能见到僧人,以及可见的纪念仪式,但对鉴真上人的思念,就系在这平平常常的每一处瓦草木。绵绵密密,连空气中都有。第一眼看到的金堂不说,那些圆柱、顶上鸱尾,自是按他心中所想构建,甚至地址的选定,固然由当时的皇家亲赐,但也是经由他"亲尝地味",气和才在此创建。一座传播律法的寺院,历千百年后,终成为人们对鉴真大和尚敬仰之情的表达。那些散落各处的句碑,真是写尽后世文人墨客的礼赞。而御庙供塔前的琼花、八角石灯笼中不灭的烛火,也都替来者表达着如俳圣芭蕉那般前来拜谒的心情——采撷一片叶,揩拭尊师泪。这是唐招提寺句碑中,我最喜欢的一句。俳句都是五七五句式,但这里,好像汉诗似的工整译法,才能呈现这一种庄严虔敬的情感……句为1688年,松尾芭蕉偕门人旅行,途经奈良,拜谒唐招提寺时所留。之后接力一般,会津八一、东山魁夷,纷纷在这里留下心迹。

通往唐招提寺之路,就是这样一条交汇的路。古人与今人的心迹在其中交汇回旋,而我只是无数默默跟进的普通人中的一个。

前后造访两次,今年去又碰上阴天,云层压得很低,天空零星飘雨。雨中的唐招提寺,通往金堂的参道依然宽阔整洁,两边的白沙即使在黯淡的天色下,仍显出细腻的洁白。金堂则一如往昔,尽力在将人的视线向两边伸展拉平,低平中又透着安稳的静气。这一次,我刻意不再走一般游客的路线——从金堂转讲堂,再经御影堂、开山堂到御庙。我任自己的足迹,在游客平常不至的边缘游走,最先到的是戒坛这边。隔着门栅瞻仰戒塔,之后便在周边的林间走走停停。看深林中的秋叶,在风中翻飞掉落。收拾这些树叶,竟成为穿工服的清洁工一刻也不停的工作。远古的寂寥在此时生起,寂寞之眼便看到了道边一扇坚闭的门扉。我于是问那清洁工:这里可见有人出入?他显然懂些英语,答:从来没有。我便对着枝叶掩映的门扉拍照留念。不知为什么，我总觉得，即使是被无数人解说得巨细靡遗的名寺，大概还是有一些不知道的人与事，掩在类似这样紧闭的门扉中。而就像御影堂一直在大修，两次欲睹东山魁夷障壁画而不得一样，有些事不能强求。

当然，部分遗憾，可以靠书籍来补偿。比如，借助井上靖那部《天平之甍》。但这一次，我随身带的是另一部相关读物，一本厚厚的《鉴真年谱》。年谱的好处是，你可以在传主活动的同一年，看到平行发展的许多事件，中日历史（尤其是佛教史）的线索都隐于其间。而它也真如草蛇灰线般，暗暗铺就了我这次奈良之行的轨迹。真是任谁也想不到，我这到哪里都晕头转向的著名路痴，原本只为看正仓院展而来，最后竟然做了一场奈良深秋的、一个人的古寺巡礼。事情到底是怎样变化的呢？起程之前，我还在为呼朋引伴而不得深深抓狂；一旦独自上路，又突然发现，独行原可以这样自由任性。比如刚一踏进春日大社旁的兴福寺，我便让这次的旅行路线，彻底转成寻寺而行。

这是因为，在所读的《鉴真年谱》中，我正好发现，邀请鉴真东渡的两位遣唐僧荣睿、普照，就是从这里选拔——当然，也有史料说普照是大安寺僧，但寺都建在奈良，所以也是从这里渡海到的唐土。如蜜蜂吸花，他们尽力在汲取大唐佛学之精华，但心心念念的，仍是要将优秀的传戒师请到日本。长安不得，再到扬州，鉴真的日本行，始终有他们的身影。荣睿病死于途中，等于客死异乡。但对于渡海僧来说，这是可以预见到的牺牲。只是，同样在途中付出生命的，还有鉴真的弟子、中国僧人祥彦。这一个人物从纸页间跳脱出来，正是由于这本年谱。

在扬州，鉴真听完荣睿、普照一番诚挚邀约，曾问出一句：有谁要去吗？座下唯一做出反应的人，就是祥彦。"到日要渡森漫沧海，听说百无一至,'人生难得,中国难生',进修未补,道'果'未到。"看来是为众弟子的不应做个解释。但是法师决意要去,祥彦便第一个起来应:"和上若去,彦亦去。"到临终际,他问同门思托:"大和上睡觉否?"答曰:"睡未起。"彦云:"今欲死别。"遂一声唱佛,端坐,寂然无言……

类似的描述,井上靖小说中也有。但为什么心生感动,是在读《鉴真年谱》?我突然意识到,井上靖到底是日本作家,他倾力刻画的日本僧,感人而有个性的太多,从普照、荣睿,到只顾抄经的业行,乃至入唐之后便做行游僧的戒融,都活脱脱跃然纸上,而遣唐僧在中国,本就是一道陌生的历史风景,会牵引住人格外的注意力。年谱不同,里面人物事件,皆沿时间线往前推进,每一个都简略,但也不致被忽略。如此,便看见了随鉴真东渡的一众弟子。看见了祥彦,自然也看到了思托。这曾与祥彦做过如此生死对话的弟子,后来成为铸起唐招提寺佛像的栋梁之材。我于是不免想,真该有一个中国的井上靖,能将祥彦与思托做成荣睿、普照这样一对人物形象。再写写思托们渡海到日的日常生活。在唐招提寺铸佛,思托是否也有一刻:"略微仰着脸坐在稍暗的堂中",一刹那脑际中会浮起在吉州客死的祥彦的面容?

那些随着鉴真大师赴汤蹈火的中国弟子,到底是怎样的心迹呢?有一点井上靖也体会到了,那便是他们都这样认为:"和尚的内心我们无法猜测,但我们唯和尚之心是赖,和尚若去日本,我们跟随,若留在国土,我们自也留在国土随侍在侧。"

这说来已是彻底的无我。但因为是自己给心做的决定,所以就至死不移。

这是纯然地为一个人而牺牲吗?怕也未见得。数年随侍于鉴真上人身侧,他们对佛法的体悟,律法的精进,乃至对世间事物的洞察,怕是比谁都眼明心澈。而一路的跨省过县,眼中所入的山河,恐也是一般僧侣所未能见识的壮阔。心志的锻炼不说,精进的还有造船、航海、建筑知识与美术才能。或者还包括,医学。鉴真本人的临床经验,便是年轻时赴长安学习,参与当时的疫情救助中习得,鉴上人的药方,曾为当时的皇太后开出,并让对方深怀感恩。弟子们就知道,佛法的传播,原不只是单靠佛法而已。做好了人事,自然也成就了佛事。

按鉴真一行的足迹,当时已远至海南岛、岭南一带,行路也讲法传戒,从这个意义上说,无论鉴真能不能渡海成功,这十年都没有空过,佛法的种子,已经被他最大范围地播扬。

而在他辗转的数年,母国与要去的异国,佛教的命运,正发生着微妙的翻转。一边是,玄宗以下向着道教一路偏斜;另一边是,圣德太子大化革新,佛教受到空前推崇。鉴真不懈地向东向东,或许在他在心中,唐招提寺已不是一个终点,而是佛教在另一处开花结果的起点。这花这果,年谱中仍有见证:后来获邀到各寺讲经的,就有其弟子思托、忍基、善俊、惠新等。"从此以来,日本律仪,渐渐严整,师师相传,遍于寰宇。如佛所言,我诸弟子展转行之,即为如来常在不灭;亦如一灯燃百千灯,暝者皆明明不绝。"

通向唐招提寺的路,是一条通向更远的远方的路。

或许真就是受了这细微的启示,我在后来的古寺游历中,开始寻找鉴真与后面僧人的联系。这在曾拥有南都六宗的奈良,其实并不难找。比如东大寺,鉴真东渡后第一个驻足地,后来从唐归来的空海,就曾在这里做过别当。而年轻的空海在赴唐之前,也曾以奈良一带作为他主要的活动场。据传鉴真的弟子思托,就曾为其受菩萨戒。

而在他成为真言宗一代弘法大师后，正仓院的书简中，仍保留着他和鉴真弟子如宝的往来书札。

空海，也是入唐求法后成为的东密传人。长安青龙寺的高僧惠果见他第一眼就说："我的生命即将走到尽头，我已经等你很久。现在，你果真来了。我的道可以传到东边去了。"当时人看这些遣唐僧，曾有一句形容："现在，日本的沙门来求圣教，就像把一个瓶子里的水倒入另外一个瓶子一样，一点不剩地学去了。"但学去了又怎样呢？有慧眼的大师传法，就是这样量器度才。

所谓"山川异域，风月同天"，从鉴真东渡到惠果传法，这种信念链条，一直是在历史的时空中传递。

所以，我不由得又把此行最后的造访地，定在了去得最多的东大寺。没有再去大佛殿，也没有看林间的鹿，我要造访的，是大佛殿西侧的戒坛院。比起那些热闹地，这又是一座相对安静的小院，院门直入，参道两边，又是爬梳得格外仔细的白沙。到大殿阶前，脱鞋，入殿，瞻仰大佛，也拜四周的四天王。见那小小的解说册上这样说："以四天王相作为守护神，是从飞鸟时代开始的信仰，在奈良时代迎来最盛期。"

简短的字句，让我莫名地又想起祥彦。

井上靖小说里有一句："一国的宗教、学问，不论在什么时代都是这样孕育的，靠许多人的牺牲而来。"而这许多人中，也是有祥彦这样无名而无我的人啊。仿佛一生的使命就是，做通往唐招提寺路上的守护神。

芭蕉那句立在唐招提寺的深情诗句，如今体味，倒像是贴着祥彦的心写出来的。这颗心，应该早随着鉴真上人，抵达了这里。

朱丽丽

敦煌艳阳下

临近开学,突然看见一个吐蕃展,是国内第一个以吐蕃文化为专题的展。但是,只在敦煌展出。怎么办?九月、十月,新学期的无数事情黑云压城一样就在眼前。跟闺蜜提了一句,她立刻回:机票只剩六张了,下手吧!好吧!咔咔买了机票,在开学之前去给心灵充充电。

住在江南,我对北方的开阔疏朗一直有一种迷恋。读文学的人,怎么能不去塞北呢?其实,对中国文化报以温情与敬意的人,都不能不去。飞机的舷窗下,祁连山触目可及,雪白的山头与苍黑的山脊一路延伸,无穷无尽。地面一片苍黄,都是戈壁。数年前沿着兰州张掖武威一线去过一次敦煌,还可以看见戈壁上的汉长城遗留,一道低矮的土坯长城,将群雄争鹿的狼烟时代隐藏于后,那是霍去病封狼居胥的所在啊,是匈奴人哀歌"亡我祁连山,使我六畜不得息;亡我焉支山,使我妇女无颜色"的所在。当飞机降落在敦煌时,西北的艳阳扑面而来,真是艳阳啊!那种强烈,打得人一闭眼,感觉身心都暴露于这通亮的澄澈的热烈的阳光下。那几天,觉得自己像是被充电了一样。

敦煌，这两个字在口腔中发声的时候，就有一种煌煌阔大的气息。许多年前，看见井上靖的小说《敦煌》，意识到东瀛对大唐对西域的那种迷恋，持续了上千年。敦煌，本质上来说，已经是礼失求诸野。但这是文明的交汇点。对于爱好历史的人而言，再多的书籍研究，都不及文明的现场感。从公元四世纪开始，敦煌的石窟陆陆续续开凿了一千年，然后，随着陆上丝绸之路的衰落，突然沉寂，在历史中无声无息。直至二十世纪初，藉由藏经洞的发现，震动中外，成为世人心中的文化圣地。

不是第一次来，车过戈壁，远方的山崖上陆陆续续出现一排排石窟的小黑洞时，还是屏息沉默了。已经是八月底，依然是逼人眼目的艳阳天。空气澄澈，透明度极高，可以放眼看见很远的地方。那种开阔，令人想唱歌。天蓝得仿佛蓝琉璃一样，洞窟山崖是砂砾岩的黄色。清劲挺拔的新疆杨，树身雪白，枝叶一簇簇直指天空。圆圆的馒头柳，以前竟未注意过，原来古人折柳相送，折的不是一样的柳，得是这种到处都能生存的植物，才能随手攀折。莫高窟前的沙河一如既往，只有河底断断续续一点细流，还在枯水期。在这样的风沙偏远之地，穷尽心力、智慧与财富，为佛兴建一千年的洞窟，真是人类近乎疯狂的行为。但也正是这样的疯狂，使得蚍蜉一样的微末生命建构出了伟大的文明遗迹。

上次来敦煌，就听说要逐步实现数字化观看。果然，这次数字观看已经是很重要的一环。即使如此，还能够实地再看十个窟。这种机缘真是来一次少一次的福分，应该敛容珍惜。讲解员修养良好，仪态挺拔，带着一队队游客穿梭在洞窟上下。观看的洞窟看来是随机的，因为需要轮流休养。壁画最畏惧的是光照，所以洞窟常年处于自然黑暗中。推开石窟的门，游客按照要求分列两边，会有自然光打在主座的菩萨脸上。这个小细节让我有点出神。千百年来，跟我们一样有幸造访的人们，光线缓缓照亮佛陀面容的那一刻，心中刹那升腾的应该是无与伦比的敬畏与惊叹。敦煌，已经是甘肃的最西部。再往西，就是新疆。唐、萨珊、吐蕃、西夏、回鹘、匈奴、乌孙、突厥、粟特，许多种文明交织成不朽的莫高窟艺术。菩萨低眉金刚怒目，漫天漫地的经变故事，都化身为超然美妙的恢弘画卷。经历千年岁月风沙，壁画雕塑早已经斑驳褪色，然而光照处依然摄人心魂，令人心醉，不知身在何处。不知自己的来处，何以明了自己的现在与存在？人类文明的庄严璀璨向我们打开的应该就是这种神游古今、与古人劈面相逢的快感。

  敦煌研究院第一任院长常书鸿的故居和办公室，就在莫高窟最负盛名的九层楼对面。这位上世纪四十年代挈妇将雏从法国来到敦煌的画家，一生中最好的年华都给了敦煌。他的办公室和故居都是意想不到的清寒。床和书架都是土坯的，几张木质桌椅，一个灶台，一直到1982年他离开敦煌，都是这样。只有窗边的野花和墙上的油画展示出他艺术家的身份。故居窗外有低矮的梨树，当年常书鸿经常以树上结的梨子招待朋友学生。敦煌研究院办公室的院落里，是两棵百年榆树，树干刀劈斧削一样布满沟壑，枝叶繁茂，像历史一样充满故事。这里的一草一木都在我心中引发深沉的叹息——许多代学人和艺术家就是在这里默默无闻度过大半生。被称为"敦煌的女儿"的樊锦诗也是如此，六十年代北大毕业后即来到敦煌，先生远在万里之外的武大工作，孩子也是在武汉长大。分居数十年，最终还是先生追随她，在敦煌会合。晚年，有人说，她在上海的双胞胎姐姐与她看起来简直不像姐妹。一个保养得当,仪态年轻;一个朴素沉静,面带风霜。她却说,自己一辈子只做了一件事情,是敦煌成就了她。

常书鸿的儿子常嘉煌多年旅居日本,最后也是回到父亲魂牵梦系一生的敦煌。为了保护莫高窟并让更多人领略莫高窟的艺术之美,他与一些艺术家一起在敦煌重新寻觅新洞窟作画,复制莫高窟的美与辉煌。数年前曾经去参观过新窟,与莫高窟非常接近的地貌,巨大的山崖,洞中蜿蜒上下,曲径通幽,极费体力。他的母亲李承仙将近八十岁高龄的时候,还在陡峭的梯子上爬上爬下作画。犹记得当我们参观完离开的时候,常嘉煌先生独自一人站在戈壁上向我们挥手告别。那里没有电话没有手机信号,只能等城里的司机来接他回城。这些人这些事,仿佛是古人一样。他们本可以留在大城市研究作画,过优渥的生活,而不用在这偏远之地经历几十年风霜。然而,我确信,有些人的内心确实需要精神生活过于物质享受,对他们而言,是敦煌,成就了他们人生的意义。

历史与文化,如果没有与人的心灵产生巨大的呼应,就是死寂的。反过来说,正是这些人对宗教的虔诚、对艺术的爱和对历史的尊重,使得他们创造了敦煌,又守护了敦煌。感念这些千百年来无数的画匠、僧人、民工、信众、官吏、文人、学者、艺术家们,感念他们层累的热忱与心力,我们才得以遇见敦煌——无与伦比的文明艺术。

吐蕃展就位于敦煌研究院内,一个不起眼的二层建筑。在西北正午的骄阳下,明亮的光线几乎让人睁不开眼睛。而一到展馆,视线与内心一下子沉入历史的情境。古格、象雄、吐蕃,藏文化真是太深邃迷人了。展不大,却集中了许多国内外大牌博物馆的名品以及私人收藏。一个六至八世纪吐蕃贵族小孩的丝质外套和软靴,样式像唐装,而织物图案又是带着中亚波斯风格的连珠立鸟纹,新得不像是一千多年前的物件。青藏高原气候严寒,并不适合穿丝绸,这也许是某个节庆的日子穿的礼服,也许是夭折的孩童的葬服。曾经有一个天真可爱、软玉温香的小生命包裹在这件衣服里,仅仅想到这里,就觉得这件小裙子是活生生地带着人的气息。

我还看见了黄金面具,这是草原游牧民族贵族入葬的传统用品之一,有象雄的,也有吐蕃的。最大的一件,可能出自乌孙或西突厥。乌孙,就是汉代细君公主和解忧公主和亲的那个乌孙啊。那些娇生惯养的皇室女儿或宗室女儿离开山清水秀的中原,跋涉千里来到塞外,适应一种全新的生活、全新的文化,真不知是该为她们叹惋命运与爱情的身不由己,还是该为她们庆幸有机会看到家庭之外、皇城之外的新世界。那个时代的女子,有机会经历跨文化的人恐怕是不多的。当然,从现世幸福的角度,这种选择如果是出于主体性,才更加令人愉悦。

草原王国最重要的权力建筑是"金帐",赞普的金帐与大汗的金帐一样,都会镶嵌许多象征权力、财富与威仪的金饰品。一组迦陵频伽鸟鎏金银饰片尤其引人注目,这是一种佛教中的神鸟,人面鸟身。佛教经典中称为"妙音鸟",据说菩萨讲经时,此鸟就会奏乐,其音和雅,听者无厌。敦煌壁画中也有迦陵频伽鸟,这组因为出自吐蕃,人首眉目深邃,高鼻薄唇,有一种高原上的狂野气质。有一件木板,长方形,上有菩萨画像,琢磨了半天不知为何物,听了讲解才知道原来这是一块压书板。吐蕃的典籍是不装订的,读时一页页看完叠起来,上下各有一块压书板,相当于封皮。外面再用丝绸或布包裹起来,这也就等于吐蕃的精装书了。展厅中有多块繁复明丽的织锦,奢华的金银器，包括马具、胡瓶、银盘等等，奔跑的狮子、鹿、羊、马与骆驼图案，虽然在时间的磨蚀下失去了原有的光泽，但依然显露着那个高原王朝的威仪与华贵。甚至因为这种时光带来的黯淡，更多一层厚重氤氲的气息。面容清癯的佛像，混合着印度笈多王朝与唐朝的特点，有些更带有萨珊和粟特的美学风格。吐蕃文化展，有一种特别的混合的气息。这也是为什么这个展一定要在敦煌的原因，季羡林说过，中国、希腊、波斯和印度四大文明唯一的交汇点就是敦煌和新疆。没有比敦煌更适合的地方了。

此展是敦煌研究院与美国普里兹克艺术合作基金会联合组织的。在展览的最后，我看见了基金会创始人及主席玛格和汤姆·普里兹克夫妇充满深情的回顾，他们回忆自己因为对印度、中国西藏和尼泊尔文化的强烈兴趣而结缘，甚至他们的儿子也继承了这种激情，获得了藏文文献与喜马拉雅研究的博士学位。也正是这种激情，促使他们拜访中国国家文物局，促成了与敦煌研究院的合作，总共有二十余家国内外的考古文博机构将其收藏的吐蕃瑰宝借展。像我一样的爱好者，才有机缘目睹来自全球的吐蕃艺术精品。

想到这里，不由得觉得，激情真是人类心灵最可宝贵的东西。因为激情，敦煌的工匠与画师创造出了无与伦比的莫高窟。他们的爱、骄傲、恐惧与希望都永久地留在画卷中。敦煌壁画中有无数的菩萨、金刚、飞天，也有世俗生活中的王公贵族与平民。有归义军节度使张议潮夫妇铺天盖地的威严仪仗，也有卑微的婢女捐出毕生工钱换得的一席模糊的身影；因为激情，无数的学者、艺术家纷至沓来，在此荒凉之地奉献一生的心血与热忱；因为激情，玛格夫妇和敦煌研究院的无名学者们穷尽心力策展与布展；因为激情，普通人也可以什么都不为,仅仅是热爱,来敦煌邂逅一次美丽的高原文化。

为什么来敦煌,是因为它的伟大还是沉静?

来到敦煌,当然是为了它迷人的历史与文化光影。它的阳光与星辰,曾照耀无数杰出的艺术家与虔诚信众的心灵。在敦煌看见的一草一木,都令人浮想联翩。这里既是陈寅恪所谓"吾国学术之伤心史"之地,也是千年来伟大平凡兼具的一个个真实存在过的生命构建的时间之流。我们看见过他们的面容、妆发、服装与仪态,我们也明了他们的祈祷、付出与愿景。晚唐张议潮派了十队人马去向唐宣宗通报,从吐蕃手上夺回了敦煌。只有一队幸存,用了整整两年,才走到了长安。而我们,不过半天之遥,就从江南飞到了敦煌。面对在这块土地上留下泪与血,留下光荣与梦想,留下不朽的艺术的古人,除了感动,还是感动。

我更觉得,来到敦煌,是为了与自己相遇。短短几天,敦煌的艳阳,无论是早晨还是傍晚,光影都犹如神迹;行走在一个路人都没有的果园,随意可摘路边的野梨、葡萄、玉米;夜晚在极致的安静中入睡,清晨又在极致安静中醒来。这样的旅程,仿佛出世了一趟。

如果有些人,可以为了永生与轮回,在荒凉之地的断崖上,用整整一千年的热情,创造伟大的莫高窟;如果有些人,明知莫高窟最终会消失于时间之中,却穷尽一生的心血去守护它;如果有些人,仅仅出自对敦煌这块文明汇聚之地的热爱,以及对吐蕃文化的兴趣,就可以奔走五湖四海,低调而专业地做一个小小的展览,有什么理由不为这些历史长河中的人深深俯首?有什么理由不响应内心的召唤,万里而来,一亲芳泽?这些人类文明的宝贵遗迹,此生此世,也许只有这一次机遇相见。除了珍惜,还是珍惜。

一个人，只有此生此世是不够的。也许，那些魂牵梦系的远方，就是我们的某一世。你怎么知道，下一次醒来是在历史与时间的哪一处？憨山大师《示佛岭乾首座刺血书华严经》曾云："尔欲以有限之四大，涓滴之身血，刹那之光阴，而欲写无尽之真经，作难思之佛事，是犹点染虚空，扪摸电影也。"

一切人为，只是为了不负此生。

韩天衡

三登泰岳

泰岳，即泰山，亦称岱山、岱宗、东岳，是古代帝王登临祀天祈福的圣山。泰岳与嵩山、衡山、华山、恒山并称为华夏五岳，而泰山有"五岳独尊"的显赫地位。

一九七八年初春，为拍摄《书法艺术》电影，我与朋友一行五人访碑泰山。彼时经历寒冬的泰山似在冬眠中还未苏醒，落叶的树，无芽的草，一片土黄色，很莽荒的萧瑟相貌。晨八时进山门，拾阶而上，偶要攀爬土坡，一路走去，赏右侧大山坡上字大于斗、整幅字巨大到看不到边际的古代"大字之王"——经石峪金刚经刻石；观不知其年的五老松，它那奇崛开张如龙蟠凤舞的姿势，让我们绕着它转悠了四五圈，还觉看不够。此后的攀登中，也时时看到山路两侧那数不胜数的历朝历代官宦名士书写在摩崖山壁上的刻题，令我眼界大开。

抵达"中天门"，已日居中天。稍作休息，啃了点自带的干粮，喝了些肩背军用水壶里的凉水。再出发绕过十八盘，面对的是上南天门的那条陡峭而又近乎直线，如接天云梯的千百级石阶。畏惧于石级之多、难攀，这也是平生第一回，其间短歇了多回，终于踏过六千多级的台阶，到达南天门。傍晚四点稍歇又由南天门前行，走过一段不短的斜坡(今成了繁华的天街),经过碧霞祠等景点,似都无心恋栈。我等一行,醉翁之意不在酒,也不在山水之间,而在于石刻书法。故而,对诸多景点我们都匆匆略过,直奔据说是"天地通衢"的玉皇顶。

前进玉皇顶,在大观峰的削崖处,居然见到了风流天子唐玄宗书写于高达数丈巨壁的"纪泰山铭"。嘿,这皇帝老官写得一手的标准隶书,明代大学者王世贞就赞誉其字:"穿崖造天铭书,若鸾飞舞于烟云之表,为之色飞。"的确,在清代中期汉代隶书未被出新之前,玄宗的隶书也称得上是一等一流的。那古苍畅达的台阁体式的隶书,我等一行仰首俯腰地赏读了半响。就我而言,这"纪泰山铭"字字如蜜,足以消去我身上三分的疲乏。

到达玉皇顶住所,先卸下随身的行李和摄影器材,此时我辈个个气喘吁吁,臭汗一身,腿弹琵琶,脚生血泡。记得同行的一位张姓小伙子,回程时下山由泰安到天津。在热闹的劝业场里,已走上了二楼,竟因腿软,一个跟斗滚翻着摔到了底楼,一时引来观者如云,让他颇为狼狈。攀登泰山,身体透支如此。

那时节,山上还多余雪。风萧萧的晚间睡在招待所里,还算暖和。翌日晨四时,裹上借来的棉军大衣,急匆匆地赶往东侧日观峰的拱北石景观台看日出。记得李太白有"日出东方隈,似从地底来"的诗句,我这次要亲见奇景了。寒风中,急切地期待日出,终于,旭日在一片曙光的簇拥下,矜持地露脸了。那奇艳的红,似乎只有刚出炉的钢水才有这般厚实、凝重、绚烂。眨眼间旭日已从海上跃起,爬上远处起伏如波涛的群山,这以天地为幕的大观,奇妙到铭心刻骨。此时高居山巅而临下的我,不由吟起了"山登绝顶我为峰"的诗句。自豪啊!

二〇〇八年盛夏,又有登泰山之旅。但此时"旅"的辛苦,都被现代化的交通工具一扫而光,"攀登"一说,成了夸张说辞,虚张声势。旅游车直送中天门,再乘坐缆车空降到南天门。一路上满目碧绿,生机勃勃,大有"游"之乐,而无"旅"之艰,甚觉轻松。但世上事,得必有失,步行登山的一路景致也因此无缘欣赏,不免生出了浓浓的失落感。

旧地重游,泰山已不复三十年前我初游时的清寂,变得游人如织,熙熙攘攘。美景恨不百回看,午后时分,又登上了观景台,体悟孔子"登泰山而小天下"的感受,玩味杜工部"会当凌绝顶,一览众山小"的诗境。然而,环顾南北而有所思,此处泰山独高,再遥望西南,那边陲上的珠峰,要高出泰山若干倍。珠峰有灵,会视泰山为小丘的。又想到古人常用"泰山北斗"作美喻,将泰山与北斗并列,其实,居北斗而俯看泰山,它仅是砂石一粒,渺焉难寻。我彼时不由自问:天下小了,泰山小了,"小天下"的自身岂不更加渺小了?!初登泰山时的莫名自豪、自大此际被一扫而空。得此感悟,折返海上后,我执刀叩石,刻了一大方印,曰"登山小己",自警也。

八年后,岁近八旬的老朽,有幸三登泰岳。旅游业更加发达了,在一条龙衔接的全程周到服务下,一切攀山艰辛的顾虑早已全消。初登泰山时九小时的路程如今仅需一小时,在车上,在缆车车厢里,坐看窗外,满山遍野的绿,还夹杂着些许的红,天成的斑斓,是老成而醇郁的秋滋味。那明灭断续的登山路,似断线的珍珠串,时隐时显,美极。也怪,我总觉得人的思维多有"贱"的一面,至少我是如此。初登泰山时那般艰辛,多挪身一步都觉烦难,那时多向往一步登天的舒坦便捷。如今,舒坦便捷了,却又惦记着当初辛苦中才能

"三登泰岳"

"登山小己"

"老大努力"（韩天衡刻）

获得的乐趣。

还惦记着藏匿其里的满是佳境的"经石峪""五老松""十八盘",以及沿山镌刻在石壁上满目琳琅的古贤题记。我庆幸,亏得有第一次全程的步行,否则,也许以为巍峨的泰山,其妙处仅在山巅的几处胜迹呢。

我是一个喜欢胡思乱想的人。社会发展快,以往从上海家里去泰山至少几天方能折返的路程,如今半天即可。想想封建之世,江南书生进京赶考,路上少则三个月,多则半年,如今飞机两小时,高铁五小时;以往写篇论文,搜找资料,颇费时日,有时累到中断写作。如今"百度"一下,许多材料举手可得。高新科技喷发的新时代,衣食住行,及大量作业的工作量都被省力省时地缩短了周期。原先做一件事的时间,现在可以宽裕地做成三五桩。节省了时间,增加了效率,间接地延长了人的寿命。对于我辈攻艺者来说,活他七十岁,不止是活了一百六,生逢其时,幸甚至哉。

趁着万里无云,能见度好的机缘,俯看山麓下的泰安城,高楼林立,栉比鳞次,好一座洁静而现代的都市。四十年间,三次寄居于城里的旅舍,一次一个样,次次见新妆。记得一九七八年的泰安,只有简陋透风的客栈,破旧的公共车辆,一排排矮小的房子,间杂着东倒西歪的残垣断壁。小巷多用高低不平的乱石铺就,时见空洞累累、皮皱叶稀的千年树木。登山途中更是时常遇到坑坑洼洼的山径……总之,一切陈旧,少见新物。当时我就跟同伴们打趣:虽时空久远,如果孔夫子、杜甫再来重游,想必是无须问路,更不至于迷途的。当然,泰安这一幕现在已是老皇历了。

久久地站立在观景台上,由远而近,感受到一座山、一座城市的勃勃生机,新的得体,古的雅致,相得益彰。今胜昔、换新天,靠的是不断奋斗、不断努力。由景及心,此时不无联翩的浮想:古人有句"少壮不努力,老大徒伤悲"。吾今老大矣,生理上当服老、知老,心理上应年轻、忘老。岂能借口自己的年衰体弱而虚度岁月,空抛时光?!

折回申江,即择佳石,挑灯刻制了一枚"老大努力"的印章,既以明志,也以自励。

泰山拱北石景观台,对我而言,不仅可观山赏景,更像是无声的传递正能量的讲台,作为一个年届八旬的文艺老学生,三登泰山,曾让我三变心志——

"山登绝顶我为峰",是盲目膨胀的自信;"登山小己"是清醒而及时的自警;"老大努力"是衰老不言退、不言败的自励。

在既往的四十年,见证和蕴蓄着华夏文明史的崔嵬泰山,对于我是诤友,更是良师。感恩。

李　黎

没面子的何绍基

家里有一幅颇有年代的名家书法，被我随意卷了搁在橱柜里，虽然没有破损但陈旧皱折，品相实在不佳，而且问题还不是出在这里——这幅字背后有个故事，我才一直不知道该拿它怎么办。

前些时结识了一位经营裱画装框店的画家曾先生。在美国能裱字画的人本来就不多，加上他本人是位艺术家，过目经手甚至收藏的字画不在少数，我便趁了请他为我裱两幅习作之便，把这幅家传的字带给他看，同时把故事讲给他听……他一听之下，直说有趣，就把这幅字为我用心地裱起来了。

就像是蓬头垢面的丫头忽然梳妆打扮起来，我细细端详这位"美女"半日，忍不住照了张相传给"海上陆公子"。他对书法的鉴赏力是我一向佩服的，之前家中寥寥几幅祖传的字都拍了照给他看过。但这一幅，我却生起个调皮的念头，想用个迂回曲折的方式跟他分享这幅字背后的故事。

这是一条横幅，原纸尺寸约为138×36厘米，正文五十五字："蕴结之怀非一见不能解也见劝作诗本亦无固必自懒作耳如候虫时鸣自鸣而已何所损益不必作不必不作也如一两篇见寄当次韵尔"，款识

"穆堂学使世大人属书 何绍基"；两方钤印，阳文"何绍基印"，阴文"子贞"。

我查到正文的出处，乃引自苏轼写给表兄程正辅（程之才，南宋词人程垓的祖父）的书简"四十七首之三十四"："某再启。承谕，感念至泣下，老弟亦免如此蕴结之怀，非一见，终不能解也。见劝作诗，本亦无固必，自懒作尔。如此候虫时鸣，自鸣而已，何所损益，不必作，不必不作也。吾兄作一两篇见寄，当次韵尔……"

何绍基（1799-1873）以书法著称，盛名自然不在话下；而"属书"的这位"穆堂学使"则是我的五代高祖鲍源深（1811—1884，字华潭，号穆堂）。对于这位老祖宗我所知不多，小时台湾家中客厅墙上挂的对联"似兰斯馨如松之盛；临川拟洁仰华思崇"，笔酣墨饱，年幼的我却是既看不懂更不会当成宝贝，根本没注意下款题字的人也姓鲍——我的本姓。直到第一次回大陆寻根，来到上海豫园"和煦堂"，题匾的人竟然就是鲍源深，跟家中对联上的名字一样！上海的亲生父母亲告诉我：鲍源深是我的五代高祖。我才想起来很久以前，把我带到台湾的爸爸跟我提起过鲍家这位老祖宗，于是开始对他发生兴趣。后来互联网发达，"谷歌"或者"百度"都找得到几则有关他的词条。简单来说，我这位高祖是安徽和州（今和县）人（难怪自小填"籍贯"，大人就教我填一个我从未到过的地方："安徽和县"），道光二十七年（1847）进士；同治年间先后历任五部侍郎及许多其他族繁不及备载的官衔，同治十年（1871）任山西巡抚。之前的咸丰年间还做过皇子亲王的"侍读"，所以家里还有一把道光帝五皇子惇亲王题字送他的折扇。光绪元年（1875）辞职归里，光绪十年病逝，享年七十三岁。传记里说他"善书法，工诗文"，著有《补竹轩诗文稿》等。

既然是何绍基书赠给穆堂鲍源深,又是我家传下来而不是从外头收购的,还会有什么问题呢?

我把字拍了照传给陆公子,附上这段话:"上海家里传下来的,多年前我回国时上海父亲给了我,刚才裱好取回。何绍基赠我的高祖鲍源深(穆堂)的字,家人竟不当回事,我也一直把它扔在一旁。你知道为什么吗?"

陆公子回:"好字!看不出奥妙在哪里。"真不愧是陆公子,如此温雅有礼,用了"奥妙"两字而不说"问题"——他当然知道我在卖关子。于是我说了这幅字的故事:

中丞公(家中长辈都以此称呼这位老祖宗)为子孙排辈,定下"孝友传家、诗书礼义"八个字;我的爷爷是"传"字辈,爸爸是"家"字辈。中丞公当然留下不少字画珍玩,但三辈、几"房"摊分下来,爷爷所得想来就有限了。爸爸是爷爷的独子,爷爷的几件祖传宝贝,爸爸大致是清楚的,无奈1949年爸爸带了妈妈、奶奶和我去了台湾,一口大樟木箱子装了一家四口的生活必需品,之外就搁不下多少东西了。所以童年记忆中,客厅挂的对联好像就只是老祖宗的那一对(不知为什么题了上款却没有送出去),和吴熙载(1799—1870)送他的一对"春花落地闲公案;野鸟啼枝小辩才"轮流着挂。

回到何绍基的那幅字。话说有一天——我猜想还是爸爸很年轻的时候,爷爷命爸爸将那幅字拿出去裱。取回来时,爷爷展卷一看之下,脸色大变。

"裱字匠欺负你年轻不懂,做了手脚了!"爷爷对爸爸叹道。

原来宣纸有一种厚的叫"夹宣"或者"双宣",技术高超的匠人

何绍基书法

可以把纸张从中分两层揭开。传说掌握这个技术的裱画师傅可以把一幅字或画一剖为二,这种宣纸吸墨性强,墨水直透纸背,纵是下层也并不逊色,鉴定起来都是真迹。于是,艺高胆大又心怀不轨的匠人,遇上值钱的货色,就"上下其手"(这倒是个贴切的双关语),把上层留下将来当真迹牟利,下层装裱之后"还"给看不出端倪的客户。

这样的事还真给爷爷遇上了!其实,就算是行家,若只看那下层实在发现不出有什么破绽,但爷爷对那幅字想必是早已观摩得烂熟于胸,笔端墨色毫发之差便看出蹊跷来,加上见多识广,知道江湖上有这号手艺人物;可惜拿不出证据,只好当成给自己儿子的一场教训吧。

于是这幅"算是真迹但不是唯一真迹"的身份尴尬的书法,从此就被打入冷宫。爸爸当然不会把这个让他颜面尽失的"传家宝"带到台湾;而留在大陆的爷爷后来的日子过得相当潦倒,没等到爷爷死在十年混乱中,就已经一件不剩了——除了这幅字。

被打回"原籍"的爷爷惨死在乡下之后,他住在上海的女儿,也就是我的生母,收拾了寥寥几件遗物,包括这幅字,带回上海家中。

十几年过去了。忽然有一天,爷爷的女儿接到一个通知,说她的亲生女儿、1949年被她的哥哥嫂嫂带去台湾的,现在从美国回来了,要来寻根认亲。

这个被带去台湾后来又去了美国的"亲生女儿"就是我。

之后我常回上海探望亲生父母。有一天,我的生父从旧纸堆里掏出一幅字,带些歉意地说:"经过这些年头,家里已经拿不出一件像样的东西给你。倒是这幅字,背后有个鲍家的故事,你就带回美国去做个念想吧。"

把我带到台湾的爸爸,是我生母的哥哥、生父的内兄;爸爸和我生父两人除了这层姻亲关系,又是复旦大学的同学、好友,当年爸爸一定是把这个上当受骗的故事当成笑话讲给我生父听的;而我在上海从生父听到的版本,已经是多年后的第二层转述了,其中是否有出入或夸张不得而知,但字是真迹无误,估计年代应该有一百五十年左右也不会有多大误差。我当时听着只觉得好玩,带回美国也就随手放进橱柜里,几乎忘得一干二净,直到前不久偶然翻出,动心起念取出装裱,才让这件一百五十年的旧物重见天日。

听完故事,陆公子告诉我:邓友梅的小说《寻访画儿韩》里就有这样一号人物。我找来小说读了,果然"画儿韩"正是此道高手,会将字画一揭为二,有一回遇上存心讹诈的骗局,这一手绝活救了他,否则就是一场既损了面子更伤了里子的灾祸。我津津有味地读完这个短篇,知道了"面子、里子"都算真迹,只是下层钤印的朱色稍微淡些。回头再摊开这幅字,朝它默默道了个歉:这些年委屈你了!

陆公子说这故事蛮好玩的,要不要写出来?我想好呀,配上原图,说不定那幅上层的"分身"就会出现来认亲呢。

字有分身,人却分身乏术。对于把我带去台湾、抚养我成人的爸爸妈妈,我是他们承欢膝下的女儿;而当年我的生母和生父把我托付给他们的兄嫂时,本以为不用多久就会重聚,万万没有料想到三十年后才得相见,而那时爸爸已经不在人世了。大时代的动荡让我有了两对父母,他们却只有我这一个女儿。

时光流逝,我的两双父母都已经先后离我而去。爸爸离开得最早,然后是生母,之后是妈妈,生父是最后一个走的。面对这幅字,又想起生父交给我时带着歉意的表情,其中有多少作为一个未能伴我长大的父亲的遗憾与无奈。每当想到他们,想到他们给我的爱,远远胜过世间任何珍宝,心中就充满感念。看着这幅说不上是传家宝的字,我也想到那位我在襁褓中"见"过一面的"传"字辈的爷爷;还有,那位出生在两百年前的高祖鲍源深。他们给我留下了无数隐形的、无价的遗产——记忆、文化、亲情、传承……我的生命我的根。

[日] 夫马进 赵 晶 译

宝池山庄藏书记

作为文学部的教员,退职时该如何处理此前一直置于研究室的自有书籍,这或多或少都是令人头痛的问题。对我而言,大学研究室是战前的建筑,十分宽敞,所以收藏了大量的书籍。曾经莅临研究室的前辈们屡屡询问:"退职之后,这么多书该怎么办?放哪里呢?"作为国立大学的普通教员,谁都可以想象得到,我们是无法拥有带有书库的豪宅的。

习惯于将所有麻烦的事情都往后推的我,在退职前一年总算开始着手来解决这个问题。以前因为孩子长大了,我们就从宝池搬家到现在的一乘寺。宝池的家占地面积不大,如果为出售而建造住宅(日本区分两种住宅,这里提到的为出售而建造的住宅并无确定的买家,出售者使用的是便宜的建筑材料;而另一种房屋则已有买家,且根据买家的设计进行建造——译者注),也卖不了多少钱,所以一直都握在自己手中。将一楼的全部和二楼的三分之一用作书库,二楼再追加一间小工作室和会客室即可。2013年1月上旬,我用尽了极为微薄的存款进行装修,3月下旬就把书籍搬入新的书库,二十多年来悬而未决的难题就此解决。

书籍大致上架完毕，我自己重新开始了工作，此时心情颇佳。从会客室看到的后山，也在几株樱花花开落尽之后，呈现出一片新绿，十分美丽。最令人高兴的是，在大学研究室，为了确保收藏容量，我在靠墙书架的内外两层都放了书，所以并不清楚内层有哪些书，它们大部分处于闲置状态，而在新书库，这个问题就基本解决了。

心情愉悦的我把这里称为宝池山庄。将这个从叡山电车宝池站出发、步行一分钟可到的地方称为山庄，或许会有人觉得奇怪。但是陶渊明不也曾吟诗"结庐在人境"，城市人夏目漱石不也自称为漱石山人吗？

在宝池山庄中，并没有一本像内藤湖南恭仁山庄所藏那样的国宝级书籍——我完全没有搜集珍本的兴趣。所有的书都是为了自己阅读而收集起来的。这次将书籍放置到书架上时，我注意到由复印件与照片装订成册的书实在太多了。如果要说宝池山庄的藏书有什么特点，无疑就是这批资料了。尤其是大量汇集了中国公益事业团体善会善堂印制的、被称为征信录的年度报告书的复印件，几乎没有一册是原本。知道我在持续研究这个主题的上海友人曾在旧书店购入几种征信录相赠。然而，这些书几乎不为公共图书馆所藏，所以我将原本转送给了文学部图书室，自己只是收藏复印本。对于被称为"燕行录"的朝鲜士人的北京旅行记，或是日本士人迎接朝鲜通信使而写下来的笔谈记录之类，我所收藏的基本上也都是复印件或照片。有关清代诉讼审判文书与讼师秘本这类诉讼指南，我应该是现今世上持有量最多的人，当然所持也全都是复印本。藏书之中，凡是市场上销售的影印本与活字本，基本上没有使用过的痕迹，品相良好，一如新书，而复印本则经常标记红点、写下批注。

2013年6月中，我获得了时隔三十年再访天一阁的机会。天一阁是创建于明代嘉靖年间即1560年代的藏书楼。由于科举制度与均分继承制，豪门大族难以维持，加上中国频繁遭遇大的战乱，作为现存的个人藏书楼，天一阁显得格外古老。我很早之前就读到过黄宗羲的《天一阁藏书记》，其开头部分有以下这句话："读书难，藏书尤难，藏之久而不散，则难之难矣。"

　　对我而言，这就完全不同了。因为所藏之书中根本没有贵重的书与珍本，所以黄宗羲所说的"难之难"（即藏书在任何时候都不散佚）等都不是问题。我平常就跟妻子说，在我死了之后，就请废纸回收业者来，付一点钱，让他收走这些废纸堆。想不起来有什么为了购入珍本而到处奔走的事情，目前也不用担心因战祸而毁损或虫蛀的问题，所以没有什么"藏书之难"。目前面临的"一难"是，我该如何从迄今尚未得到充分交流的"书朋籍友"的身上汲取更多的养分，这无疑只是"读书之难"而已。而且就史料来说，根据研究者的提问能力，就会得出各种不同的答案。我过去经常阅读复印本，再重读几遍也是有必要的吧。

　　搬迁完藏书的我，现在正直面这个"难之难"。

谷曙光

福冈中国书店访书记

2018和2019年夏，我两赴日本九州的福冈，两度到访了那里的中国书店。

我每到日本一地，就喜欢逛那里的旧书店。东京、大阪、京都、名古屋等地的众多旧书店都曾逛过。在去福冈之前，我在网上查了当地的旧书店信息，可惜的是，福冈的文化氛围似乎稍弱，书店数量远不及东京、大阪，好在我查到了一家叫"中国书店"的，于是很高兴，谅必是专营中国书的店面，那就更难得了。

2018年夏的福冈之行，是去九州大学查资料，九大的中里见敬教授热情地接待了我。我在福冈的时间匆促，在查资料之余，提出最后一天的上午，想去逛逛中国书店。中里见敬教授帮我查了书店的营业时间，不巧的是，那天正好是周六，书店休息。我表示遗憾，但也可以理解。没想到第二天上午，中里见敬教授突然告诉我，他跟书店电话联系了，说明了我远道而来的情况，书店愿意周末破例为我一个人开门，已经约好了上午的十点。我听闻消息，感到格外暖心，一是感谢中里见敬教授的热情联系，二是感动于书店为我一个人在周末营业。

到了7月28日那天,我上午九点多从旅馆出发,按照手机地图的指示,走了不很远,就来到博多区吴服町的中国书店。这是一栋二层的独立小楼,中国书店的招牌,遒劲有力,我怀疑出自某个中国名家的手笔。上面还有一行字"图书输入贩壳·出版·古书·映像",可知书店乃是多种经营,包括进口图书、出版新书和音像制品等,并非只卖旧书一途。

书店一层并未开放,左边有楼梯直接上二楼。上去后右转,就是一个较大的空间了,四面皆书,中间还有两排书架,格局与一般书店无二。这个规模与面积,如在东京、大阪,算很宽敞了。书店里没有顾客,仔细寻觅,看到在右边里侧的柜台后面,有一个老者坐在电脑前。因我不通日语,就没有上前打招呼,而是径直走到书架前看书。粗粗浏览之下,这家店售卖的,皆是与中国有关的书,有中国内地出版的,也有中国香港、台湾地区出版的,还有日本、韩国出版的,性质有点像东京的内山书店。我翻了不久,那个老者知道来了客人,走到我跟前,用不很流利的中文问我是不是谷先生,并递给我名片。接过名片,才知道老者的名字叫原笃。我们寒暄了一下,他又指着店中间的矮沙发,上面有一杯茶,那显然是为我准备的。外面的天气炎热,这杯绿茶带给我一阵清凉的感受。

店内有新书,也有旧书。我本想着这里会有些和刻本汉籍,可惜细细翻看,只看到最普通的《十八史略》和《文章轨范》的零本。不过,令人欣喜的是,朝南的两架,居然以中国的线装书为主。这或许算是没有和刻本的补偿吧,我的心里舒服了许多。

于是重点翻看线装书架。架上的书以1949年之后中国内地的新线装为主，最新的如中华再造善本有很多，定价也还合适。明清刻本是没有的，民国时期的略有一些。我翻来翻去，略觉失望，寻寻觅觅，终于在书架的右下角看到一套两函的《暖红室汇刻西厢记》，打开一看，是扬州的广陵古籍刻印社在"文革"后据旧版重刷的，品相上佳。这书应该是用的玉扣纸，算来也有四十年历史了，几乎没被翻过，打开后，还能闻到一股纸墨的清香。书中有不少版画，刻工尤其精细，颇堪把玩。这套书"文革"后被重刷过多次了，可以说是每况愈下，最近一次的刷本已经是惨不忍睹了，标价还甚昂。不客气说，广陵社拿暖红室的板木，真是赚足了钱！暖红室最好的自然是晚清民国的印本，如果退而求其次，这个"文革"后最早的重刷本也算是不错的选择吧。可是，我翻来翻去，找不到版权信息，也找不到定价，心想等到最后再说吧。

书店内还有一些画册、碑帖，也是特色。我重点看了日本和我国台湾、香港地区出版的画册，觉得种类繁多，琳琅满架，可惜远道而来，画册又重，不便多带。思量多时，挑了两种。一种是台湾版的《溥心畬画集》(台北历史博物馆1981年再版)，还带着外面的函套。这是溥心畬研究的重要资料，也是可靠文献。另一种《说葫芦》，是大玩家王世襄的养性怡情之作，可谓宝葫芦里蕴藏着妙学问。此书中国流传极夥，但架上卖的却是不甚多见的1993年香港版，铜版纸精印，装帧设计之佳，令人爱不释手。

不知不觉中，已在店中待了超过两小时，茶水也喝了好几回。每次喝水之后，原笃都在不知不觉中帮我续上了水。一想到这个周末的上午原本休息，书店是为我专门而开的，就觉得必须买、买、买呀，不然情何以堪？

斟酌再三，我把中意的《暖红室汇刻西厢记》和两种画册，拿到柜台，交给原笃，表示要结账。还特别说明，《暖红室汇刻西厢记》找不到定价。趁着他算账之际，我回头仍去翻书，又过了好一会儿，当我再次走近柜台，瞥见原笃居然在电脑上查中国的孔夫子旧书网！我突然明白了，他也搞不清《暖红室汇刻西厢记》的价格，于是现查中国旧书网，怪不得这么久。我不禁感叹，孔夫子旧书网真是厉害呀，已经名扬海外了，连日本书店定价都要以它为参照。这些年来，孔夫子旧书网在旧书领域当然厥功甚伟，我也时常上该网买书，受惠不少；不过有些旧书，此网动辄标出令人咋舌的天价，却也是很不合理的。我当下心中打鼓，原笃如果按照上面的最高定价让我付款，而我囊中羞涩，钱根本不够支付，那时多尴尬！

我怀着忐忑的心情又等了一会儿，原笃终于算出了价格写给我，还另外打印了两张纸一并递过来。我接过一看，心中的疑虑一扫而光，对日本书店店员的素养钦佩不已。原来，原笃在孔夫子旧书网查的，不是正在售卖的此书的标价，而是已售出的价格，这就极合情理了。而且他还在已售价格中，选择了一个中等偏上的价格，再换算成日元告诉我。这种定价方式，完全没有漫天要价。我心情愉快地结完账，告辞退出。

对这次在福冈中国书店的购书经历，我颇为满意。回国后跟朋友谈起，他们也觉得是难得的购书体验，特别是最后的定价环节，令人叹佩。

转眼到了2019年的夏天，因为到九州大学开会，我又一次来到福冈,还是好客的中里见敬教授来机场接我。到了酒店,离吃晚饭还有点时间,我迫不及待地提出,去逛中国书店吧!上网一查,路是很近,可惜又是周末,书店不营业。好在这次会在福冈待上数日,总能抽空再去的。

第二天开会时,中里见敬教授热情地告诉我,他又跟中国书店联系了,在我离开福冈的那天上午十点,书店会来人接我过去看书,然后再把我送到机场。我简直不敢相信自己的耳朵。中国书店太好客了!当天晚上,我思来想去,觉得书店又接又送,实在于心不安。于是第二天,我告知中里见敬教授,不好意思让书店来接送,我要自己过去。中里见敬教授也没有坚持。

8月29日上午,我第二次来到中国书店。这次因为是营业日,楼上楼下都有店员,不过顾客还是只有我一人。一楼也开放了,是仓储式书架,但书的质量不如二楼。二楼有三四个店员,各自都在忙碌。又一次见到原笃,他仍很客气。另一个年轻点儿的店员主动过来跟我打招呼,名片上印着"中村英总"的名字。他表示待会儿还是要送我去机场,我推辞了一下,就开始看书了。因为拖着个拉杆箱,走路过来,天又还比较热,登二楼后,我的汗涔涔而下。中村不但给我准备了茶水,还递给我一条带有香味的毛巾擦汗,令我顿觉清爽许多,很快可以静心翻书了。

这次,我细看了书店的装饰,很朴素,跟东京、京都那种雅致、个性化的书店不同。店内有两幅中国书法的条幅,一幅是郭沫若的七律,诗云:"战后频传友谊歌,北京声浪倒银河。海山云雾崇朝集,市井霓虹入夜多。怀旧幸坚交似石,逢人但见哽生窝。此来收获将何似,永不重操室内戈。"这是郭沫若1955年访问日本,归国前在福冈所作,书写条幅则是1974年矣。不知郭沫若是否光临过这家书店呢?

因为要赶午后的飞机,时光匆匆,就没有像第一次那样细翻。记得去年看到台湾版的《张大千书画集》之类,因重而未买,今年架上已无踪影。可见碰到好书,就不能犹豫!临了买了两本书,也值得一说。一本是中国书店最新出版的《北平日记》,这是日本著名汉学家目加田诚1930年代在北平的留学日记,其中颇多中日学者间的过从记载。日记由九州大学的静永健教授做了详细注释,体例精善。书的装帧印刷亦佳,颇具品位。书后还附了高清复制的三十年代北平市街详图,足见作为出版社的中国书店,设计也是很有创意的。另一本《故宫藏画解题》(台北故宫博物院1968年版),文字出自渡海名家江兆申之手,也是极好的中国古代书画资料。

书店离机场不远,无论是坐地铁还是出租车,都还方便,但是,中村却执意要送我到机场。一路上,我们用简单的英语聊天,他应该是店里最年轻的店员吧,略带时髦的黄色眼镜片背后,流露出诚恳的眼神。7月,他刚去过中国的西安,参加今年的图书博览交易会。很快到了机场,我们愉快地道别。

回国后,我在网上查有关书店的资料,得知福冈的中国书店竟是1969年创业,迄今已经五十年矣。两次购书后,我都跟中里见敬教授分享了快意经历,还向他咨询书店的具体情况,得到了一些更详细的信息。书店位于靠近中国的福冈,以推销有关中国的书为主,宗旨是促进中日两国的互相理解。现在的老板是川端幸夫先生。值得一提的是,招牌是创业的第一代老板上田先生从周恩来的书法中集字而来。1969年，中日尚未建交，而书店已经创立，这真是极有魄力的举动！他们的图书事业，致力于中日友好，一如大名鼎鼎的东京内山书店，然知者却罕，更应表而出之。

遗憾的是，近几十年来，有关中国研究的趋势是人文学科日渐式微，图书生意不好做，书店的经营更不容易。于是福冈中国书店多方努力经营，开拓业务，不但推销新书，兼售卖旧书，还从事出版。中国书店出版的书，分别为"中国书店"和"集广舍"两家出版社刊行，后者出书着眼于现代中国的社会和政治方面，这在日本的出版社中可算得独一无二。这些信息，期待中国的读者知晓。我突发奇想，中国近年大力倡导"学术走出去"，如果书店能开拓中国当代学术著作的日本翻译出版，应是前景美好的事业吧。

2018和2019年的夏天，我两赴福冈，又两度幸会了那里的中国书店，真是难得的人生缘分。这家店，比起东京、大阪的书店来，客人少了许多，店内装潢也普通，但是却让你有一种宾至如归的感觉。友好的环境，暖心的服务，清茶一杯，慢时光翻书，外加热情接送……我在中国淘书数十年，从未有过这种贴心的感受。

这些年，写日本访书的文章不少，多谈东京、京都的书店，而这家远在福冈且有特色的中国书店，却少有人问津，是为憾事。期待看到这篇文章的朋友，有缘去福冈时，顺道逛一逛这家书店吧，或许会有意想不到的收获呢。

人生到处，雪泥鸿爪。美好的事情，总萦绕心头，更值得回味。福冈的中国书店，期待再见！

胡 瑾

巴黎珍本书店"朝圣"记

在巴黎，走路成了一件有趣的事情。

早晨，从第三区出发，沿着塞纳河一直走到第五区。走累了就坐在河堤旁，一边发呆一边看河面上来回忙碌的游船。也会兴致勃勃地观察乌鸦，看它叼来一大块华夫饼，放在低洼处的水潭里浸泡，然后一口口细致地吃完，多么聪明的鸟儿。漂亮的鸽子们也总是无处不在，当你从包里拿出面包的时候，它们就不紧不慢地踱步到你跟前，咕咕地叫着，理直气壮地问你要吃的。

傍晚，也是走着回住的地方。在老城狭窄交错的街道上转折穿梭，路过一家又一家的面包店、糕点店、餐厅和书店。天色逐渐暗下来的时候，餐厅门口的桌子旁也坐满了喝酒聊天的人。总有一些精致的小店，吸引着我停下脚步，驻足在装扮得极为诱人和温馨的橱窗前。有时候是一个手工做的皮夹，有时候是一尊造型有趣的小雕塑。橱窗的角落摆着像菜单一样的价格单，米白色棉纸上面印着名称和价格，纸张和字体都优雅讲究。

不用刻意去什么景点。比如，走着去丽维内克珍本书店（Librairie Pierre-Adrien Yvinec），店主兴奋地向我展示刚买回来的一套大开本的皇室藏书。从书店的大玻璃橱窗望出去,埃菲尔铁塔在斑驳绿树和蓝天的映衬下,竟有了一种纤细的柔美。和老师约好在但丁雕塑旁的咖啡馆见面,一路上,会经过蓬皮杜,巴黎圣母院和莎士比亚书店。我们点两杯咖啡,两个小时里聊着未来的计划,老师照例说着鼓励我的话:"你一定会成为一名出色的装帧师的,要坚持下去哦!"

周末去大皇宫看珍本书展,我就一直沿着塞纳河走,码头的书摊冷冷清清。走到卢浮宫后穿过杜乐丽花园、协和广场,再沿着香榭丽舍大街走一段就到了。逛着一个个展位,仿佛是在读一本装帧史:从中世纪的手抄本,到烫金的古典装帧,再到风格各异的艺术装帧,看得过瘾。

书展出来的时候,夕阳还未完全消逝,四月的晚风中总还带着些寒意,让人不由地裹紧了大衣。沿着协和广场旁边的林荫路走回塞纳河边,不一会儿,天就完全黑了。塞纳河上的游船灯光闪烁,甲板上的喧嚣声伴着河面湿润的风,飘散在空中。这一切让初春的巴黎有了一种热闹的温度。

那天,我出门早了一些。要走去第八区,得花上两个小时。

法布街24号,是一款香水的名字,也是爱马仕的总部。浅色外墙上白色"HERMES"的招牌低调极了。继续往前就是55号的爱丽舍宫,而100号的蓝登谢书店(Librairie Lardanchet)就在街道转角的好位置,是巴黎超高级的珍本书店。由家族第二代的兄弟两人继承,哥哥在一楼出售艺术家的画册和作品集,弟弟则在二楼经营着古书生意,基本都是上万欧元的顶级珍本。126号是另一家老牌书店,皮卡德书店(Librairie Henri Picard et Fils)1902年创立至今已有一百多年的历史,专卖十八至十九世纪的大部头法文书。第三代的女店主亲切随和,语调轻柔地讲述着书店的历史。

法布街及其周边有众多珍本古书店,散落在奢侈品店、高级酒店餐厅和大小画廊之间。

离法布街不远的奥斯曼大街上的库莱书店(Librairie Laurent Coulet),店主白手起家,和我说起法国的装帧:"我们法国装帧的书有一个特点,品相都上乘,几百年的书如新,这是英国比不了的!"说完朝我挤挤眼,补一句:"不要和英国人说哦!"

终于到了164号,大橱窗里摆着珍稀的精美插图书。一位穿白衬衫的店员,坐在进门的书桌旁,在认真地写着什么。

法布街164号的布莱佐书店(Librairie Blaizot),是巴黎顶级的珍本书店。1840年创立至今,有着近一百八十年的历史。和其他书店不同,布莱佐不单是一家珍本书店:他们不仅售卖精装书,还经常与艺术家合作,举办书籍相关的展览和沙龙活动;还与版画家、装帧师们合作,制作独立印刷的限量书。

布莱佐书店一直致力推广书籍装帧艺术,在藏书家和装帧师的心中有着极高的地位。到"高大上"的布莱佐书店"朝圣",是我此次巴黎之行的主要目的。

深吸一口气,推开门,街道的喧嚣在我的背后骤然消失。室内的光线微暗,目光被一直延伸到天花板的木书架吸引,书架上一层层摆满了皮装书,书脊上的烫金像是夜空中闪烁的点点星光,散发着诱人的气息。

"Bonjour!"

穿白衬衫的店员抬起头，朝我笑着打招呼。

心脏怦怦跳动，像是要不受控制，我的声音微微颤抖：

"Bonjour，呃……其实，我不是来买书的……"

我一边语无伦次地比划着，一边递上了自己的名片做自我介绍，店员一直微笑着点头，认真地听我说话。

"我能翻看书架上的书，拍一些视频和照片吗？"

他会意地笑了起来："我叫马克，是这里的老店员。书随便看哦，非常欢迎。有任何问题可以问我。"

我贪婪地从书架上抽出一本又一本的精装书，捧在手里细细欣赏翻看。对于爱书人而言，布莱佐书店真是个宝库，随意抽出的一本书，都可能是顶级的名家装帧。既有烫金精细繁华的古典装帧，又有金属或者玻璃材质的现代艺术装帧，让我惊叹不已。

马克忙完一阵子，就主动过来给我介绍书架上不同风格不同年代的书。我说自己喜欢的装帧师比如莫妮克·马修（Monique Mathieu）、清宫伸子（Nobuko Kiyomiya）、弗朗索瓦·布兰多（Francois Brindeau）做的书，你们店里都有呢。马克听了甚为惊讶，知道我不是外行，话题自然也多了起来："我也很喜欢他们的装帧呢！你知道吗，莫妮克·马修九十多岁了，偶尔还会来店里转转呢！前阵子，我们还给清宫女士策划了二十年回顾展，我太喜欢她的装帧了！不过，我认为弗朗索瓦·布兰多是现在法国最厉害的装帧师……"

原来马克也是一位资深书痴，自己也爱藏书。实际上，他就是为了能天天与书为伴，才到布莱佐书店工作，现在已经是二十多年的老员工了。"在巴黎，没有比布莱佐更有意思的书店了！我大概会一辈子待在这里了!"马克一脸真诚地说着,眼神中满是幸福。

聊着聊着,马克随手推开一排书架,一个暗门缓缓打开,露出了通向地下的楼梯,原来这里还有一个隐藏空间呢。他快步走下楼梯,不一会儿手里捧着一大摞书笑嘻嘻地走了出来:"这些书都比较珍贵,平时不摆在外面的书架上的,给你慢慢欣赏吧!"

这顿时让我心生感激。第一眼就认出最上面那一本,是法国十九世纪末装帧名家马里乌斯·米歇尔(Marius Michel)的作品。之前我只在装帧史的著作中看过照片,当它可以被我真实触摸翻看时,一切显得过于美好而不真实了。墨绿色山羊皮制成的光亮封面上,鲜艳细腻的花朵贴皮装饰,仿佛是从皮革里生长出来,而刷了金的书边,即使过了一百多年也闪着亮光。

此时,一位穿着体面的西装,提着黑色手提包的老先生推门进来了。马克和他打招呼,他只轻轻嗯了一声,满脸严肃的神情,径直走到书店最里面的小房间。

"这是我们店主,克劳德先生!"马克边说边跟着走进去,和老先生快速说着话。

老先生朝我这边看了看,脸上的表情似乎舒缓了不少。他朝我招手,示意我过去。小房间里有一面镶嵌着彩色马赛克玻璃的大窗户,光线透进来,照着他的脸忽明忽暗。他露出浅浅的笑容,一边打开一个上锁的书柜一边说:"我叫克劳德,听马克说你很喜欢装帧呢,要不要看一下我们店的私藏?"

克劳德先生一本本向我展示着他挑选出来的私藏,这些书代表着法国装帧不同时期的精湛工艺,有些技术甚至可能已经失传了。他说自己既卖书也爱藏书,有些自己特别喜欢的,干脆就不卖了。

"但是,你知道的,真正的顶级好书,我自己也是留不住的,总有人比我更喜欢它。"

在马克的帮助下,克劳德先生把这些珍贵的书一字排开,铺满了整张大书桌。

"这些都是装帧史上有名的作品,我按照时间顺序摆开,你随便拍吧!"

从马里乌斯·米歇尔,查尔斯·默尼耶(Charles Meunier)到弗朗索瓦-路易·施米德(Francois-Louise Schmied),保罗·博内(Paul Bonet);从赫诺·韦尼耶(Renaud Vernier),阿兰·塔拉尔(Alain Taral)到埃德加·克拉斯(Edgard Claes),弗洛朗·卢梭(Florent Rousseau)……装帧大师们的作品同时摆在我面前的瞬间,我激动得说不出话了,不由自主地抚摸着这些书。

克劳德·布莱佐(Claude Blaizot)是书店的第三代继承人,他说这个书店仍然保留着祖父的痕迹:木书架是祖父专门找人定做的,已经上百年了,依然结实耐用;小房间的马赛克玻璃窗是祖父找艺术家朋友制作的;角落里的古董电话机,是祖父那个时代装的,早就不能用了,他依然保留着……

"我的祖父和保罗·博内那一代的装帧师们很熟呢!我们书店,就是这样和一代一代的装帧师们、作家们一起慢慢成长的。"

和他看似威严的外表截然不同,聊久了才发现,克劳德先生其实是一个非常有趣甚至是简单可爱的人。

"以前我周末都能休息的,可几十年过去了,一恍惚,才发现自己怎么连周末也在工作了,连早上悠闲看报纸的时间也没有啦,哈哈!

在马克（左）的帮助下，克劳德先生把这些珍贵的书一字排开，铺满了整张大书桌。

这无畏的行旅

"不过夏天还是有休假的时候,我就一个人开帆船出海静一静。朋友啊,家人啊,每天在身边叽叽喳喳的,烦死啦,哈哈哈!"

他说:"书店快两百年了,在外人看来,我们应该是拥有很多的财富了。"边说边叹气:"哎,其实我们书店还欠着银行好多贷款没还呢!"

"说真的,如果把这些书都卖了,我的确会很有钱,很有钱哦!"他朝我笑笑,摊开手耸耸肩:"但是,这样有什么意思呢?太无趣了!人活着就得过得有趣,不是吗?"

克劳德先生说,他不认为纸质书已死,也不相信手工装帧会消失。他说,几乎每一天,书店里都会迎来新的访客。"他们不一定会买书,有些人甚至根本不了解什么是珍本书。但是我能从他们脸上看到一种爱书人的幸福和期待。这个世界上,爱书人是不会消失的!"

我们就这样一直聊天,翻书,拍照,直到书店关门。现在一想起在巴黎的短暂时光,总是先想到布莱佐书店,那个被幸福突袭的下午。想到马克和克劳德先生和我挥手告别:"记得再回来哦!"

我推开门,又迎来了街道的喧嚣,此刻夕阳斜斜地打在脸上,暖暖的。

离开法布街,到转角不起眼的面包店买了羊角面包。包装纸袋上,简单印着"创立于1892年"。

1837年的爱马仕,1854年的路易威登,1840年的布莱佐书店。

这些就是法国人的日常与奢侈,一年又一年,一百年又一百年,不用刻意炫耀的自然而然。

巴黎圣母院大火的时候，我刚好在现场。看到一件美丽的事物在眼前消逝，不禁伤心惋惜，竟也久久沉默无言。巴黎的人们似乎并不热衷讨论这件事，继续着平常的生活、工作，偶尔淡淡地说，修好就可以了嘛。这种静默无言的守护，其实蕴涵着巨大的能量吧！

正如，我们这些爱书之人，在世界的不同角落，寻着书籍发出的微弱而清晰的光，来点亮并指引着我们世俗的生活。也是用一种静默，守护着美丽书世界。

此时的我，在乡间的小小装帧工坊里，安静地做书修书，回忆起在巴黎与书相伴的短暂时光，顿时又充满了坚持下去的勇气。

巴黎这一席流动的盛筵，已在我心中挥之不去了。

潘　敦

上海西餐二三事

　　旧历新年前我打电话给赵珩先生问安，赵先生谢谢我的惦念，说是回了北京腿脚渐渐灵便，走路也不那么费力了，两个星期前他在上海逗留的那几日真是"举步维艰"，亏得同行几位年轻人鞍前马后，一切还算顺当。吃得也算顺心，唯一糟糕的是临行前一天中午的那顿怀旧海派西餐：罗宋汤不用红菜汁只用番茄酱，省了油面多了勾芡，又稠又甜；土豆色拉油腻腻的，光可鉴人，调味也马虎；炸猪排外面裹的面包干粉比里面的猪肉还厚，外不松，内不软。"只有那道奶油鸡丝焗面还略像样"，赵先生向来快人快语，"不过你说的对，从前的罗宋大餐是再也吃不着了，也算断了我的念想！"

　　立冬后赵先生二下江南，初来未及小雪，重来已过小寒。我错过了赵先生重来时在上海博物馆董其昌书画展上做的讲座，自然也错过了他口中那顿糟糕的西餐。其实赵先生去年初游上海那回我就请他吃过一次西餐，地道的法国小馆子，在武康路的巷子里开了十几年，刚开业时我去过几次，台面上的老板是法国人，傲慢得很，客人上门吃饭像是蒙他恩赐，受了怠慢还要看他脸色，冷言冷语里我总怕那些南法菜色不好消化，从此不去了。法国老板赚了钱又在餐厅附近沿街的铺面里开了间面包店，可颂、长棍、甜点，浓香飘溢，风情摇曳，一时间门庭若市，大红大紫。谁知老板黑心，面包里竟然掺用过期面粉，两年前东窗事发，法国人连夜潜逃出境，面包店关张，连累餐厅也停业。多亏了餐厅幕后的中国股东出面应对，挽留员工，整顿后厨，歇业一个多月，无声无息重又开张，去年 Daisy 和我在武康路筹备龙门阵川菜馆时偶尔就近去吃饭，脸色好了果然菜色也跟着大好！那天中午我先替赵先生点了龙虾汤暖胃；喝完汤上一小份当季的法国蓝贻贝，用黄油、洋葱、白葡萄酒和淡奶油焖熟，贝肉肥美，汤汁鲜甜，蘸面包最有滋味；主菜是勃艮第红酒炖牛肉，跟着铸铁炖锅一起上桌，锅盖当面掀起，锅底用钢勺轻轻一翻，百里香和洋葱的香味溶在水汽里一起升腾，像是用法语道出一声"Bonjour"，体贴地问候着味蕾。那一餐赵先生吃得满意，无奈在他看来，这些最传统的法国菜反而是他少年时不曾吃过的新派料理，满足得了口腹，却满足不了心心念念的回忆。

赵先生那几本饮食笔记里写过不少他对旧时西餐的怀念，从小就上京城里的西餐馆子吃饭，换天换地的年代里还没来得及换的那些赵先生都尝过。他说《老饕漫笔》里他写俄国老太太的那段王世襄先生看了最有同感，王先生说起老太太做的那一桌子俄国小点心，一边感叹一边摇头："没了，那么好的俄国菜北京城再也没了！"八岁前我在上海也常跟着祖父祖母去吃西餐，拨乱反正的年代里餐厅一样跟着"平反"，转行做了中餐的西餐师傅们纷纷重新出山，那是海派西餐没落前的回光返照！可惜我年纪太小，吃过的餐厅大都记不得店名更记不得地址，回忆里只留下些印象片段。

有一间餐厅像是在淮海路上，离思南路口不远，也许就叫"上海西餐厅",那一年我已去杭州念小学,暑假回上海,住在外公家,假期快结束时父亲来接我,带我和堂妹去那里吃过一次午餐。印象中餐厅很宽敞,暖色的装修,暖色的灯光,都不是那个年代的日常,服务生是中年男子,穿着白色长袖制服,接待很是周到。那顿饭最大的意外是甜品,菜单上的名字是"沙发来",父亲和我都不明白,请教服务生,只说是一种像蛋糕却比蛋糕松软的甜品,仅限热食,不可外带。那是我第一次尝试新鲜烘烤的蛋白软饼,奶香饱满的细腻泡沫在口腔中轻轻融化,感觉甜蜜。不想初会亦是久别,重逢要等十多年后我到了法国,才知道"沙发来"是法语"Soufflé"的旧译名,新近的翻译是"舒芙蕾",似更优雅,却不如前者鲜活。

彼时另有一类供应西餐的店铺,恢复了菜品,却不刻意装潢,说不上是餐厅,更像是现在的点心店,店堂里长桌长凳,客人往往需要拼桌,门口设一柜台,点菜、算账、发牌皆在此处,长条形的竹片上写着菜名,齐齐挂在收银员背后的墙上,顾客一边点菜,收银员一边算出总价,收钱后奉上各色筹码,红色代表罗宋汤,绿色代表土豆色拉,黄色则代表炸猪排,顾客拿了筹码再到发菜窗口领取菜品,清一色白底蓝边的搪瓷碗碟(近来愚园路上有一间韩国厨师主理的法国餐馆亦以此类餐具待客,以为创举,其实早有前车),刀叉汤匙则放在竹箩筐里任人自取。菜品有限,售完即止,一餐饭花不了多少钱,更用不了多少时间,八十年代这样的小店生意总是很好,西餐在上海的生命力使然。

其实回忆中的美食永远抚慰不了进化中的味蕾,从前的滋味,也只在从前才是最好的。所谓的海派西餐毕竟是苍白年代里因陋就简的权宜:炸猪排的原形其实是炸小牛排(Veal Schnitzel),牛肉价昂,小牛肉更是不可多得,才改用猪肉;中国人不爱生食,土豆色拉恰巧是唯一一种原料全熟的色拉,且容易吃饱,因此风行。一朝现实丰满,名厨饕客又怎会执著于这些简单的菜式?欧陆餐厅这二十年里几乎开遍上海,外滩边上那些旧日的洋行大厦里多是从巴黎、纽约、东京迁入的名店分号,菜单精致,酒窖丰足,繁华所在,最是销金。旧租界里择地而居的则是小馆子,越是路曲巷深,越是惊喜可期。近来我最爱去的一间小餐馆就开在东湖路杜月笙旧宅花园深处,没有招牌,不做午市,到了夜里只在门廊前的地上点一盏烛灯引路。老板是一对在意大利住了几十年的温州夫妇,先生是主厨,太太顾厅面。几道传统的意大利菜做得都好,帕尔马火腿切得又软又薄,入口丝滑;新鲜龙虾配葡萄柚、小番茄和茴香球茎做成色拉,淋上初榨橄榄油算是点睛;揉入帕玛森奶酪(Parmesan cheese)的手工意面更不是天天都有,老板心情好时才能吃到。三十来个餐位,周末总有三四轮客人等着翻桌,英、法、意语交杂喧闹,过了深夜一点都关不了门!有客人借着餐后的柠檬甜酒壮胆问老板何时会有新菜?老板笑笑说,在意大利没学过的菜怕做不好,想吃新菜,不如换个馆子,谦卑得那么自信,自信得那么谦卑。赵先生说他五月又要来上海,若他还想吃西餐,我会带他去试试。

黄开发

北京渐远的叫卖声

上午在家看书,楼下传来叫卖声:

磨剪子磨刀——

声音低沉,有些苍老的感觉。"磨"字发音很轻,"刀"字音有点像"都",与以往所听到的不同。我走到窗前,见一个老师傅推着自行车走过。他看起来六十来岁,光头,戴眼镜,上下一身咖啡色的衣裳,连自行车的挡泥板和支架都是这个颜色,——后者应是生锈的缘故。他不时抖动着一串"金闺",发出哗啦哗啦的铁片碰击声。

回到书桌前,我顺手从身边的书架上取下一本书——布面仿线装的《一岁货声》。此书高踞书架已两年有余,之所以放在近前,是为了取读的方便,然而一直忙于读其他的书,无暇顾及。

许多年前,因为读知堂《夜读抄》中的《一岁货声》《〈一岁货声〉之余》,就知道了这本小书。作者说他从朋友处借得此书,并亲自抄录,如此认真而又有情,令人十分感佩。我也对所抄之书有了很深的印象。手头上的《一岁货声》为杨良志选编,北京出版社2015年版,先影印知堂抄本和张次溪校订、1938年版的印本,后半部分辑录知堂、纪果庵、张恨水等的相关文字。编者的长篇后记介绍相关背景,是一篇很好的导读文字。

《一岁货声》又名《燕市货声》,原为清末蔡绳格所编。蔡氏字省吾,号"闲园鞠农"。书中记录咸丰、同治以降北京市井的叫卖语和声音,有的加了注解。货声,又叫"市声",北京人称之为"吆喝"。本地俗语云,卖什么吆喝什么。《一岁货声》大部分篇幅以时令为序,印本先记元旦,再按二月到十二月的时序分别记录,除夕煞尾;然后,为"通年"(常年)和"不时"(时间不定)类;再后,为"商贩""工艺"(修理、制作、看病、占卜等)、"铺肆"类。该书另收六个作者的七篇文章,分别书写了1930、1940、1990三个年代的北京市声,这些文章与《一岁货声》连络起来,构成了从晚清到当代京城叫卖声的简史,从中可以窥见时代和日常生活的巨变,令人生出今昔之感。

时令交替,应时叫卖,最能反映出农业文明时代鲜明的季节感。下面从《一岁货声》中略抄几则,可见一斑。暮春四月,胡同口的菜摊传来:

杏儿来,熟又烂来,酸来还又管换来呀,烂杏儿巴达来,小葱儿来,莴苣菜呀,嫩水萝葡来,白菜呀,蒿子杆来,蒜苗来,豌豆角儿来,黄瓜来,勾葱辣秦椒来,卖粉皮儿一大钱。

听到这声音,脑子里就会浮现出杏儿黄、水萝卜红、蔬菜绿的画面,丰富多彩。"巴达杏"是一种出自西域的著名品种,小贩以此招徕顾客。

  嗳……十朵，花啊晚香啊，晚香的玉来，一个大钱十五朵。

  这是叫卖晚香玉的。农历五月，初夏的黄昏，悠长的青灰色胡同，篮筐中盛开的白花，阵阵馥郁的芬芳……这动人的情景，宛如一幅有声的风俗画，一首有味的乡土诗。其中的点号不是省略号，原编者在序中解释，这是表示长声与余韵的。初冬十月，天气转冷，卖蒸白薯的来了：

  栗子味的白糖来，是栗子味的白薯来……烫手来，蒸化了，锅底儿，赛过糖了，喝了蜜了，蒸透了白薯啊，真热活呀！

  蒸白薯又香又甜又热乎，听了就使人流哈喇子。时至腊月，临近年根，各种吆喝声、响器声密集起来。有跑旱船、耍猴儿的，有卖供花、关东糖的，有卖年画、对联的，有熬粥、卖豆豉豆腐的，有卖红头绳、绫绢花的，有卖砂锅、装灯带的……各种吆喝声伴随着锣声、鼓声、唢呐声，在冰冷的空气里酿出了温煦、热闹、欢庆的年节气氛。

  张恨水在《市声拾趣》中说："我也走过不少的南北码头，所听到的小贩吆喝声，没有任何一地能赛过北平的。"究其原因，与老北京的消费文化特点有关。老北京是农业文明时代的古都，商业发达，买卖兴旺。居民相对富裕，有钱又有闲，喜欢找乐子。做小买卖的耳濡目染，受到影响，另外也会投人所好。吆喝声不仅要足够响亮、悠长，传入胡同边四合院里主顾们的耳朵，还得好听，吸引他们出来。一代代的叫卖声传下来,在时光里打磨,形成了京腔京韵十足的话语系统。

晚清至今,一百多年过去了,世事沧桑,生活方式巨变。叫卖声依然存在,但已经大变了样儿。那些与时令有关的食品果蔬的吆喝声,与旧时日常生活用品有关的吆喝声,都成了明日黄花。今天尚存收废旧用品的和搞修理的叫卖声,其内容也与过去迥异。从我居住的小区来看,除了雨雪天气,从上午九十点到下午四五点,叫卖声不时入耳。声音本身也有了今昔之别。北京本地人早已不做走街串巷的小买卖了,搞修理、收废品的基本上是外地人。叫卖声南腔北调,不复昔日的京腔京韵。过去用裸嗓子喊,有的配以响器,总是自自然然的;而今,一些人用扩音器放录音。最过分的是一个回收废旧电器的小贩,骑着电动三轮车,——经常跷着二郎腿,边走边在扩音器里重复播放"家电回收",车子驶过,声音回荡,使人顿感几栋楼房在高分贝的噪声中沦陷……也有吆喝声是我愿意听的,比如一个修理门窗的骑着电动三轮车经过,叫道:

换玻璃,换玻璃,换纱窗纱门,换纱窗,修家具门窗的滑轮滑道,安装遮阳片,更换阳光板,换纱窗的来啦!

他有时重复"换玻璃",加重"修家具门窗的滑轮滑道"一句的语气,又间或高声叫道:"换纱窗的来啦!"嗓音响亮,神气十足,大有舍我其谁之概,让你感觉他是出身于修理门窗的世家,你家需要维修,就得请他。从声音里想象,这人应该是京郊来的小伙子,身强力壮,留着平头,面皮枣红。而实际上则是五十来岁的中年人,头发稀疏,脸色黄黑,瘦而精干。车子靠背后面是工具箱,工具箱后面镶着一块红底白字的广告板,工具箱上面还立着一块广告板,同样是红底白字。车上堆满了各种工具和材料。此人的吆喝声抑扬顿挫,颇具魔力,我有时静下来聆听,很羡慕他有一副好嗓子。我平时给学生讲课,苦于丹田气不足,声音不大,又缺少磁性,不能把有的学生从梦乡中拉回来。

我有时走过一些老胡同,留意叫卖声,但从未听到过。问胡同里的老人,他们都说很少听见了。像我所居住的老小区,住户稠密,老房子多,老人也多,又是开放式的,给小商贩们提供了更多的机会。如今,在侯宝林、郭德纲的相声中,在老艺人臧鸿的表演中,还能听到一些"老北京的吆喝声",只不过都属于表演性的,少了真正的老北京吆喝声的土气和鲜活气。

现在所能听到的叫卖声中古意犹存的大概只有磨刀剪的了。一年以前,有一个磨刀剪的五十多岁的师傅,隔十天半个月的来小区一趟。他吆喝道:

磨剪子嘞——磨菜刀——

字正腔圆,洪亮悠长。他留分头,戴茶色眼镜,系着长围裙。车子大梁上搭着黑皮袋,后座的木板上放置磨石等杂物,两边挂着工具箱。一次在路上遇到,过去与他攀谈。见我感兴趣,他怂恿我回去拿把刀剪过来磨,听他好好聊。提了几次,知道我无意,便和我聊了起来。他介绍由五块铁片串成的"金闺",说"金闺"是对闺阁的美称,因为来磨刀剪的大多是姑娘、媳妇们。过去叫"唤金闺",现在简化了，就叫"金闺"。我问，以前样板戏《红灯记》里喊："磨剪子嘞——戗菜刀——"，您怎么不用"戗"字了？他说，现在生活中都不用"戗"字了，也就不吆喝"戗"了。他是天津蓟县人，在通州的村子里租了房子，白天骑车在城里的一个个小区间穿行。他有两个孩子，都已成家立业，做别的营生了。师傅走了，左手推车，右手腕枕在车座上，抖动金闺，发出几串清脆悦耳的声音。

《一岁货声》在"工艺"类中，记录有磨剪子的吆喝声："磨剪子，磨剪子，戗剃头刀子。"原编者注解说，工匠多推车，有边走边敲铁片的，也有吹喇叭的。更早的时候，工匠扛着板凳，上面放置粗细磨石。除了磨刀剪，还代人清洗铜镜。现在小区叫卖的小贩们的交通工具鸟枪换炮，几乎都是电动三轮车和电动自行车，只有磨刀剪的交通工具最落后，用老旧自行车，工具和吆喝声都去晚清不远，尚有昔日的流风余韵。

已经有一年多没有听到那个蓟县师傅的叫卖声了。我所在的小区即将安装门禁，到时候，连收废品、修理门窗等的叫卖声也将远去……

邢小群

牟宜之的雕像与石碑

在国外旅游,常常看到纪念已故文学艺术家的雕像。从西班牙马德里的塞万提斯雕像,到波兰华沙的肖邦雕像,到芬兰赫尔辛基的西贝柳斯雕像,无不坐落在最醒目的位置,体现了那里对本国文化巨匠的崇敬。几个月前,我在阿塞拜疆首都巴库,还见到作家、诗人阿利亚加的雕像,仅为头部,就有一人多高,脖颈如千年古树的根基,头发一团一簇,茂密的发丛中,布满了神态丰富的人物,原来,这些人物都是他作品中出现过的形象,让我久久难忘。

我们过去没有在公共场所为已故文学艺术家立像的传统。在很长时间内,除了鲁迅,很少见到其他文学艺术家的雕像。近年来情况有所改观。许多地方重视打造本地旅游资源,纷纷为本土文化先哲树碑立像。其中一些作品形神兼备,成为新的人文景观。

前不久,我在山东日照银河公园,看到了一座为出生于日照的诗人牟宜之建立的诗碑。碑高四米,上面是诗人的头像浮雕,下面是他二十岁写的诗《少年行》:"少年颇负倜傥名,略触谈锋举座惊。足涉八荒志在远,胸添五丘意难平。王侯将相了无意,农工学商各有情。踏平坎坷成坦途,大道如天任我行!"在山东乐陵,这位诗人的陵园也有一尊石雕,背后是书法家李铁城书写的另一首诗《从延安到冀鲁边》:"月明却照汉秦关,回首微茫九点烟。事业尽抛封豕尾,河山犹待伏龙肩。行间骑坐戎衣窄,酒畔谈兵战血鲜。鹤唳风声惊日夜,扬鞭策马驰幽燕。"豪气凌云的好诗与飞扬恣肆的书法,令人流连忘返。

牟宜之出生于1909年,逝世于1975年。作为诗人,其不凡的艺术造诣近十年才被社会发现,文学史家已将他与当代诗词大家聂绀弩并论。诗人生前不曾想到身后殊荣。1969年他六十岁,在困顿之中曾写诗自况:"无诗焉能言吾志,有功岂必书之碑。"身后立碑塑像,不在他意料之中。

但是,他生前也立过一座碑,碑上无诗,却更有历史的分量。这就是位于山东沂南的袁家口子大堤落成纪念碑。

此碑的发现出于偶然。就在前几年,一个朋友开车旅游,经过沂南砖埠镇袁家庄汶河岸边,发现一座石碑,好奇心让他停车观赏碑文,书有"袁家口子大堤落成纪念碑",为牟宜之题写。他将这一发现告诉了住在北京的牟宜之儿子牟广丰。牟广丰前去探寻。不想走近石碑时,遇到一位老人阻拦。老人神态非常警惕,问他要干什么?原来,有关部门正在当地修桥,老百姓担心施工部门将石碑挪作他用,自发组织看护。当老人知道来人是牟宜之的儿子,马上变得像亲人般热情。牟广丰看到,石碑前还有香炉和供品。和护碑老人攀谈,背后的故事浮出水面。

原来这里是沂河与汶河交汇处,历史上洪水常在此肆虐。1941年春,时任抗日民主政府沂蒙区专署专员的牟宜之,组织当地百姓,以工代赈,奋战三个月,筑起十里长堤,水患从此根除。七十八年来,当地遇到多次洪水,此堤仍固若金汤!今年夏天,台风再次入侵山东,引发暴雨,齐鲁大地多处遭灾,大堤岿然不动。

大堤落成时,立了这座石碑。石碑上除了牟宜之题写的"民主堤"三字,还有中共山东分局书记、八路军山东纵队政治委员、省战工委员会主任黎玉题写的"民主战胜一切"和山东省临时参议会参议长、爱国民主人士范明枢题写的"上天下地,人位乎中;志士担当,乃有事功。袁家石梁,二水流洪,历年为灾,牟子宜之,矢勤三月,於焉荡平!"。

沂蒙区参议长刘云浦撰写约七百字碑文,记载了大堤修建的缘由和经过:

> 本县沂西区袁家庄迤北,为沂、汶二河汇流处。每值夏秋雨季,山洪暴发,二河之水同时俱涨,复因河床过高,河身太狭,水量激增,宣泄不畅,辄由袁家庄东溃决南流,致三十余庄村尽成泽国,万余亩膏壤悉被淹没。数十年来,动成巨灾。虽旧有土堤,因岁久失修,颓废弃用。民众苦之,每思兴筑石堤以防水患,而卒未能也。
>
> 自我民主政权树立以还,兴利除弊,不遗余力,对此攸关民生之举,奚能漠然置之?经详细勘查、精确设计,乃决计兴筑。赖本区行政专员牟宜之、本县县长尚明两先生之号召领导,与全体工作同志、群众团体之奋起努力,及民众之热烈拥护,遂于本年四月上旬,鸠众庀材,经始兴工。民众莫不踊跃欢忭输财服役。历时三月余,值我抗战建国四周年纪念之日克告厥成。此后,当可永杜水患,丰稔有期。

乃举行盛会,以志不忘。与会民众举欣欣然有喜色,其乐从可知也。至沂、汶二河水利工程之全部兴修,则有待于异日。

大堤计共长五千零三十九公尺,土堤长四千七百三十公尺,石堤长三百零八公尺,石堤宽:底四公尺,顶一公尺,高六公尺,地基一千二百十五方公尺。共需民工五万六千三百名,石工八千九百六十二名,用石灰八万七千五百十斤,费国币一万五千四百七十四元七角二分。

账目公开,精确到分,让人慨叹!这是万民同心、保护家园的见证,是抗日政府民主管理的见证,也是牟宜之等人廉政勤政的见证!当时强敌入侵,环境险恶,施工条件简陋,现代机械设备根本谈不上,但工程设计之好,施工质量之高,管理之廉洁高效,仍然让后人难以企及。

抗战期间,当地百姓为了保护这座石碑,用柴草掩盖了它。现在除了个别地方字迹不清,基本完好无损。大堤造福于民,这座碑也成了护佑百姓的圣物,当地举办喜事,常有人前来烧香,燃放鞭炮。

勒石刻碑,并非难事。留驻人心,才算永恒!

吴建国

一个退役海军航空兵的回忆

上世纪七十年代初，全军基层部队歌剧《白毛女》汇演，我们部队是一个演出点。其间，组织者召开了由驻京基层部队干部战士参加的戏评会，会上，我们部队一名年轻的干事发言说：

"人家的闺女有花戴……"这是一个比较，这个比较的范围，是杨白劳和喜儿生活的一个或者就近的几个村庄。是谁家的闺女有花戴？如果村里的闺女都有花戴，就杨白劳家的喜儿没有花戴，这说明杨白劳的贫穷是个别现象，和地主黄世仁没有太大关系。如果村里和杨白劳一样的穷苦人家的女儿都戴不起花，那歌词里"人家的闺女有花戴"，就一定是地主富农家的女儿，因此这里没有可比性。地主富农家的女儿戴的花美不美？不是剧作者要表达和追求的目的，因此，没有必要用"人家的闺女有花戴"来比。我认为这个歌词应该改成："女儿家都想把花戴/我爹钱少不能买/扯上了二尺红头绳/把我的小辫扎起来……"把我的小辫扎起来，比原来"把我扎起来"更加准确。

与会的两百多名代表，没有记住这位海军干事的名字，有的给他取了外号叫"女儿"。显然，这样的发言超出了座谈会组织者的初

衷,一位军队宣传部门的重要领导在和我们部队政委交流的时候说:

"我发现你的部队有点特殊。"

"是吗,特殊在哪?"

"说不上来,就是感到干部战士都特别较真。"

我们政委是1937年从大学里参加革命的知识分子,他淡淡地说:"较真没有什么不好,就是要让干部战士能够表达自己心里真实的想法,最可怕的是只有一个声音……"而那个年代恰恰就是只有一个声音,看得出一个老军人的担忧。

战士的情操决定了一支部队的精神面貌,这是形成部队战斗力的基础,也是一支部队特有的性格。这个性格的养成一定和自己的军政第一首长有直接的关系。还有一件事:

部队在执行远距投放任务后,飞行员小刘在飞行总结会上说:从N机场到东海的D投放点,第一个导航点的河岸位置不对,我在雷达里看到,作为转弯点的河口右岸的位置,在图标的左侧200米处!也就是向河中心延伸了200米。如果在雨雾和低能见度的情况下,我们按照雷达回波的这个位置右转进入海上航线的话,就要晚1—2秒钟,就有可能撞在12公里外原航线左侧300米的××山上。

全场哗然,这怎么可能呢?这是总部最高规格的军用地图,已经精确到了10米。如果真的差200米,那我们怎么都没有看见呢?而我们海军航空兵驻这里的部队,每年几千架次进出这个导航点,为什么都没有发现呢?

"你们不信,我会向上级反映的。"

这个事有点闹大了,大家都知道,小刘就是这样的人,他认的理九头牛也拉不回来。在场的参谋长提醒小刘:"现在只是你一个人发现了这个问题……如果向上反映,这会牵扯上级首长和有关部门的精力,还是让我们一起再细细观察一下,等有了准确的结果,再向上级反映也不晚,你看行吗?"参谋长当然知道,军用地图绘制慎之又慎,如果小刘反映的问题是错误的,那会让全军的飞行同行贻笑大方。但小刘信誓旦旦:"不把这个标图改过来,我不姓刘!"

这件事,在大多数人看来,是小刘太较真了。较真的另一个解释就是抬杠,有人给小刘取了一个外号叫"闺女",寓意心眼小、认死理,就像一个小女子。抬杠就会影响到机组成员之间的团结,影响到飞行中的配合。大队政委找小刘谈话,小刘说:"我一定注意同志间的团结,但是,这个标图是错了,这一点,我坚持。"

第二年干部转业的名单中,有小刘的名字。我们部队长把基层党委和干部部门的同志找来开会,审核小刘的转业问题。部队长说:"小刘爱较真,实际上是他爱动脑筋,勤于观察的一种表现。去年关于河岸位置问题的提出,是小刘依据雷达荧光屏上回波的亮度来判断的,影响荧光屏亮度的因素很多,我也在问我自己:如果小刘没有看见,他完全是在撒谎,这种概率有没有?我认为,以他的基本品质和思想觉悟,不会做出无中生有的事情来,我不知道大家能否接受这一点?"

小刘被留下来了。以后的几年里,在我们部队的飞行任务中,只要飞临这个导航点,我们都会在雷达里观察这个河岸的位置,并注意这点上的转弯时机。我们没有发现河岸位置的变化,但由于这样的留意和关注,从这个点进入东海,我们总能准确进入航线,12公里外的××山总在我们的左侧300米处。

八十年代后期的一天,部队收到了上级配置的全新的航拍地形图了。这一天，作战室里挤满了人，对照这个河口的导航点，果然，岸线的位置已经向里延伸了200米！电话打到总部，回答是：近二十年来，由于水土流失加剧，河道河口的位置变化很快。不久，这个河口区域的海军航空兵部队，组织有关部门测量后，发现这里有潮汐规律，月度最低潮位时刻，河口淤泥背高离水面有5—20厘米，而5—10厘米左右的水深，正是低空时雷达在"地形"档上能分辨的厚度。查几年前的飞行记录，小刘飞临这个河口上空的时间，正是当天天文最低潮位时刻。

这年"八一"节会餐的时候，小刘走到我们部队长前面，立正，致军礼，"我为能成为您的士兵而感到光荣和自豪！"部队长双手扶了一下军帽，给小刘还礼。食堂里响起了热烈的掌声，部队长和小刘紧紧拥抱的时候，我们的眼泪流下来了！

就是这样一支以解放初期的老旧机型为主组建的海军航空兵部队，在飞机及设备交替更新的过程中，成建制保持了三十多年无重大安全事故，这样的飞行纪录，在全军全国乃至全世界都是少见的。上世纪八十年代末，上级派人来总结我们部队长期保证飞行安全的经验，其中有一条是干部战士在重大原则问题上敢于较真。但我们自己的总结是：我们是人民的子弟兵，人民的利益是我们的最高政治标准和原则，军人是握枪的人，在科学的精神里，形成和完善自己独立的思想和性格，不盲从不迷信，这样的部队，才能拉得出，打得准，打得赢。

辑五

胡晓明

中国文章学之"专""转""传"

古人说"文章九命",太悲观了。其实中国有更为丰富的文章学,我简单爬梳了几条材料,归为三个字:"专""转""传"。

"专",就是专业、专家的文章,一般就是写给小圈子里看的。我一点都没有看不起专家的意思。对于精密的学问讨论,内心恒有一副深深的敬意。这个是要耐得一种长长久久的寂寞,与万古之人对话,不是一般人都做得到的。陆机《文赋》说的"心懔懔以怀霜,志眇眇而临云",这是说写作时的心态;"同橐籥之罔穷,与天地乎并育",这是说文章的光价。记得沈文倬先生就对他的博士生说,不要忙着写文章,要多读书,不要考虑发表的事。可是他的博士生那年都四十岁了,还要不要养家糊口呵。我们的不少做老教授的过来人,总是劝年轻人要坐得起冷板凳。但在这样不鼓励人坐冷板凳的时代,我在劝诫年轻学人时,常常会多有一点委婉回旋,用"尽管……,仍然……"这样的表述,而不是一味高调。

然而专家们的文章看多了,我又有一个意见,没有花样,没有文采,没有个人的心性情意。我们需要专家,但如果天下所有的文章,都只有专家之文,只有学报论文一种,所有的读书人,除了八卦,就是八股,尽入"中国知网数据库"之彀中,那也绝不是中国文章学的真谛。《文心雕龙·原道》说:"易曰:'鼓天下之动者存乎辞。'辞之所以能鼓天下者,乃道之文也。"中国文章的正宗,乃是要经夫妇、成孝敬、厚人伦、美教化、移风俗的。

事情都有两面,在"文章乃经国之大业"的大旗下,必然有人将文章视为达到各种目的的敲门砖。专家之文,会恶变而为"砖"文。即"敲门砖"之文,现在也成为一种"专门之学"了。

"砖"文的另一种状态是"拍砖"之文章,专门指那种以批评为目的的文章写作。这当然也有两种,一种是保护文章生态健康的,如本着善意的宗旨,商榷、指谬;或怀着清道夫的热情,打假、揭黑,这种"拍砖"之文,很有必要;但还有一种唯恐天下不乱,博取眼球的,专门打笔仗,对于不管什么东西,总要提出各种不同的批评意见,就是不想去真正建立什么,为反对而反对,变成一个永远的批评家,职业的"砖家"了。

这样看起来,专家之文,有"冷板凳"与"热炕头"两类,但文章并非只能有这两样选项,排斥黑,不一定就是白,还有红、黄、蓝、绿等,世界是七彩的。这就要说到第二种文章的状态:"转"。

当今微信的文章场,最热门的一个开头语词,就是"转"!除了一些不成文的信息之外,流转于微信朋友圈的此类文章,有三个特点:时效性、话题性、耸动性。如前人所说的:"不恨我不见古人,恨古人不见我。"作者总是希望他们的文章能够有更多的人读到,并得到一种迅速的点赞,现世的声誉回报,但专门经营此类,以倾动一时,惊听回视,会很快变成随风飘转的、时代吸尘器里面的灰尘。越是蹉红的网文,可能越是速朽的渣文。黄庭坚《送王郎》:"炒沙作糜终不饱,镂冰文章费工巧。"

当年爱因斯坦看不起只读时尚流行书的人,他说:"有的人只读一些当代作家的书,这种人,在我看来,正像一个极端近视而又不屑戴眼镜的人。他完全依从他那个时代的偏见与风尚,因为他从来看不见也听不到别的任何东西。没有什么比克服现代派的势利俗气更要紧的了。"他鼓励我们多看经典作品,"我们要感谢古代那些作家,全靠他们,中世纪的人才能够从那种曾使生活黑暗了不止五百年的迷信和无知中逐渐摆脱出来"。

中国古代阅读学传统,向来主张读经部文章,有如一种日月经天、江河行地之美;读前四史,使人厚重,学有根柢。读屈、陶、李、杜、苏的诗歌,才是变化气质的正道。当年黄季刚先生在北大教书,极而言之,说"八部书外皆狗屁",无非是很强势地表达年轻人读经典的重要性。

我现在很羡慕那些不用微信的朋友,因为,我惊讶地发现我个人今年的阅读方式持续产生重大的改变,转得太多,转得太快,结果并没有真正获得什么,沉淀什么,却心态浮躁,时不时要去抓手机,每天读不了几页书,全年竟然没有读完几本书!而那些没有沉溺于微信的朋友,比我多看了不知道多少重要的书!我急了,认真地跟太太和儿子商量:"每个周末,我们三人都把手机锁在箱子里,好不好?!"

最后一种即是"传"。不仅是传播,而且更是传世之文。

首先说一下传播。中国诗史上传为佳话的"旗亭传唱""老妪能解",都是借助于音乐之力,借助于通俗之势,获得一种最大化的传播。正如孟子所说的,"仁言不如仁声之动人深也"。

中国文章还有一个特色,即利用汉字的优越性,加大传播的力度。譬如,我这篇短文,就是利用了汉字的一音之转,"专""转""传",好记、易懂、能传。其实也是受到钱锺书、杨联陞的启发。钱锺书说,"诗"有三义:之、志、持。既有情感的表现、传播的力量,又有品性的把持。"风"有三义:讽刺、风谣、风教。"王"有五义:往也、皇也、方也、匡也、黄也,要义在于表达真正的王者,不是短暂的弄权与一味的霸道,甚至要把权力藏起来不用。都是一音之转,兼含意义之变换与性质的扬弃。杨联陞有一本书就叫作《中国文化之报、保、包》,从这三个一音之转的字,讲出经济学与社会伦理哲学相贯通的大道理。

我这里三个字也是辩证的关系。专家之文,过于小圈子,过于封闭,就自然变换而为"转"家之文;"转"家之文,过于轻浅、过于流俗,过于牵就人情与时尚,就会自然生出一种要求,一种真正传世之文。古人将"镂冰刻脂"与"雕金斯石"视为两种相反的文章。《梵行品》第八之二:"譬如画石,其文常存;画水速灭,势不久住。"(参钱锺书《管锥编》第三册,第973页)西晋杜元凯刻石碑,一碑立于岘山之巅,另一碑则沉于汉水之底,试图超越沧海桑田的变化,以追求传世。司马迁说,他的文章究天人之际,通古今之变,成一家之言,也是与天地而同在的自信。

《世说新语》中,还有一个"不负如来"的故事。道人支愍度准备渡江而下,到南方去讲佛学。同行有伧道人,二人搞出了一套"心无义"的理论,准备用这一套来迎合南方人心理。多年之后,伧道人悔了,觉得这样顺俗阿世的"转"文,太对不起如来了。就拜托往南方的僧人:"烦请转告老支,心无义那套东东全是乱讲,当初不过是为了混口热饭而已,现在就别再讲了,不然太对不起佛祖了!"一千五百年后,有一个学者,引用这个故事,对他的学生说,我平生足以自慰的事情,就是没有自树新义,以负如来。这个学者就是大家都熟悉的,写出了传世之文章的大学者陈寅恪。

孟　晖

海昏侯的蒸馏器

看到海昏侯墓出土青铜蒸馏器的图片，我第一个反应就是，如果李约瑟爵士能够得知这一划时代的考古发现，他该多高兴啊。

李约瑟在巨著《中国科学技术史》之《炼金术与化学》卷中，用了一章讨论蒸馏器的历史，可惜限于当时的文物状况，探讨得非常困难，而且结论也不正确。这一结论部分得自他个人的钻研，部分利用了其他西方学者的成果，总之，他发现，明清以来的中国同时存在着两种结构不同的蒸馏器，一种带穹顶、凝露室配有汇露槽与导流管，蒸馏时，蒸汽在上凸的穹顶凝结成露，沿着穹顶的弧面四向流下，落入汇露槽，经导流管流到器外，落入承露容器。这种形式，与他熟悉的西方蒸馏器相同，我们且称其为 A 型。还有一种形式，却为西方所不具，姑称为 B 型：

顶盖为凹形，类似炒锅的形式，由此而一举两得：上面盛冷水，形成冷却器；内面则起到集露的作用，蒸汽遇到这个"锅底"，冷凝成露，沿着弧面向锅底中心的最低点汇聚，并从这一点滴下。因此，在这样的蒸馏器中，会在凹形凝露面的正下方——也就是凝露室的中心——安设一个承露器，这个承露器有时就是个瓶子，但更正规的形式为一个尖底钵,其底尖处为漏孔,漏孔由一支斜向接出的导流管兜住,这一支导流管很长,穿过凝露室的甑壁,将末端伸到凝露室之外,由此而把馏液导出。

明末方以智父子所著《物理小识》中介绍蒸花露的方法,同时列出了上述两种类型的蒸馏器,可见在明代,已经形成二者并行的局面。种种资料都显示,B型蒸馏器在中国民间运用广泛,2005年出版的《以食为天》(潘鲁生主编,山东美术出版社)一书中介绍山东一直流传到今天的土法烧酒工艺——"莱州曲家"作酒法,便是灵活运用B型蒸馏器的佳例。

面对中国的这一情况,李约瑟得出结论为:A型为"希腊式",其他西方学者也称之为"地中海式",亦即西方式,中国所有这种类型的蒸馏器,都是由异域传入,或是在外来影响下产生。B型为"蒙古式"或"中国式",亦即东方式,是中国本土发明的蒸馏器形式。

这位研究巨擘敏锐地注意到,中国从新石器时代就开始使用鬲和甑,利用蒸汽催熟食物。他非常正确地指出,这套炊具为蒸馏器的出现提供了雏形,不过,在他看来,由之演化出的乃是B型蒸馏器:"实际上,我们将展示,典型的中国式蒸馏器正是由甑和甗脱胎而来,即,在其上罩一只盛冷水的碗,再把一个稍小的碗放在内部的箅板上,用以承露。不过,在中国,绕壁的环槽(即汇露槽——本文作者注)并没有进一步发展,相反,它在旧大陆的西端孕育出了典型的希腊式蒸馏器。"

另外,李约瑟在亲身经历中了解到美味的云南汽锅,"蒸汽从下面冲上来,凝结成液,于是落下,煮熟环形锅体内的肉(等食材)"。然而,根据他的结论,他把汽锅归为"西方环槽或说汇露槽的概念

海昏侯蒸馏器

妇好墓出土的汽柱甑

在中国文化范畴内又一可能的渗透"。他甚至推测，"汽锅理应视为巴比伦带环槽罐的遥远后裔（因为它没有也不需要希腊式的导流管）"。可惜的是，他无从得知汽锅最晚在三千年前的商代就已经成熟，这位杰出的学者没有办法把甗与汽锅二者联系到一起考虑，因为他当时没能找到让二者联系到一起的线索。

1976年，河南安阳小屯妇好墓出土的随葬品中包括一件"汽柱甑"，经专家们研究，正是商代贵族使用的青铜汽锅。妇好专享的汽柱甑在形制上与今日的汽锅非常接近，只是更为精美，汽柱的柱头被赋予了花苞的造型，由四片绽开的花瓣包围着一个突起的花蕾，花蕾表面有四个柳叶形的开孔用以通蒸汽。不仅如此，王仁湘先生更进一步梳理指出，自战国至汉代再至隋唐，都有陶制汽锅出土，说明汽锅蒸在创制出来之后，被世世代代使用和享受着。

因此，汽锅绝对是中国本土的发明物，而并非如李约瑟的误解那样，是受到"希腊式"影响的结果。至于说妇好墓的汽柱甑是来自两河流域的影响，恐怕要建立起证据链才能让人信服。实际上，汽柱甑来源于甗，应该是一个很自然的推导。

在中国这片大地上发展出来的饮食传统，有一个非常突出的特点，就是很早发明了用蒸汽催熟食物的方法，并且在此后的漫长岁月里始终占据非常重要的位置。早在新石器时代，出现了陶鬲，这是一种三足容器，器内盛水，三足间则燃火加热；与鬲配套使用的陶甑也发明出来，使用时，把陶甑坐于鬲之上，二者之间架一面箅子，有些甑则在底部自带固定箅板。这是一项天才的创造，就此，鬲内热水产生的蒸汽可以上涌到甑中，让箅板上的食物变熟。

妇好墓汽柱甑在结构上与甑有相同之处，都是底面的中心洞穿，与下面的鬲相通。二者的使用方式也是一样：放置在鬲上，利用鬲内产生的热水汽上升来加热食品。唯一不同的是，甑自身无法留住水汽，一旦热汽凝结成水液，会沿着甑壁向下淌，然后通过箅板回落到鬲内。汽柱甑却不然，它的锅体在汽柱周围形成一个环形贮存空间，其目的就是专门用于收集蒸汽的凝液。既然汽柱甑出现在甑之后，那么，正确的推论当然是，前者是后者的一种变体，是由后者脱胎而来。

或许我们可以这样推测，古人在长期使用中观察到，鬲里产生的蒸汽上涌之后，会——在遇冷之后——重新变成液体，并且这种液体格外清澄，于是想到要把此般液体收集起来。就甑来说，总会有少部分水液附着在甑盖的底面上，甚至从甑盖的边缘滴下。或许是受到甑盖边缘滴水的启发，不知名的先人们经过研究和实践想到的办法，是取消箅板，而在箅板的位置上加铸一条朝天的喇叭形管柱——汽柱，这样，汽柱周围就形成了环形的容器空间。一旦对下面的鬲持续加热，热水产生的蒸汽会顺着汽柱内的管道升腾，冲到甑之内，由于甑口覆着罩盖，形成密闭的小空间，水汽无从散溢，便重新凝结成水液并下落，汇集在汽柱周围的环形锅体中，变为清汤。

毫无疑问，汽柱甑连同鬲的组合，是最为古老的蒸馏器，或者，至少是最为古老的蒸馏器之一，它确实利用加热产生了蒸汽，并且让蒸汽转化为液体，形成了对水的提纯。实际上，这些蒸汽对于放置在环形锅体内的食材也形成了一定程度的蒸馏，让食材中的部分成分释放出来，再混入凝液，汽锅的汤格外香，原因正在于此。

再说回到甑，其一旦与鬲配套制作，形成固定组合，即成为甗，到了商周时期，青铜甗属于贵族礼器中的常设一款。及至汉代，随着火灶的进步，甗改为置于灶上加热，于是下半部分的鬲去掉了支足，变为大腹而收底的釜，由之，在后世演进出我们今天大家仍然熟悉、仍然使用的蒸锅。

很明显的是，海昏侯墓出土的西汉青铜蒸馏器在基本构造与形状上，正是采用了灶上甗的形式，下部为圆釜，上半部是将甑改进为凝露室，这个凝露室完全保留了蒸饭甑的形制，圆形桶身，底面带有栅格纹箅，并有一个收拢的圈足，可以插入釜顶部的圈口之内。即使对于今天的中国人来说，其微呈穹形的青铜甑盖、凝露室、水釜的组合，看着还是十分眼熟，因为它和超市里出售的普通蒸锅有着一样的结构啊，后者也是锅盖、笼屉圈与水锅的三件套。所以，这件文物同妇好墓出土汽柱甑一样，明确无误地证明，中国"自古以来"在蒸食器上的早熟和发达，为蒸馏器的出现提供了条件。

不过，海昏侯墓蒸馏器的凝露室，在一般蒸饭甑的形制之上，还多了两个关键部件，即，汇露槽与导流管。惹人注目的是汇露槽的构成方法，乃是于桶身内部加了一圈环壁，环壁的高度略高于桶壁，由此形成一个夹层。夹层的底部，左右各有一支流管。那么，操作起来，假设釜内所盛为水的话，过程是这样的：釜置于灶上，经加热，釜内的水蒸气冲上箅板，汇集在凝露室内，在甑盖的底面上冷却后变成露液，落入四周的环形夹层内，再经一对流嘴泄出。

将其与妇好墓出土汽柱甑一起对比，就能立刻看出二者在结构上的相似。妇好汽柱甑是汽柱细窄，而周围一圈的空间相对更大，用以容盛蒸汽凝结后形成的汤液。海昏侯墓蒸馏器则是把供蒸汽上冲的中心筒道加以扩大,而周环空间收窄,由此形成了窄圈式的汇露槽。

如此一对比,便可以得出这样的结论:海昏侯蒸馏器的凝露室部分,乃是由商代的汽柱甑发展而来,在实际操作中,人们根据需要,将与下釜贯通的汽柱扩大成圆筒的式样,并在由此形成的汇露槽的底部添加了导流管,同时保留了甑的箅板。这就意味着,在中国,由史前到商再到汉,由甑与鬲的组合演进出汽柱甑与鬲的组合,再进而发展出海昏侯蒸馏器与灶台的组合,蒸馏器由萌芽到成熟的轨迹十分清晰,替全人类解答了"人怎么会想到发明蒸馏器"以及"蒸馏器结构的灵感来源"的疑问。

无妨多议论一下的是,海昏侯墓出土的蒸馏器,是一件完整的A型蒸馏器。

当年,李约瑟及其他西方学者将A型判定为"希腊式"、"地中海式"、西方式,并无有力的考古发现作为支持,而仅仅依靠西方的文献记载。而李约瑟所依靠的文献,为一份十四世纪的抄本,其原本为十一世纪的作品,在这个原本中,保留有公元前后的资料。该十四世纪的抄本中有相当发达的蒸馏器插图,其蒸馏罩带有环形汇露槽,根据这条信息,他认为:"当犹太人玛丽……等第一批希腊化原始化学家的时代,技术已是如此的到位。类似的设计一直持续使用到十八世纪,基本没有大的变化。"

R.J.福布斯初版于1948年的《蒸馏艺术简史》(以下称"简史")中,把这批希腊化时期的化学家称为"亚历山大化学家",他们主要由埃及的基督徒构成。但是,据"简史"所说,这些学者的著作只留下了一页传世,这一页上画有蒸馏器及一些象征图形。

"简史"展示了该页上的蒸馏器图，很明显没有汇露槽。尽管如此，福布斯还是根据一些十一到十五世纪的抄本，以及现代学者舍伍德·泰勒等人的研究结果，声明说："（蒸馏器）在犹太人玛丽的著述中已经获得了极大进展，普遍认为她就是蒸馏器的发明者。它已经包括了三要素，蒸馏罩与凝露室，导出蒸馏物以及蒸汽的长管，以及承露瓶。""在这种蒸馏器中，凝露室（alembic）是单成一体的，也是重要的部件。它有个特殊结构，那就是颈部的内里附有一圈凹槽，正是这道凹槽将蒸馏的生成物加以收集，并经由流嘴导向收集的容器。因此，凝露室是真正形成冷凝的部件，而冷凝物以液体的形式由它那里输出。"书中把这种带有汇露槽和流嘴的凝露室称为"典型的希腊化发明"。

也许，几十年来，更多的文献发现和考古出土能够印证西方学者的这些看法，即使如此，犹太人玛丽等人发明蒸馏器，也是在公元一世纪到二世纪。可是，海昏侯墓出土的青铜蒸馏器却是早在公元前一世纪，是在墓主刘贺生活的时代，早于"希腊化原始化学家们"活跃之前。这具蒸馏器高度成熟，除了冷却器之外，最基本的部件都已具备，包括绕凝露室一周的环形汇露槽。因此，带有汇露槽的凝露室绝对不是"典型的希腊化发明"，A型蒸馏器也无论如何不能算是"希腊式蒸馏器"、"地中海式蒸馏器"、西方式蒸馏器。

根据西方的史料，希腊原始化学家发明了一种蒸馏罩，带有穹顶，而在下部伸出两到三个导管，李约瑟将其归为希腊蒸馏器的特点。但是海昏侯墓出土的蒸馏器恰恰伸出两个导流嘴，所以，就是在这样一个细节上，所谓"希腊化发明"已然不成立。

另外，即使近年来考古工作者在欧洲或者哪怕中东发现了比所谓犹太人玛丽时代更早的蒸馏器实物，恐怕也无法推翻中国文明发明A型蒸馏器的事实。实际上，在李约瑟做研究的时候，美索不达米亚的考古发掘出土了大约四到三千年前的原始蒸馏器，其中，作为下半部分的釜上带有环形汇露槽，这类发现或许可以证明，不同地区的早期文明中都出现了对蒸馏技术与蒸馏器的探索。然而，在今天，已经很清楚，恰恰是中国文明，以出土的实物，为人类讲解了蒸馏器由萌芽到诞生的具体过程，由这些实物，蒸馏器的出现不再是一个神秘的现象，而是人类在技术上不断改进的具体过程的结果。当然，这些文物所展示的具体过程，也有力地显示，蒸馏器，极大可能是中国文明的重要发明，然后从中国向其他地方传播与扩散。至少，其他文明也必须利用出土文物勾画出这样一个清晰有序的发展过程，提供出一个系列演进的证据链，才能与"中国发明蒸馏器说"进行竞争。

据报道，海昏侯蒸馏器放置在墓室的"酒具库"里，这或许又会引发是否中国发明了蒸馏酒——烧酒——的探讨。不过，这具蒸馏器当初具体用于什么目的，可能还需要根据道家文献进行研究。本文虽然为叙述方便，以蒸馏液体作为假设，来讲述器具的构造和操作过程，那仅仅为了解释方便，也因为我这个作者是文科生，化学知识可怜。所以，这篇小文并不是明确认为，伴随海昏侯入葬的珍贵蒸馏器当初就是用于蒸馏纯露，或为酒以及其他液体提纯。目前，西方学界的通行看法是，在公元八到九世纪，伊斯兰世界的科学家发明了蒸馏香水。同时，当代的阿拉伯学术界认为，也是大致在这个时期，伊斯兰科学家发明了蒸馏酒技术，但一些欧洲学者则阐述，十二世纪初出现了这一技术,并且其发明人极可能是意大利萨勒诺的医学家们。

海昏墓出土蒸馏器并非唯一一件汉代蒸馏器。上海博物馆即收藏有一件东汉青铜蒸馏器,孙机先生在《我国谷物酒和蒸馏酒的起源》中对其进行了探讨,指出该件蒸馏器"似尚难以断定必为蒸馏酒的器具","是否有可能为炼丹术士所用?或为蒸馏他物?"海昏侯蒸馏器与这件东汉蒸馏器一样,都没有冷却装置,要蒸馏酒似乎有困难。不过,李约瑟指出,有一些原始但却有效的技巧,在没有冷却设备的情况下,也能够蒸馏出适量的烧酒,包括萨勒诺的医学家们,他们便很可能是在没有冷却器的情况下制作蒸馏酒。因此,海昏侯蒸馏器的功能,还有待进一步研究。

然而,这件西汉时代的蒸馏器,其最大的意义不在于蒸馏什么,而在于,它是蒸馏器本身,在于它是一件彻底成熟的,蒸馏器。

刘摩诃

杜甫真的糊涂到橘柿不分？

唐代宗广德元年（763）深秋，杜甫正在蜀中阆州（今阆中）流浪。某次送客，直到北边的苍溪县。秋雨绵绵，山路湿滑，回程艰难，乃选择坐船，顺着嘉陵江南下。山川风物，引动诗兴，从此世间有了一首《放舟》：

    送客苍溪县，山寒雨不开。
    直愁骑马滑，故作放舟回。
    青惜峰峦过，黄知橘柚来。
    江流大自在，坐稳兴悠哉。

诗歌颈联颇有名。明代王嗣奭《杜臆》说："五、六状行舟迅捷，妙极！"清初仇兆鳌在《杜诗详注》中承此说而云："见青而惜峰过，望黄而知橘来，皆舟行迅速之象。"清民之际诗学大家陈衍也分析说："此首最妙在第三联，写下水船其去如箭之状。亦借两岸之峰峦、橘柚形容之，工夫在一写过去，一写未来。过去者初未留神，迨见有一片青苍之色，始想是峰峦，而惜其已过矣；于是留神未来者，又见远远一片黄色。揣想之,知其为橘柚也。"(《石遗室诗话》卷二三)又明清之际的顾宸《辟疆园杜诗注解》云:"雨湿之后,峰峦愈青,橘柚愈黄。青字、黄字微读,上一下四句法。"着眼于湿气对颜色的突显作用,同样能道出杜诗佳处。当然,这样的句法老杜并非首次用,也不会只用一两次,宋人孙奕在《履斋示儿编》卷十"知见"条中已举过多个用例。早年客居长安时,杜公就写过"绿垂风折笋,红绽雨肥梅"(《陪郑广文游何将军山林》其五)。不久前在成都,也有"红取风霜实,青看雨露柯"(《江头五咏·栀子》)之句。离开阆州后,少陵还写过"碧知湖外草,红见海东云"(《晴二首》其一)。名诗人、名学者叶维廉先生曾专门分析过"绿垂"一句,他说:"在诗人的经验里,情形应该是这样的:诗人在行程中突然看见绿色垂着,一时还弄不清是什么东西,惊觉后一看,原来是风折的竹子。这是经验过程的先后。如果我们说语言有一定的文法,在表现上,它还应配合经验的文法。'绿——垂——风折笋'正是语言的文法配合经验的文法,不可以反过来。"(《中国古典诗中的一种传释活动》)"青惜""黄知"二句显然同样在呈现这种感知经验。

如果只是要歌颂老杜写诗如何好,其实不必饶舌著文——前人文章何其多也。这里想要较一较劲的问题,乃杜甫所见到的真的是橘柚吗?他会不会因为老眼昏花,加上舟行过快(穿越时空者送去了马达?)而看错了?提出这个问题的人是南宋著名学者楼钥。楼氏在其《攻媿集》卷六十六《答杜仲高书》中提到:

> 尝与蜀士黄文叔裳食花椑,因问:"蜀中有此乎?"黄曰:此物甚多,正出阆州。杜诗所谓"黄知橘柚来",极为

佳句,然误矣。曾亲到苍溪县,顺流而下,两岸黄色照耀,真似橘柚,其实乃此椑也。问之土人,云工部既误以为橘柚,有好事者欲为之解嘲,于其处大种橘柚,终以非其土宜,无一活者。

楼氏此说,在清代受到人们特别的注意。仇兆鳌《杜诗详注》中引之,同时王士禛《居易录》卷十六、姜宸英《湛园札记》卷四亦引之,之后杭世骏《订讹类编》卷六、徐文靖《管城硕记》卷二五、郭麐《灵芬馆续诗话》卷一、俞樾《茶香室续钞》卷十四中,都摘引楼氏此说。以上都是清代学术史、文学史中有大名的人物,他们纷纷赞楼,便渐渐坐实了老杜看错之说。最近读萧涤非先生主编《杜甫全集校注》,书中同样征引楼钥之文,而断言"杜诗此处所说不确"。萧书作为集古人注杜之大成的著作,的确较为严谨,虽然赞同楼说,但也摘录了施鸿保的质疑。施氏《读杜诗说》卷十二有云:"今按,谓公诗误以花椑为橘柚,未知是否;惟云终非土宜,则似蜀中无橘柚矣。不独公《病橘》诗成都作,《章留后橘亭》诗梓州作也,即《禹庙》诗忠州作,云'荒庭垂橘柚'……则正蜀土宜,攻媿说殊不可解。岂终非土宜语,第指苍溪县沿江岸言乎?"

施鸿保提到,杜甫写四川橘柚的诗很不少,他不理解楼氏文中橘柚"非其土宜"的说法。的确,柑橘从古到今都是四川的土产水果,古籍中相关记载不可胜计。如果说成都、忠州相对阆州都位置偏南的话,那与阆州西东相接的梓州,气候风物应该就差不多了吧。杜甫不但在《章梓州橘亭饯成都窦少尹》中写道"秋日野亭千橘香",而且还专门写过一首《甘园》诗,记载梓州"春日清江岸,千甘二顷园",言之凿凿,自不可能有错。阆州又不是高山阻隔,自成一气候区域之地,怎么可能就没有柑橘呢?今天如果在互联网上同时以"苍溪"和"柑橘"、"阆中"和"柑橘"为关键词检索,会找到许多当地柑橘丰收的报道,图文并茂,可以为杜公作证。

而且橘之黄或带青色,柿之黄多偏红色,二黄自别;且橘树高不过两三米,柿树则多高十米以上,得多大的心才不分橘柿?杜甫可是写得出"翠柏深留景,红梨迥得霜"(《冬日洛城北谒玄元皇帝庙》)、"仰蜂黏落絮,行蚁上枯梨"(《独酌》)这样诗句的诗人,他的观察力之强,描写之准确,古诗人中罕有敌手,难道真的就目睹秋毫而不见舆薪?噫!大可怪也欤!

但楼钥所记同样具有很高的可信度,连施鸿保也不敢轻易否认。楼钥的四川朋友黄裳亲自去过阆州,完全没有看到柑橘树,而且专门询问过当地人,说是"非土宜",好事者为坐实杜诗,种过,都死了。所以黄裳看到,沿江黄黄的都是花椑。花椑,据李时珍《本草纲目》说,就是漆柿(柿),又名绿椑、青椑、乌椑、赤棠椑,大概是柿子树的别种,"椑乃柿之小而卑者,故谓之椑。他柿至熟则黄赤,惟此虽熟亦青黑色,捣碎浸汁,谓之椑漆。可以染罾扇诸物,故有漆柿之名"。只是李时珍所说的漆柿果实一直到成熟都是青黑色,并非黄色,自非黄裳所看见之物。可能黄氏所称的花椑就是柿子,反正他也言之凿凿,阆州的嘉陵江两岸都是此物,而非柑橘。难道真的是杜甫老糊涂了?

古人总以为目验可断真伪,其实今天的科学常识早已告诉我们,存在太多可能性,导致我们眼见的并不为实。自然,黄裳和南宋的阆州人不至于分不清柿子与橘子,他们见到的柿子不会错,但是要由此否定杜甫所见,就过于武断。因为古人不知道气候是变化的,年均气温会周期性波动,温暖期和寒冷期的交替才是气候变化的常态。过去两千年中,唐宋时期是温暖期,竺可桢先生在《古今气候变迁考》中找到了很多唐代长安栽种柑橘的史料。据邹逸麟、张修桂主编的《中国历史自然地理》,唐宋最温暖的时候,柑橘种植的北界"能够到达河南的唐、邓和江苏的南京一带,甚至扩展到较高纬度的怀州(今河南沁阳)",四川远在此线以南,是柑橘的主要产区之一。但是,在温暖期之中,仍然存在气温的波动。根据葛全胜、郑景云、方修琦等先生在《第四纪研究》2002年第2期上发表的《过去2000年中国东部冬半年温度变化》一文,可知公元1110至1190年之间是明显的冷谷时期。北宋大观四年(1110),泉州大雪,福州荔枝全部冻死。政和元年(1111),太湖全湖结冰,湖岛上柑橘全部冻死。南宋淳熙五年(1178),福州荔枝再次全部冻死。四川平均气温稍高于江南,但不会高于福州、泉州。竺可桢先生注意到,唐代的成都还栽种有不少荔枝,到了十二世纪,荔枝的栽种线已经退到南边四百里之外的乐山。可见那时四川的气温与东部地区一样经历了大幅度下降的过程。阆州地处川北,那里柑橘被冻死,正在情理之中。楼钥生于1137年,卒于1213年,很显然,他和他的朋友正好生活在一个冷谷时期,比杜甫的时代冷了很多。

乾道八年(1172)秋,陆游路过苍溪,作《太息》二首,其一云:"冰霜迫残岁,鸟兽号落日。秋砧满孤村,枯叶拥破驿。"其年冬,他再次经过苍溪县葭萌驿,作《清商怨》词云:"江头日暮痛饮,乍雪晴犹凛。"而晚年作《怀旧用昔人蜀道诗韵》诗,有句云:"最忆苍溪县,送客一亭绿。豆枯狐兔肥,霜早柿栗熟。"一派北方风物。陆游与楼钥同辈,从他的诗词看,当时的苍溪落霜早,冬天还下雪。相反,杜甫在唐肃宗乾元二年（758）十二月从同谷（今属甘肃康县）出发，南行赴成都，一路有诗纪行，不但没有一首诗提到下雪，反而在经过绵谷县（今广元）石柜阁时写道："季冬日已长，山晚半天赤。蜀道多早花，江间饶奇石。"广元更在苍溪以北二百里外，十二月时却是一派春意。代宗广德元年（763）隆冬，流浪阆州（今四川阆中）的诗人在《早花》诗中写："腊月巴江曲，山花已自开。"后来的《大雨》诗中，杜公更说："西蜀冬不雪。"杜少陵诗中的四川比今日更暖和，而陆放翁笔下的蜀地则寒冷远过今日。温暖期的人写诗说见到橘柚，寒冷期的人认为没有此物，而说前者搞错了，是不是活生生的"夏虫不可语冰"的例证呢？

　　看来新鲜的说法未必可靠，目验过的事情也未必可信。读古人诗，不但要有敏锐的感知力，非凡的共情力，也需要更丰富一些的知识才行。否则，诬枉杜公不分橘柿，就未免欺人太甚了。尤其王士禛，他不但曾入蜀，而且阆中、苍溪都是亲身所历之地；而从他自己的诗看，还在更北的汉中府时，他就多次看到成片橘树。结果他不但不能探访风土，稍思其理，为老杜正名，反倒对误说津津揄扬之、传布之，让人又好气又好笑。

　　积非终难成是，此番讨一公道，还诸杜陵老，楼攻媿诸公服气否？

陈晓兰

过境："可疑"的访客

尽管涉及跨国旅行的文学作品和海外游记无不痛斥跨国位移的限制和出入境的繁琐程序，海关边检人员对于入关访客的查验、审视、诘问乃至刁难，然而，在现实世界，对于跨国位移的控制却是国家主权的象征，其历史可谓源远流长。

据说，最早的"海关"——对于出入境的人与物进行监管的政府机构，产生于公元前五世纪的雅典，十一世纪，威尼斯人用"海关"（Customs）指称这类机构，十五世纪初出现了由英王亨利五世签发的类似于护照的出国旅行准许和安全保护文件，十六世纪中期开始正式使用"护照"（Passport）这一名称。好事者进一步追问，将护照的史前史追溯到希伯来圣经。据说《尼希米记》提供了护照的最早原型，其中记述了公元前五世纪中叶，时任波斯王亚达薛西一世酒政的犹大人尼希米，请求国王恩准自己回到列祖坟墓所在耶路撒冷，并求王赐他一份诏书，以便保护他离开波斯国境并安全到达犹大。尽管护照有着如此悠久的历史，但是，直到二十世纪一次大战期间，"护照"的地位和作用才发挥到了极致，与此同时，海关的权力也达到了前所未有的巅峰状态。

在漫长的国际交往中,西欧列国以及后来者美国发展出完备且严格的海关体系。十九世纪美国著名作家纳萨尼尔·霍桑就曾经在海关工作过两三年,霍桑毫不隐瞒他对于这份工作的厌恶,后来,他把这种厌恶写进了他1850年出版的成名作《红字》中。这部小说就以"海关"开篇,他描绘了家乡萨勒姆那幢巍峨的海关大厦,它俯瞰全城并瞭望整个港口,悬挂在大厦正厅上方的美洲鹰雕像,双翼展开,紧握箭矢,永远大睁着犀利的鹰眼。这位叙述者,曾经怀揣着总统的委任状,踏上大理石台阶,成了这幢威严的大厦里的一名稽查官。正是在海关大厦二楼尘封已久、堆积如山的文件中,他发现了《红字》这部手稿。霍桑的小说第一次赋予海关大厦如此复杂的政治和文化隐喻。

十九世纪的移民浪潮和欧美列强之间的剧烈竞争,一次大战及战后动荡的局势,使西方列强对于跨国位移实行严格控制,不受控制的客流被视为国家安全的威胁,加强边境管控并制定了严格的规章条律。1915年,严格的旅行限制条例被写进《英国领域防卫法案》(The Defense of the Realm Act)。1918年,《一战旅行控制法案》(The World War I Travel Control Act)在美国实施。这些法案的影响一直延续到战后。护照发放、签证机关与海关被赋予酌情裁定权,对于证照申领和入关的文件及程序有着相当严苛的要求和规定,这些规定无形中加重并延长了战时的紧张气氛。

1918年8月,辛亥革命元勋曹亚伯出游欧美,据其《欧战中世界旅行记》记载,此次出游的目的地是中立国荷兰,目的是考察实业,重点考察荷兰治水方法,以为中国将来治水患。《旅行记》详细记述了曹亚伯辗转美国、丹麦、德国赴荷兰的经历,详细记述了战时欧美各国之间极其严苛的出入境手续和海关、交通管控及粮食物资的分配状况。他激烈地抨击美国对于中国入境者的不平等对待。临近美国时,检查员直言:"汝辈中国人,吾不能登记,亦不能给汝登岸证券,须俟船抵西雅图时,将汝辈中国人送至移民局,由局长一一检查登记。"中国人中的三等乘客,尤须拘禁于移民局内,等候医生检查身体,如有任何身体或证照方面的问题,都会被送至海岛拘禁。头等乘客虽可免除此项麻烦,但也不能受到与其他国家来客的同等待遇,需经税关检查所与移民局的严格审核无误后,方可获得"许可入境"。

曹亚伯在美国滞留数日后计划乘北欧轮船公司船舶赴瑞典,但是轮船公司的船期均由美国海关临时命令而定,买票手续也极为繁杂,须先向美国政府移民局提出出境申请,得到美政府许可后再将护照送至各经过国驻纽约领事馆签字,之后,再往美国海关检查所盖印、签字,获得"通过战时防御线凭证"后方可购票乘船。因曹亚伯原先的护照目的地是荷兰,现在改往瑞典,原有护照无效,须另外申请护照,才可向美政府申请出境。但是,瑞典虽中立国,大战期间粮食困难与交战国无异,需经过瑞典驻纽约领事馆发电报向瑞典外交部询问是否允许外国人入境,曹亚伯未获得入境许可。他只好绕道丹麦,几经周折得到丹麦领事馆签证,但只许停留三日。在纽约港乘船出境时,水兵持枪实弹查验,海关检察员检查行李及身上衣服、囊中钱票。战时美国各机关对于所有出入境交通关口实行严密监控,丹麦也同样。船未抵岸前,乘客须填报所有之衣服、鞋帽甚至手巾、麻领几条都要交由海关检查。海关收存申报单,出境时对照申报单检查所携物品,单上所填入境时之衣、物如与出境时之衣、物不相符合,则罚以偷运之罪。因战时衣服昂贵,丹麦衣料丰足,为防外国人运出衣服导致丹麦衣料缺乏,丹麦政府用申报之法,使外国人无从运出一丝一线。

在《欧战中世界旅行记》中,曹亚伯非常详细地记录了所经各国海关对于外来旅客的检查程序,但是,他对于战时欧美海关、要隘的严格管控,未有丝毫抱怨和负面批评,反而予以同情的理解,盛赞这些国家行政管理之井然有序,各级政府无论平时战时,皆做应做之事。相比之下,中国海关失控的情形触目惊心,令他愤慨。一年后曹亚伯回国,船抵吴淞口,既无医生船来检疫,也无边检人员登船查验行李货单与乘客护照,旅客自由出入,如入无人之境。他不禁为中国人深感羞愤。他认为,任何一个拥有主权的独立国家都应该像欧美列国那样严把自己的国门。

实际上,很久以来,欧美一直在为其国民在异国的自由旅行权利而斗争甚至不惜发动战争。1858年6月,清政府与英法签署的《天津条约》特别强调"外国人可进入中国内地自由传教,游历、经商"。与此同时,欧美列强却时刻严守着自己的国门。就美国与中国而言,自十九世纪六七十年代民间与官方对于华人的抵制,八九十年代对于排华法案的制定和补充修订,到1943年排华法案的废除,其间有关华人出入美国的一系列条例、细则的修订,以及官方和民间围绕着华人入境的激烈争吵,可以说,十九世纪后期至二十世纪四十年代中国人的旅美之行一直是在严格的管控乃至排华的阴影笼罩下进行的。二十世纪上半叶中国旅美者的赴美游记描述了令人生畏的护照、签证过程、繁琐的程序、严苛的审核,出国前签证时所受的诘问、怀疑、拒绝,入境前后的检疫验身以及名目繁多的预防针,令出国者深感蒙羞。其游记毫不掩饰自己的愤慨:"吾侪出国,于人无损,乃经医生之考验如此,领事馆之盘诘如彼。从未闻外人之来我国者,须经此同样之手续也。弱国国民,身受者如是,不知亡国国民,其痛苦当复如何?"直到二十世纪八十年代,有幸走出国门周游列国的中国人,在其游记中依然会记下形形色色入关体验。据说,最轻松的入关是美国,最干净利索的是德国,最让人不舒服的是日本,最麻烦的是英国,最让人胆战心惊的是俄罗斯……海关,作为一个国家的门户,是一个国家给予访客的第一印象也是最后印象,访客甚至从入关与出关感受一个国家的政治乃至民族的精神。

当代著名学者萨义德曾在其《东方学》(1978)一书中说:"科学家、传教士、学者、商人或士兵之所以去了东方或思考了东方,是因为他们想去就可以去,想思考就可以思考,几乎不会遇到来自东方的任何阻力。"然而,事实并非完全如此。西方社会怀抱世界主义的知识分子从未停止批判那种依靠武力并由经济利益驱动的自由越境,被强行造访的国度也从未放弃过实际行动和话语上的抵制。正如英国作家爱·摩·福斯特在其《印度之行》(1924)中所揭示的那样,来自大英帝国的殖民者、知识分子、周游世界的女性,各自怀揣不同的目的,穿越地中海和埃及的大沙漠到达孟买,最终,带着各自的印象,或者回到英格兰,或者葬身大海。而印度人关心的则是:英国人究竟如何看待他们,英国人和印度人会不会成为朋友。

二十一世纪,人类可以在虚拟的世界里自由穿越无形的国界,但是,物理意义上的边界和文化、心理意义上的边界却无处不在。

王　群

"发挥"不是"发泄"
——谈谈朗诵及相关的几个概念

一说起"朗诵",很容易想到与之相近或者相关的几个概念:"朗读""诵读""吟诵",甚至还有"吟唱",以及新近冒出来的"演诵"一词。这些概念在实际运用时不少人多少有些困惑。其实这里就是两个问题:一个是对概念外延的认知问题;一个是对概念内涵的认知问题。

我认为首先要分清"诵读""朗读""朗诵""吟诵"这几个概念外延从大至小的关系。也就是说,前面的概念应该包含后面的概念,而后面的概念可用前面概念相称。比如"中华经典诵读"活动,这里有高水平的"朗诵",也有一般意义的"朗读",或者说像"朗诵"那样的"朗读"。前二者把"诵读"一词理解为"联合结构",后者把"诵读"一词理解为"偏正结构"。比如有的人分明是在"朗诵",但他比较低调,称自己是在"朗读"。但是,概念之间并非等同,"朗读"非文学作品就不能称之为"朗诵","朗诵"现代文学作品也不能称之为"吟诵",这主要取决于文本。

而说起"吟唱",这就关系到概念的内涵问题了。什么是"吟唱"？"吟唱"是一种以音乐为主、语言为辅的，重在有"曲调"（含"音符"和"旋律"）"歌唱"古诗词的传统传播方式。"吟唱"讲究的是"乐律"，属于音乐范畴。如"明月几时有"句，则不必遵循每个字的"调值"，是按"1234567I"任意组合的。

但目前不少人却把"吟唱"说成了"吟诵"。那么什么是"吟诵"呢？"吟诵"是以语言为主、音乐为辅、重在放大"语调"（含"字调"和"句调"）"诵读"古诗词的传统传播方式。"吟诵"讲究的是"韵律"，属于语言范畴。如"明月几时有"，字调和句调可以"延长""放大"，但每个字音必须遵循原有"调值"。由此可见，"吟唱"和"吟诵"是不同性质的传统的古诗词传播方式。"吟唱"的方式和曲调各代不同、各地不同、各人不同、各次不同，记录现存老人吟唱古诗词的乐谱作为研究和学习的范本，虽然也是一种传播传统文化的有益形式，有一定的文化价值，但若将"吟唱"称之"吟诵"，那显然就是张冠李戴而误导大家了。

早在新文化运动不久，南京大学黄仲苏先生在《朗诵法》一书中就介绍过，朗诵法有四种：

一曰"诵读"。诵读的方式一般适合于文言中的散文；二曰"吟读"。吟读的方式一般适合于近体诗（格律诗）、词、曲及短小的文言韵文；三曰"咏读"。咏读的方式一般适合于骈文和古体诗；四曰"讲读"。讲读的方式一般适合于白话诗文。

如今，虽不见有人沿用黄仲苏先生的朗诵法的分类，但按文体与语体来区分不同的朗诵方法，特别其中提到古诗词的朗诵则应根据文体采用上述"诵""吟""咏"的方式，值得我们思考。

另外，我们也可从《现代汉语词典》下列词条的释义进一步得到

佐证,"吟诵"与"吟唱"是内涵不同的两个概念:

> ☆吟:吟咏。☆吟咏:有节奏有韵调地诵读(诗文):~古诗。☆吟诵:吟咏诵读:~唐诗。☆吟唱:吟咏歌唱:~古诗词。

可见,无论"吟"和"咏"还是"吟咏"和"吟诵",皆为"有节奏有韵调地诵读",而非"吟咏歌唱"之"吟唱"。

但不管怎么说,"吟唱"虽然不是"吟诵",然而还确是前人以一种吟咏歌唱的方式传播古诗词的形式,这个判断却是一个真命题。但如果说"演诵"是一种朗诵的方式,那么无疑就是一个伪命题了,而且这个伪命题已经迷惑了不少人,把不少朗诵爱好者带进了沟里。

有人认为"演诵"的提法是一种"创新"——"演诵"果真是一个"创新"的概念,或者说是一个新词吗?其实"演诵"一词古已有之,其本义和"演讲"之"演"一个意思:"当众",并非今天的展示技艺"表演"的词义,而"演诵"的词义实际上是:"当众大声地念读佛家的经书。"

也有人觉得所谓的"演诵"确实现场"感动"了不少观众——诚然,是否能够感动观众的确是评价朗诵成功与否的一个标准,但文本和基调(感情色彩和分寸)应该是朗诵艺术创作的依据,任何离开文本和基调(感情色彩和分寸)的朗诵艺术创作都是无本之木。而如果认为所谓的"演诵"也是一种"风格"的话,那么我想说,创新不是别出心裁,风格也不能出格,个性化非个人化,必须建立在共性基础之上。

再比如当下朗诵,有人轻有声语言而重辅助手段(这一般存在于初学者之中);比如有人用尽洪荒之力,声音和情感有释放而无节制(这一般存在有一定基础的朗诵者之中);比如有人混淆朗诵与演戏的区别(这一般存在有"专业"水平的朗诵者,例,所谓的"演诵"者)。

汪曾祺曾说:"作品是'流'出来的,而不是'做'出来的。"米兰·昆德拉曾言:"古希腊哲学探寻世界问题,并非是为了满足所谓的某种实际需要,而是为了'受到了认知激情的驱使'。"因此,朗诵者应该明白"大道至简"的道理。如果"为了满足所谓的某种实际需要"而喧宾夺主地运用辅助手段,大声嘶吼、满台飞舞,不是一心表达作品(斯坦尼语:"心中的艺术"),而是刻意表现自己(斯坦尼语:"艺术中的我")的"做"法,则离朗诵艺术的本质渐行渐远,永远达不到朗诵艺术的最高境界。

目前,把"诗词"特别是古诗词当成了"台词"或其他文体在诵读的现象非常普遍。产生这种情况有两种原因:一是朗诵者缺乏古诗词文体和语体特征的认知;二是朗诵者错把"发挥"当作了"发泄",因刻意追求效果,展现自己的各种能力而故意忽略之。

我认为,无论哪一种原因,但凡丢弃了文本类别(文体)和语言风格(语体)的朗诵,无疑严重违背了朗诵艺术创作的根本规律:朗诵是以有声语言为主对文学作品进行二度创作的艺术活动。否则将会严重破坏了古诗词原本应有的高古、幽远、隽永、深邃之神韵。

因此,为了能正确引领、推动朗诵艺术,我们一定要认清朗诵艺术的本质:

朗诵不是综艺节目,更不是杂耍;朗诵者不是在演戏,不是在念台词；朗诵舞台不是施展各种才能的秀场。

　　当然，舞台朗诵不仅是听觉的享受，也是视觉的享受。我们不反对舞台朗诵"戏剧化"的艺术处理，可以调动"灯、服、道、效、化"等一切手段，可以设置舞台情境，但必须以有声语言表演为主，必须以作品的文体和语体为基础，必须掌握态势语言表演的分寸。

郑培凯

爱上爱丁堡

知道世上有个爱丁堡,是很久很久以前的事了,好像是童话故事里的地方,有座花岗岩的古堡,里面住着头戴黄金花冠的皇后,挥舞着权杖,拥有不可一世的权威。权杖上面镶嵌了鹅卵大小的红宝石,招引一条舞动银翼的飞天毒龙,绕着古堡的箭楼上下翱翔。不记得故事的细节了,只记得那条龙会吐火,有个秘咒可以使唤它去攻击来犯的敌人。一旦咬着下嘴唇念叨,"彼得,彼得,朝天飞,对准敌人轰天雷;彼得,彼得,向地冲,烧死敌人立大功",就可以把进攻古堡的军队,烧得哭爹叫娘,一个个丢盔弃甲,捂着屁股滚下山去。也不知道这故事有没有出处,是英国原有的童话,漂洋过海传到中国,还是出过国的老辈人自己编来哄小孩的。后来知道世上还真有爱丁堡,是小学时候玩世界地图指认游戏,在五秒钟内要指出外国城市在地图上的位置,玩着玩着,居然发现苏格兰有个城市叫爱丁堡,让我幼小的心灵出现似曾相识的幻觉,好像前世去过一样。

知道归知道,幻觉归幻觉,可从没去过。虽然极为好奇,想去看看,印证一下幻觉与真实是否存在可以超越的维度,却只是脑际浮现的一抹浪花,霎时就消逝在成长的艰难惨淡岁月中。直到我上大学,读彭斯写苏格兰的诗歌,爱丁堡才脱去了童话的幻梦色彩,有了威士忌一般浓郁的泥土芳香,在风笛声中飘荡。

这二十多年来,经常去英国,却每次都有教研任务,只在伦敦一带活动。曾经有过将近一整个月的时段,在牛津图书馆里查阅省港大罢工期间的香港殖民档案,居然匀不出时间北上,好像苏格兰是十分遥远的地方,而爱丁堡更是海市蜃楼一般,要搭上哈利·波特列车才能成行。人生际遇实在难以预料,不同生命时段所做的选择,即使是小如两三天的旅游目的地,都会出现无从解释的荒谬决定。为什么我给自己放了三天假,遍历伦敦的博物馆与美术馆,却不去瞧一眼从小就盘绕在心底的爱丁堡,自己也说不清楚。难不成是莎士比亚的错,说有人一听到风笛就想小便,让我对苏格兰心存忌讳,怕远在白云天边的古堡,只是骗取观光客到此一游的旅游景点?

今年秋天爱丁堡大学邀请我去举办"书写昆曲"的书法展,同时教当地师生写写毛笔字,体验一下中国文化的奥妙,于是,觉得身负重任,终于去了爱丁堡。教学生先写"昆曲"两个字,再写"昆曲之美"四个字,也讲了昆曲"有声皆歌,无动不舞"的意境。洋学生写"昆"字,有带山字头的(崑),也有人写不带山字头的"昆"字,我说都可以。我劝天公重抖擞,不拘一格降人才。爱丁堡大学的洋学生,肯拿着毛笔写汉字,随他怎么写,只要不错,都是文化交流的好事,也不必太过挑剔。

书法工作坊结束,轮到我的书法示范节目。写了几幅字,是汤显祖《牡丹亭》的曲文,如"袅晴丝吹来闲庭院""遍青山啼红了杜鹃"等段落。同学说,可不可以写"爱丁堡大学"的汉字?我说,当然可以,于是就先写下"爱丁堡"三个字。同学感到好奇,没想到英文名称Edinburgh翻译成中文,是三个字,问我汉字原来是什么意思?我说，"爱"是 love；"丁"是一个男子，one fellow；"堡"是 castle。合起来，勉强可以译作"爱一座古堡"（Love a castle），同学们高兴得不得了，说是啊，是啊，我们叫爱丁堡，就是爱上这座古堡！就是爱上爱丁堡大学！有两个女生居然拍手跳跃，又笑又叫的，像叽叽喳喳的小麻雀。真没想到英国大学生这么天真可爱，像小学生一样。

我问他们，爱丁堡大学的校训是什么？东亚系的系主任莫教授在旁边说，是拉丁文，不好翻译的。有位女生说，有人译成英文，听起来很奇怪，是这么说的："Neither rashly, nor timidly."我说，这句话很好啊，颇有哲理，可以和中文"不疾不徐"对应，正是问学之道，是古人追求真知的至理名言，很有智慧的。我还问起大学创校的时间，说是1583年。嗯，1583年，明朝万历十一年。是汤显祖历经多次挫折，考上进士那一年，也是莎士比亚刚结婚不久，蛰居在家乡，生了第一个女儿，尚未到伦敦去闯荡剧场江湖的时候。爱丁堡大学创校，开始培育英才，也真出了些举世闻名的人物，如达尔文、麦克斯韦、休谟、卡莱尔、柯南道尔、史蒂文森、辜鸿铭、朱光潜等。我就濡墨抻纸，写了八个大字："不疾不徐，问学之道。"在旁边还写了一行小字："爱丁堡大学校训"。写完，送给大学的东亚系。

我不禁想到现在中国的一些大学，过分追求效率和业绩，学术变成了数字排名游戏。办高等教育应该激发青年的好奇，追求真知，就像古人炼丹一样，懒是懒不得，急也急不来，火候到了自然成。爱丁堡大学的校训，可以是教育管理者的一服清凉剂。

第二天一大早，朋友陪我到古堡绕了一圈，城堡建在城内山顶，远近尽收眼底，很有气势。占有制高点，可攻可守，不需要毒龙就已经固若金汤了。随后又沿着皇家大道，一路走下古城区，大街上栉比鳞次，都是些专卖观光礼品的商店。有几家威士忌专卖店，除了满坑满谷供人选购的高级威士忌之外，还在橱窗中展示名贵精品，有一瓶标价三万英镑，虽然远远比不上常玉一幅画的价格，却是常玉在世时绝对喝不起的。朋友围着那瓶酒指指点点，说自己的贱口配不上如此珍贵的美酒，不知道喝起来是什么滋味？

  皇家大道两侧是灰褐色主调的古建筑，很有点苏格兰的肃杀之气，有种粗犷不羁的阳刚意味，与临街售卖观光商品的店铺格格不入，让人想到穿苏格兰裙的古代战士，手执斧钺刀矛，守卫着北方的英雄气概。屋宇之间有许多巷弄，大多数都是死胡同，当地人称之为close，也就是法国人说的cul-de-sac，走进去是个小院落，像个微型的小广场，环绕着七八栋三四层高的楼房。这些死胡同颇有古意，石板铺的小径高低不平，散发着诱人的历史痕迹，很能让人驻足凭吊。我走进一条死胡同，赫然发现一栋古堡式的建筑，墙上挂着一块金属牌匾，设计的图案是书桌前奋笔直书的作家，底下写着"作家博物馆"。来得太早，博物馆尚未开门，镶了铸铁护栏的木门紧闭，没法参观，感到十分遗憾，因为这里展览的三位作家是彭斯、司格特、史蒂文森，都是我有兴趣的文学家。

  无法瞻仰文学家翱翔的想象世界，只好到邻近的圣吉尔斯教堂，进去张望一下。穹顶高耸入云的设计，很能感受古人的宗教虔诚，把一切灵性的追求都升华成建筑艺术的审美极致。玻璃彩色花窗带进了上帝的光，照亮了信仰的图像，让人在静默中体会心灵的宁谧与平安。走出教堂，有人在小广场上弹着吉他，唱一支古老的民歌，声音随着早秋清凉的微风，飘在古城的空气里，沁人心脾。

  沐浴在古城的古风之中，依稀感到，我也爱上了爱丁堡。

严 锋

科幻是一种希望

正月初一,我去看了《流浪地球》。

当制作人员的字幕放完,影院的灯光亮起,周围有几个人还在啜泣,这是我这些年来看电影从来没有遇见过的场景。从影院出来,我思绪翻滚,难以自已。我想到了中学时代"向科学进军"的口号,同学们对郑文光、童恩正、叶永烈这些科幻作家的迷恋。我想到了邱岳峰和他主演的《珊瑚岛上的死光》,那是他的绝唱,也是很长时间里仅有的一部国产科幻电影。我想到了上世纪八十年代中国科幻的突然沉寂,九十年代《科幻世界》的艰辛耕耘,新一代科幻作家的默默蓄力。

我还想到了《文汇报》。进入新世纪,我开始接触到刘慈欣的作品,当时非常激动,那种感觉至今还记得非常清楚,就是中国科幻有救了。我写了一篇介绍刘慈欣作品的文章,叫《新希望》,发表在2003年3月的《文汇报》上。这个标题是套用了最早的《星球大战》的副标题,意思是刘慈欣就像影片中的天行者卢克,给人们带来新的希望。文章在最后说:"从《流浪地球》《微纪元》到《超新星纪元》,这个世界已经卓然成形,日趋丰满。对刘慈欣,我们有大希望。"这大概也是国内报刊上提到《流浪地球》的第一篇文章。十六年过去，刘慈欣成为家喻户晓的名字。中国科幻天翻地覆，换了人间。这次的贺岁片《流浪地球》气势如虹，口碑爆棚，票房已破30亿元。如果说刘慈欣把中国科幻提升到世界水准，那么这部电影是把中国科幻电影的工业制作提升到世界水准。

影片中的情节其实与小说原著没有多大关系，但是其世界设定在很大程度上来自原著，整体画面、氛围、节奏忠实再现了刘慈欣的美学风格：宏大、厚重、冷峻、残酷、精确、坚硬。同刘慈欣的许多作品中一样，人类面临空前生存危机，太阳氦闪在即，气候剧变，大气层逐渐消失，冰川融化，世界版图重绘，地球被一万座巨大的行星发动机改造成一艘诺亚方舟。在这基础上，影片绘制了一个个栩栩如真的场景：空间站、地下城、补给站、点火中心、大型载具……各种视觉奇观扑面而来，毫无间断。这些奇观最震撼的地方不在于它们是如何地奇特陌生，而在于它们陌生之中的可辨认性。在地下城的电梯接近地表的时候，我们随朵朵的眼光看到了劫后残存的国贸大厦、招商大厦、央视大楼。在后面的路上，我们看到了金茂中心、环球金融中心、东方明珠。我们看到了这些地标的另外一种样态，另外一种可能。对这种可能性的惊鸿一瞥，正是文学艺术的精髓所在。你可以理解为警世恒言，风月宝鉴，也可以用鲁迅《墓碣文》的一段话来引证："于浩歌狂热之际中寒；于天上看见深渊。于一切眼中看见无所有；于无所希望中得救。"

2011年，哈佛大学王德威教授在北京大学做过一个名为《从鲁迅到刘慈欣》的演讲，以福柯的"异托邦"观念来诠释刘慈欣的科幻世界，并把他放在从鲁迅开始的中国现代文学不断突破自身的想象空间的传统上。异托邦是一种处理危机的空间设定，这个空间是被隔离的却又是被需要的，折射一个社会的欲望或恐惧，与主流权力形成既共生又距离化的微妙张力。我们马上就能看到：《流浪地球》就是一个巨大的异托邦。这是我们最熟悉的地球，又是我们无比陌生的地球，这个另类的地球让我们戒惧警惕，重新审视自己与环境的关系。

有人可能会把刘慈欣与鲁迅相比较不以为然，其实他们之间的潜在渊源可能超出我们的想象。从某种意义上，鲁迅也是中国科幻小说的先驱之一。他早在1903年就翻译了法国科幻作家凡尔纳的《月界旅行》，对"科学小说"的启蒙意义寄予厚望，认为"故苟欲弥今日译界之缺点，导中国人群以进行，必自科学小说始"。鲁迅的《故事新编》，按照今天的定义，也是可以归入科幻的范畴的。可惜的是，科幻小说在五四以后道路曲折，命运多艰。鲁迅若能知道今日《流浪地球》的爆款，也会十分欣慰吧。鲁迅的风格是冷峻的，他不是一个盲目的乐观主义者，对未来的"黄金世界"充满了疑虑。刘慈欣的"黑暗森林"法则可以视为这种"多疑"的思维方式的宇宙升级版。《流浪地球》作为贺岁片，删去了剧本原稿中一些更为沉重的段落，但是那种严酷冷峻的基调依然随处可见。地球上只有一部分人能够进入地下城居住，这个资格是通过抽签的方式来获取，这是公平的，也是残酷的，刘启的妈妈就是因此失去生存的机会。这样的伦理选择，在刘慈欣的作品中屡见不鲜，但是在以往的中国文学和电影中还罕有先例。

但是，刘慈欣和鲁迅一样，并没有放弃对人类的希望。《流浪地球》包含了刘慈欣作品中的最核心的一些母题，他坚信人类必须走出太阳系，就像当初必须走出非洲，必须经过大航海和殖民时代，这样才能获得新的生存空间，避免毁灭，不断进化。人类的未来是星辰大海。但是，你首先得具有这种意识，这就是科幻的意义。而且，你还得让这种科幻被更多人知道，这就是电影《流浪地球》的意义。

为什么大家对科幻越来越感兴趣呢？其实人一直喜欢幻想，所以有神话、宗教、文学。但是人又不满足于幻想，渴望真实。人越来越理智成熟，从前的幻想已经无法满足现代人的精神需求，所以人一直在寻找幻想的新形式。在今天，这种新的幻想形态已经卓然成形，那就是科幻。从前人信神，现在人信科学，两者的共同点是都能给人提供安慰和希望，但科学的安慰和希望比从前的神更加真实可信，从这个意义上，科学不但是现代的神，而且比旧神更加威力强大。科幻就是科学神话的最佳载体，或者说是旧神话与新科学的合体，将会越来越成为人类的主导性神话。

关于科幻的这个意义，刘慈欣早在1999年的一篇文章《SF教——论科幻小说对宇宙的描写》中就写到过。人是需要一些精神、安慰、寄托、超越的，这在科幻小说中可以体现为永生、穿越、精神上传、地球流浪……这听上去好像是又要回到旧神话的老路，其实是旧瓶里装了新酒，这就是科学。要知道科学在今天也正在变得越来越神奇，比如超弦理论告诉我们宇宙有十一个维度，电脑可以打败最优秀的人类棋手，全世界的很多实验室里很多科学家正在孜孜不倦地开发长生不老药。一句话：科幻正在变得越来越现实，现实正在变得越来越科幻。在这个新的神话中，科学正发挥着越来越重要的作用，它提供了信仰和希望的实证性基础。这也是刘慈欣和《流浪地球》为什么那么受欢迎的核心密码。刘慈欣写的是硬科幻，他能把最疯狂的想象与最前沿的科学无缝对接，并用高密度的细节把这两大板块铆牢，这是他难以被别人复制的长项。

我很高兴中国科幻选择了刘慈欣，选择了更为坚硬的科幻类型，也很高兴中国观众在这个春节选择了《流浪地球》，这是一个很好的起点。可以想见：在这之后，一窝蜂跟进的从业人员会很多，他们未必能轻易超越刘慈欣已有的高度，但是如果能保留一些对科学和细节的尊重，我就很满意了。楼搭得越高，地基就越需要坚实。幻想飞得越远，支撑幻想的逻辑也需要越坚实。我们太需要希望了，也太需要科学了。

在电影《流浪地球》开头地下城的课堂上，班长像留声机一样回放着老师需要的答案："希望，是我们这个年代像钻石一样珍贵的东西。"朵朵吹着泡泡糖对此不屑一顾。但是，来到地上的世界，经过了残酷的旅途，身历了毁灭与死亡，朵朵终于理解了希望的意义。我们也理解了科幻的意义：科幻是一种希望。

李 皖

归来还是少年？

"归来还是少年"这句话，这些年开始流行，成为很多人内心的期许，一个寄望于长久时间的梦。这句话的意思是说：长大了，成熟了，进入社会了，注定要在这红尘中翻翻滚滚，有一番复杂的经历，但是到了可以抽身归去的一天，我还是保有少年的模样。少年是什么？少年是天真、纯洁、真诚，少年是新奇、勇敢、锐气。可以一身一脸的污泥，但心里面是干干净净的，那颗心依然纯真、敏感，宛如始初，就像更早的那句格言："永远年轻，永远热泪盈眶。"

这句话，就像是为朴树而定造的。

2017年，继《生如夏花》专辑，沉默了十几年之后，朴树再次开口歌唱。那个曾经的少年，回来了。虽然脸上多了棱角，嘴边添了唇髭，但他依然是少年模样。他的歌更浓烈了，少年心气不减反增；他的心跳得很快，火苗般地难以自抑，仍然是那一颗激动的、热烈的、纯真的、敏感的、如野鹿般乱撞的少年之心。

在中国歌坛上，可以毫不夸张地说，朴树曾是少年的标高。在世纪之交、七八年的时间里，以专辑《我去2000年》（1999年）和《生如夏花》（2003年）为代表，朴树呈现了新旧交替、代际冲突、社会转型剧烈时期少年在那一刻的不安。他的纯粹和脆弱都到了徘徊在悬崖边的程度：对年少纯真的失去极为敏感；对成人世界的世故极为敏锐、戒备；对世俗理想的拒绝极为决绝，没有商量余地。没有谁像他，对碌碌一生、生活庸常的指斥也指向了最至亲的人——"妈妈，那里面有你！"以至于这产生了一个悬念，让熟悉他的人一直念念不忘：后来呢？这少年后来呢？就这样走下去了吗？故事的后来怎么样了？

现在，朴树自己揭开了这十几年后、故事的第二幕。这个以《猎户星座》命名的专辑，用了大约五年时间，才终于制作完成。开口重新歌唱，开口以青春歌唱，并不是件容易的事。展演在众人面前的这起事件，经历了这些刻度：2013年，半翻唱半创作推出单曲《送别》；2014年，为电影《后会无期》配唱《平凡之路》；2015年，以EP发表两首新歌《好好地》《在木星》；2016年，再发新歌《Baby, До свидания（达尼亚）》；2017年，几度几乎放弃又终于还是坚持，《猎户星座》出版实体专辑。

像是应承着某种期待，像是朴树自己正怀着这份期待和交代，《猎户星座》中有两首交待得明白的归来之歌，两首心脏跳动得厉害、呼吸火热灼人的"归来还是少年"之歌。再没有什么比这两首歌，对这句话、对这个人的这个现状，给予了这么有力的证据，这么强劲的表白、回答。

发表在先的《在木星》，主歌部分还不是很高昂，显示这归来曾有一个相对低回的阶段。"尘满面 污泥满身"，"心方倦知航"，似乎提示了这归来一路上的沟沟坎坎，而归来时刻的表情，是"言无声 泪如雨"，"仰起脸 笑得像满月"，历经苦难，感慨难言，喜悦满怀。等阴霾彻底驱散,完全打开了那狂喜的心,才有这《空帆船》:"当我听到风从我耳旁呼啸着掠过/那一刻我的心狂喜着猛烈地跳动。"风在强劲掠过,音乐在强大地律动,灵魂终于全面统治这肉身——"我迎着风,我迎着风,我迎着风",少年满血复活,神魂俱现,重新又恢复了狂放的乘风的本性和元神。

整张专辑,时时处处,都显示了这少年曾经历了那红尘中的翻翻滚滚。归来何止艰难,这路途简直百折千回,乃至令生命曾经黯然无光、失魂落魄,处于完全不知所谓的状态。对一个歌手而言,十几年寂然无声,正是生命本身喑哑失声的窘况。

朴树生活中究竟经历了什么?我们不得而知。但从这些歌词,可以模糊地感受到他在这十几年里人生经历的大略。"金山银山/繁华云烟/还有温柔之夜";"这陌生的城市下起雨啦","灯一幕一幕熄灭";"你曾经下跪","坠入厄运深渊,输掉一切";"曾经追问/然后沉默","渐渐习惯谎言/并以此为荣";"貌似人生圆满","你卑微的人生/从不曾犯错的/无聊的人生";"穿过人山人海……失落失望失掉所有方向";"堕入无边黑暗想挣扎无法自拔","遍体鳞伤/也慢慢坏了心肠"……少年清澈的目光在风尘中熄灭,少年清白的脸庞在风尘中遗忘,"昨天灰飞烟灭","我已四分五裂","孤魂野鬼天涯"……

《狗屁青春》以一句句悲叹,非常直接地唱出了这青春已经不再的现实:

> 我那火一样的青春啊
> 流着泪说的誓言啊
> 都像屁一样地飘散啦

……

永不再有的青春啊

从未兑现的誓言啊

都曾像屁一样地飘扬

……

纵身一跃的青春啊

为你而死的誓言啊

飞溅而出的热血啊

如果能死在那一年啊

可少年并没有死在那一年。少年还活着,少年赖活着,终于明白当年的想法是何等天真可笑,自己对人世的那些揣想、誓约,是如何自以为是的可悲可叹可怜。谁也不曾击败时间,在世事的消磨中,在年龄的蜕变中,这少年热血已冷,行为举止早已不似当年,他在苟且的鸭绒中越陷越深越陷越感到舒服,他在变成"他们"!

《FOREVER YOUNG》清晰地展示了"我",我们这群少年,时至今日的不堪之状:

所有曾疯狂过的都挂了

所有牛逼过的都颓了

所有不知天高地厚的

全都变沉默了

你拥有的一切都过期了

你热爱的一切都旧了

所有你曾经嘲笑过的
你变成他们了

业已是这么一个凉薄的现实,那么朴树是从哪里,重新获取了他少年的勇气和自认呢?是否定。他依然对世俗人生做着决绝的否定,对自己这不堪的演变做着绝对的否定。他洞悉着这欲望的后面,是无边的空虚悲哀。他依然在怒斥,依然会痛哭,他的血依然是热的,是如此地像熔岩一般的火热啊!

这归来少年就是这样,从少年的一片瓦砾中重新站起,在眼泪和怒目中浴血重生。重生少年对现在的姿态是,"什么也不带走/什么也不能让我留下/我还是要扬起帆"。他好像还是现实的,对这现实还是积极地投入的,"爱这艰难又拼尽了全力的每一天","会怀念所有的这些曲折"。同时,他学会了随缘的生活态度,在此岸之境中奉行如酒神一般的审美主张,"半醉半醒着游荡在我的命运中"。与稚嫩少年对未来充满期待、心怀远大抱负不同,现在他认识到这每一天是"不重要的",但自我的姿态可以从容、不喧闹,任凭时光随风来随风去,"我"像天空中的云不问何往。这少年的人生态度是,崇尚自然、简单、真诚("自然得像植物/天真得像动物"),鼓吹豁达、敞亮、洒脱("昨天一笔勾销吧/明天都尽管来吧/我什么都忘了/赤裸得像天堂";"我猜有个混帐/在我心里面躲藏/能安慰他/只有陌生还有放荡"),标榜阳光、激情、畅快、磊落、决绝("我爱这快乐/孩子般快乐/当我在阳光下/我爱这冲动/恋爱的冲动/嘿,当我迎着风";"背叛务必坚决/告别亦需要体面/我没什么可以解释的/这是我的命运吧")。

对于未来，这重生少年的态度是不知晓——不知吉凶，不识将来，乐天认命，安然地过每日，Never Knows Tomorrow，明天永不知晓。这人生既看不透，也放不开，注定要白白浪费，但就算这样也没什么怕的，随缘地奋力地去过就是。他放弃了人人趋之若鹜的那些追求，享受"只有我自己知道的快乐"。在生老死别中，他一方面保持微笑，誓言要永留爱人身边，一方面发思古之幽情，"赏江上明月／听江声浩荡"，回到了仿佛中国古人的审美式人生态度。当然，少年注定要失败，注定会被全部干掉，但我仍然会死磕到底，没心没肺地笑到底，向前走，不回头，混帐到老，始终骄傲，决不求饶。

这永远不老的青春书写，貌似是一种及时行乐，却与蝇营狗苟的及时行乐有一个根本不同——反庸俗，反虚伪，必须纯真，必须认真，必须用力地去爱，由此才能获取这失败中的意义。"纵然人生 穿肠而过／百般之味 只道好酒"，"那就这样吧 我们再见了／请转身泪如雨下"——青春有什么好？青春就是这般好。在绝对的否定中，他也有绝对的肯定。对真正的我，对少年情怀，绝对肯定；对激情，对爱，对痛快，绝对肯定。而且，必须要有感动，必须要有激情，对眼泪的崇拜是少年的宗教，时时的热泪盈盈甚至痛哭，才能／就能达成超越平庸的激情的救赎。所以哪怕已"无枪在手"，少年依然成立。即使坠落，也要义无反顾，坠入了黑暗和尘埃里，也还是会有海阔天空。在青春的幻灭之后，他先是"看见平凡才是唯一的答案"，然后看到笑对苦难、笑对无聊、笑对空虚便可以翻盘，将置空的人生重新满仓取回。可能恰恰是在彻底的痛苦、在空空无物、在奄奄一息的炼狱中，"那个真正的我／他才能够诞生"，而我自有这样的洒脱和自信，"当我一微笑／所有的苦难／都灰飞烟灭"。

这无畏的行旅　　**286**

渡尽劫波，少年尚在。我没有见过比这更自信、更自恋、更高调的"归来仍是少年"的实例。在2017年的巡回演唱会中，我在现场目睹了这"老男孩"的雄姿英发，见识了那猛烈的、无保留的继续反抗。确实，朴树帅翻全场。当他唱到"锋芒在胸 如鲠在喉／无枪在手 刺客之仇"时，他有比年少时更深的绝望、更强的抗争、更不屈的斗志。他依旧纯真而坦率，对一切虚伪包括自己的不堪，一例掀翻横扫。甚至对自己当年的那一份纯洁的幼稚和痴愚，也不放过，报以尖刻的怀疑和无情的嘲笑。他依旧敏感，对周遭所有腐朽的事物、陈腐的陋习、腐败的气息，葆有着如洁癖般的敌意。他依旧勇敢、新鲜、新锐，毫不妥协，发誓要干到底，哪怕被消灭了也要干到底。并且，经过了人世间的磨洗，他从社会的物竞天择中进化出的从容，这似乎随意却又坚守不屈、似乎脆弱却又坚不可摧的姿态，让这少年之姿更添了几分成熟和美妙。

对这"归来少年"欣赏之余，我也生出了不满。这么多年过去了，他的成长没有对应于这世界成长的深与广。面对眼下这个世态、世界的复杂，他没有应对于它的该有的复杂，没有与这个庞杂世事的体量相抗衡的相当的体量。他的反抗如何实现呢？他的纯真如何成立呢？他对这现实如何应对呢？终究，这生命未能变得辽阔，就像是鲁迅曾经批评的，他"唱得'宛转抑扬'，然而所感觉的范围却颇为狭窄，不免咀嚼着身边小小的悲欢，而且就看这小悲欢为全世界"。别说应对这广大世界的智慧未曾诞生，哪怕就作为一个纯粹的个体世界，它的小、它的脆薄和过于简单，也是如此醒目。时代从来没有在他的眼中展现哪怕最粗陋的脉络，他也从来未曾有一例现实洞见、一条济世意见。幸亏他是一个歌手，作为自由职业者，他可以在现实世界的边缘游走、抒情,否则,作为任一社会组织的任一成员,以这种姿态,他该如何入世、进场和为人处事呢?

永远年轻未必是好消息,永远年轻都有一个不谙世事的背面。但不管怎么说,面对二十一世纪这格外动荡的人生图景,面对眼前这格外不定的、未知的未来,朴树注定会被一代人深爱,被这时代跨越了代际的许多人深为共鸣。他把这个时代中物欲追求者之外的那些人,特别崇敬真与美的那些人,他们的精神态度、生活状态、人生哲学,在情绪上强烈地聚合了,用音乐和歌声鲜明地具象化了。可能,这作为思想并不雄辩,甚至四处破绽千疮百孔,可是这人生主张本来就是说不清的、矛盾的,只有这感受无比强烈!所以懂他的人,与他处境类似的人,跟他一起成长的人,听朴树歌曲,不止是会感动,可能还会流泪,会控制不住地像孩子似的哭泣。

是啊,"你的故事讲到了哪"?"你是否得到了期待的人生"?"何处是我的归宿"?"我是谁我爱谁我要谁我去哪"?每个朴树都在忧心这个问题,都在每个阶段提出这个问题,牵挂着、留意着、注视着自己——心里那个少年——的下落。在这张唱片末尾(《清白之年》《猎户星座》),就像他在不同人生阶段一再经历的那样,他回想起了他的初年,迎视着少年那清澈的目光,抚今思昔,在故事的始初将这整个人生回望,将那个美妙无比的"少年的我"怀念祭奠。那是歌曲全部情境中最微妙、最美丽的部分,它们回到了最初,无比平静而温暖,以初心品咂滋味,在走得很慢的时钟里张大眼睛,对未来翘首期盼,谜一样地沉默。那时候什么都美,什么都充满了轻如指尖的锐敏的触觉。世界像一张每一格都在颤动的网,每一个细枝末节都有神秘的启示,都有心灵的震颤,都充满了意味,遍布了美。然而流年纷纷，世事汹涌，少年目光迷离，美梦渐醒，"世界在雾中"，一个个人，走着走着就不见了。

《猎户星座》这专辑，是这五年中我听到的最感人的专辑。灵魂实现了对行尸走肉的克服，我想这样的一句话，或可以对朴树的状态作一个表述，也是这张专辑美学精神的一个表述。专辑最明确的信息，就是生命感，它充满了生命感，充满了灵魂鼓胀咆哮、奔走飞腾的讯息。音乐特别有律动，有鼓乐齐鸣的澎湃——它从头到尾奔跑着、歌舞着、风驰电掣着，创造着灵魂世界的生机勃勃和不可遏制，易碎着且骄傲着、沸腾着、不安着。与之相对等，音乐创作充满了灵感。它所精心构架的美是大而化之的，注重格局，注重大的章节和雄健的语言质地，在故意带点粗糙的声音中，摒弃并克服小气细节，建立起朴拙的大气。音响对比的手法是新颖的，原声乐器与电声搭配的手法是新颖的，独唱与合唱相对相融的手法是新颖的，远近、大小、轻重、虚实、强弱、明暗、冷暖、动静，灰色彩色，有伴奏无伴奏，成功地象征了一首歌中不同的时空、不同的心绪、歌唱的不同姿态和位置。合成器模拟的或原声的特色小乐器的造境四两拨千斤，高效俭朴。而摇滚乐激荡的、响亮的、猛烈的和有力的律动，是时间的洪流、巨变的洪流、被击溃的青春的洪流，也是心跳的洪流、生命的洪流、灵魂的洪流，彼此对抗又相长，同时代表着摧毁和刺激。这音乐把周遭的现实化成了隐喻，你能清晰听到、强烈感受到它正在涤荡、冲击、唤醒、激起一切。

我曾经毁了我的一切只想永远地离开
我曾经堕入无边黑暗想挣扎无法自拔

我曾经像你像他像那野草野花

绝望着渴望着也哭也笑着平凡着

——《平凡之路》

此生多勉强

此身越重洋

轻描时光漫长低唱语焉不详

——《清白之年》

以苦难为船 以泪为帆 心似离弦箭

莫说天无涯 海无岸 纵然归程须万载

今日归来不晚 与故人重来 天真作少年

——《在木星》

那我是落叶

把自己交给了风

像云在天空跳舞

再不问要去哪

昨天已灰飞烟灭

明天还远在天边

我将自己摊开

倾听她的一切

——《好好地》

能不能 彻底地放开你的手

敢不敢 这么义无反顾坠落

坠入黑暗中

坠入泥土中

的海阔天空

就让我 来次透彻心扉的痛

都拿走 让我再次两手空空

只有奄奄一息过

那个真正的我

他才能够诞生

——《No Fear in My Heart》

有一点儿像是拜伦在西方思想史的那个情境，朴树也有一种朴素却强烈的生命哲学，他决绝的否定世俗姿态和鲜明的拥抱天真之我的主张，足够滚烫的生命激情，与此同时兼有的沉默和安静的气质，使他成为一种生活态度的代表，成为物质主义上位、社会变化剧烈时期人们思想、情绪的一种征候。这是《猎户星座》专辑最值得注意的部分。它以松散的文字、优美的旋律、强烈的节奏，以总体上痛苦而昂扬的歌唱，以朴树才能愈加全面、风格愈加浓烈厚重的编曲，呈现了时代文化的一种气候。

此刻，与朴树同世，与"归来还是少年"并行，还流行着另一个年龄词汇——"中年油腻男"，这是人人避之生怕被沾上的坏词儿。

未看清过这迷宫"所有走错的路口"，"冥冥中 这是我唯一要走的路"。故事的现在,讲到了这里。这一年,少年朴树四十四岁。

图书在版编目（CIP）数据

这无畏的行旅：2019笔会文粹 / 文汇报笔会编辑部编. — 上海：文汇出版社，2020.7
 ISBN 978-7-5496-3200-8

Ⅰ.①这… Ⅱ.①文… Ⅲ.①散文集—中国—当代 Ⅳ.①I267

中国版本图书馆CIP数据核字（2020）第104816号

这无畏的行旅

2019笔会文粹

编　　者 / 文汇报"笔会"编辑部
封面作画 / 冷冰川
责任编辑 / 何　璟
装帧设计 / 周　晨
出 版 人 / 周伯军

出版发行 / 文汇出版社
　　　　　 上海市威海路755号
　　　　　 （邮政编码200041）
经　　销 / 全国新华书店
排　　版 / 南京展望文化发展有限公司
印刷装订 / 上海颛辉印刷厂
版　　次 / 2020年7月第1版
印　　次 / 2020年7月第1次印刷
开　　本 / 890×1240　1/32
字　　数 / 200千字
印　　张 / 9.375

ISBN 978-7-5496-3200-8
定　　价 / 49.00元